NPOの教育力

生涯学習と市民的公共性

佐藤一子──［編］

東京大学出版会

The Educational Power of the NPO
Civic Activism and Lifelong Learning
Katsuko SATO, Editor
University of Tokyo Press, 2004
ISBN 4-13-051309-5

まえがき

　非営利の市民活動団体が日本社会に定着しはじめたのは 1970 年代以降であり，特に NPO という呼称が使われるようになったのは 15 年ほど前からである．戦前から展開されてきた社会運動の系譜をひきながらも，非営利事業体としての経済的視点に力点をおいた活動の推進方法にその特徴をみることができる．

　それまで，ボランティア活動，NGO，住民運動，市民運動，労働運動など，さまざまな名称のもとで，草の根の自発的な市民活動の発展が注目されてきた．1998 年に特定非営利活動促進法（NPO 法）が制定されたことは，これらの市民活動に明確な法的基盤と市民的事業体としての社会的認知をもたらすことになった．NPO は，広義には協同組合や任意の市民活動団体，ボランティア団体をふくめた自発的な社会参加や公益事業をおこなう市民組織として理解されるが，狭義には NPO 法にもとづいて申請し，認証を受けたものをさしている．他方で，従来からの公益法人制度をふくめ，法人格をもつ非営利団体という理解のしかたもある．いずれにしても，公益法人制度全体の見直しの問題もあり，非営利市民活動団体の法的なとらえ方は，まだ過渡期の状況にある．

　このように広義，狭義の規定をふくみながら，NPO についての法制度的研究，公共政策的研究，経営学・経済学的研究を中心に，その活動実態と社会的意義を明らかにする研究が盛んにおこなわれている．今日では，NPO をつうじての市民参加や社会組織としての可能性に注目する政治学的研究や社会学的研究も活発化している．

　本書では，これらの研究分野のなかで未開拓といえる教育学的視点から NPO のもつ教育力に注目し，NPO がこれからの生涯学習社会にどのような役割を果たしうるか，また市民活動の担い手となる人材の養成・活用をおこなっているかという点をめぐって，共同研究による実態分析と理論的考察を試みる．

　2004 年 3 月の段階で認証された NPO は 1 万 6000 を越えている．本書で言及されるように，このなかで学習機会の提供や人材養成・職業教育，子どもの

健全育成，文化・スポーツ活動など，教育文化的な活動それ自体を主目的（中心分野）にしたNPOは約25％存在している．国際協力や人権平和，環境・福祉問題などの中心的な主活動領域をもちながら，社会教育活動・子どもの健全育成などを複数の活動分野のひとつとして選択しているNPOは40％を超える．ここでいわれる「社会教育」の内容はかなり幅広く，また学習の組織化の形態や方法もフレキシブルである．

NPOでは「学習」のとらえかた，学習方法，参加形態などが既存の「教育」や「学習」とは大きく異なり，さまざまなプログラムや実験的な方法が追求されている．知識を与えるタイプの教育ではなく，共に学び，問題にとりくむ参加型の学習がおこなわれており，フォーマルな教育の場では自己実現できない子どもや青年にとっても，育ちあうこと，自分を探すこと，人と出会うことなど，「学び」の原点となるような営みが創造されている．NPOにおける「新しい働きかた」の探求も現代的な職業教育の可能性を拓くものである．

こうした「学び」の集団的な創造は，社会における市民の生涯学習という視点からみても，また次世代の教育という視点からみても，きわめて重要な意味をもつといえるであろう．教育荒廃が社会問題化し，学校制度の行き詰まりの打開と生涯学習システムの再編が模索されている今日，「学び」を原点からとらえ直すようなNPOが，教育制度・行政とどのような新たなパートナーシップを形成しつつあるかが注目される．

NPOはノンフォーマルな領域での「学び」を推進する主体であるにとどまらず，オルタナティブな教育創造をつうじて，教育制度・構造を革新する可能性をもちはじめている．NPOの教育力の解明を手がかりとして，教育制度革新をめぐる課題を明らかにし，生涯学習社会の新たな発展の可能性をさぐることが本書の問題意識である．本書のキーワードとなっている「NPOの教育力」とは，ミッションを共有し，共に市民活動を展開することを通じて担い手たちが学ぶという自己教育力を意味している．それはNPOの組織内部における学びにとどまらず，人々に働きかけ社会を変えていく学びの協働システムの構築にむけられている点が重要である．その意味で，それは生涯学習の市民的公共性を創出する教育力といえる．

私たちの共同研究は，当初，環境教育，福祉教育，地域文化・スポーツ活動，

学校外青少年教育などの個別領域で NPO という新たな主体に出会った社会教育研究者を中心に開始された．2001 年 2 月に『NPO と参画型社会の学び』（佐藤一子編，エイデル研究所）を刊行した時には，個々の NPO における非常に豊かな学びの実態があるにもかかわらず，社会教育行政や学校など制度的な教育領域の関係者の間には，まだ NPO に対する関心はそれほど広がりをみていなかった．

その後，研究グループを発足させ，科学研究費による共同研究「NPO の教育力と社会教育の公共性をめぐる総合的研究」（研究代表者・佐藤一子，平成 13・14 年度）にとりくみ，2003 年 3 月に研究調査報告書を刊行した（以下，本書では「NPO 科研費調査報告書」と略記する）．この共同研究では，2001 年秋段階で認証を受けた NPO4770 団体に対する悉皆調査を実施した．本書で実証的なデータにもとづく分析をおこなっている部分は，主としてこの全 NPO を対象にした 2 種類のアンケート調査と 132 カ所の NPO 支援センターの悉皆調査にもとづいている（以下では「NPO 組織調査」，「NPO リーダー調査」，「NPO 支援センター調査」と略記する）．この他に 55 事例の訪問調査と 7 カ所の支援センターの訪問調査を実施した．なお，調査時期は 2002 年 1 月から 2 月であり，調査概要は目次の後に掲載されている．

この共同研究の過程で，教育分野における NPO への関心はようやく高まりをみせてきたように思われる．国の中央教育審議会答申においても NPO 活動への言及がなされ，先進的な地方自治体の社会教育委員の会議では NPO との連携をうたった答申もだされている．他方で地方分権化推進のもとで，教育の公共性をめぐるジレンマも新たな深まりをみせているといえよう．2003 年 6 月に地方自治法が改正され，9 月から「指定管理者制度」が導入されたことは NPO にとって大きな環境の変化である．また，2004 年 3 月に出された中央教育審議会生涯学習分科会の経過報告「今後の生涯学習の振興方策について」においても NPO の位置づけはいっそう重視されている．

こうした状況の変化をふまえ，さらに「NPO の人材養成と地域社会における活用システムに関する研究」（平成 15・16 年度科学研究費補助金，研究代表者・佐藤一子）へと私たちの共同研究は継続されている．

本書では今までの一連の共同研究の成果をまとめ，教育学的アプローチによ

るNPO研究の理論的枠組みを形成し，実証的検討をおこなうことを意図している．研究分野を異にしている研究者が，NPOという躍動する社会集団を共通の土俵として議論を重ね，実態分析をおこなうことは，まさに新たな研究的視野を開拓する共同研究の醍醐味といえる．研究メンバーの一員である櫻井常矢氏が編集実務を担ってくださり，全国的視野での共同研究のまとめも円滑に進めることができた．本書が社会教育・生涯学習，教育制度改革や自治体政策をめぐる今日的課題に対して，有意義な視点や示唆をもたらすものとなるよう願ってやまない．

私たちの調査研究にご協力いただいた全国のNPO関係者の方々に厚く御礼申し上げる．

本書の刊行にあたり東京大学出版会のご支援をえることができ，また同編集部の後藤健介氏，宗司光治氏からはきめ細かな編集上のご助力をいただくことができた．執筆者一同，心より感謝の意を表したい．

2004年4月

編者　佐藤一子

目　次

まえがき　i

調査の概要　viii

序章　NPOの教育力と協働・参画型社会の構築　————佐藤　一子　1
　　はじめに　1
　　1　NPOをめぐる学際的研究の展開　3
　　2　「学習する組織」としてのNPOの教育力　5
　　3　生涯学習社会の構造的変革要因としてのNPO　11
　　4　人材養成の課題と社会的職業教育の推進　14
　　むすび　17

第Ⅰ部　教育の公共性をめぐる葛藤とNPO

1章　NPOにおける学びの公共性　————————————高橋　満　23
　　1　民主主義のための社会教育実践に向けて　23
　　2　生涯学習政策と国家的公共性の解体　24
　　3　リスク社会と能動的市民の形成　27
　　4　「実践の共同体」としてのNPOの学びの公共性　29
　　5　NPOにおける学びの作法と可能性　34
　　おわりに　41

2章　学校教育における公共性の再編成とNPO　—————平塚　眞樹　45
　　1　NPOという公教育のあらたな主体　45
　　2　学校教育システムの不全化　45
　　3　市民社会における代替的(オルタナティブな)教育機能の生成　48
　　4　学校教育改革過程におけるNPOの参画と包摂　52

5　教育の公共性の再構築をめぐる葛藤　　57
　　　　──学校と社会の再接続をめぐる政治
　　6　今後の課題　62

3章　社会教育行政の再編とボランタリーセクター────石井山竜平　67
　　1　知識社会への移行にむけた社会教育の意義と課題　67
　　2　NPMによる社会教育行政再編とNPO　72
　　3　知識社会における地域教育システムを創造する課題　80

第II部　NPOの教育力と参画型社会の学び

1章　社会教育に対するNPOのインパクト────────田中　雅文　87
　　1　学習支援組織としてのNPO　87
　　2　経済と広域性からみた学習支援　90
　　3　社会教育関係のNPOと諸セクターとの関係　95
　　4　NPOの学習支援にみる変革志向　99
　　5　公的な社会教育に対するインパクト　104

2章　子どもNPOと参加型活動の促進───────────吉田　里江　109
　　1　地域社会と子どもNPO　109
　　2　子どもNPOの教育力の位相　110
　　3　子どもNPOの教育力と学習過程　111
　　4　米国の子どもNPOの教育力と市民的性格の伝統　121
　　5　子どもNPOの教育力と市民的公共性　122

3章　国際NPOがひらく平和と共生の社会──────────成　玖美　125
　　1　国際NPOとは　125
　　2　「海外支援型」NPOの教育活動　127
　　3　「国内支援・交流型」NPOの教育活動　131
　　4　国際NPOの教育力　135

4章 環境NPOにおけるパートナーシップ────朝岡　幸彦　143

 1 NPOにおけるパートナーシップの視点　143
 2 環境NPOの教育力とパートナーシップ　145
 3 環境保全NPOにみるパートナーシップの構造　152
 4 パートナーシップ型NPOの可能性　157

第III部　NPOにおける人材養成と社会的環境整備

1章 対人援助関連NPOと新たな専門性の形成────岡　幸江　161

 1 課題の設定　161
 2 「専門性」形成をめぐるジレンマ　162
 3 対人援助論における専門性の模索　167
 4 福祉NPOにみるオルタナティブな専門性の模索　172

2章 NPOで働く意味とスタッフの力量形成────辻　浩　181

 1 働くことへの関心の増大とNPO　181
 2 NPOで働く意味と人材の力量形成　186
 3 NPOの経営への参加システムと力量形成　190
 4 NPOによる地域・自治体づくりと力量形成　193

3章 NPO支援センターの教育機能とネットワーク────櫻井　常矢　199

 1 課題設定　199
 2 NPO支援センターの運営と事業　203
 3 地域コミュニティとNPO支援センター　209
 4 NPO支援センターの教育機能とその課題　215

索　引　221

調査の概要

本研究では，NPOの活動実態をとらえるための「NPO組織調査」と，リーダーの意識を把握するための「NPOリーダー調査」という2種類のアンケート調査を実施した．組織調査は「実質的な代表者」，リーダー調査は「実質的に団体創設及び現在の活動の中心的責任者となっている理事長，事務局長などの役職者」に回答してもらうよう依頼した．アンケート調査の概要は，下記に示すとおりである．

(1) 調査対象　全国の特定非営利活動法人（悉皆調査）．特定非営利活動法人NPOサポートセンターのNPORT（2001年9月末日時点）から，住所・代表者の確定できる団体のすべてを調査対象とした．
(2) 調査方法　郵送による配布・回収．
(3) 調査時期　2002年1-2月．
(4) 配布数　組織調査票，リーダー調査票，それぞれ4770票．
(5) 回収結果　発送した4770票のうち，宛先不明の戻り票が154票あった．そこで，回収率の算出にあたっては，全発送数を分母とする形式回収率，戻り票を除く実質配布数（4616票）を分母とする実質回収率という2種類の回収率を計算した．なお，今回の調査では，複数の特定非営利活動法人で代表を務めているリーダーの場合，リーダー調査については1通のみ返送してもらった（本人からみて最も重要と思われるNPOを選んでもらい，その組織調査票と同封して回答票を返送してもらった）．したがって，リーダー調査の「配布数」を確定できないため，回収率は組織調査のみ計算してある．
　① 形式回収率：30.6％（配布数4770票，有効票回収数1461票）
　② 実質回収率：31.7％（実質配布数4616票，有効票回収数1461票）
回収された組織調査，リーダー調査の有効票は，表1のとおりである．

表1　有効票の構成

		リーダー調査		
		有	無	合計
組織調査	有	1,414	47	**1,461**
	無	18	—	18
	合計	1,432	47	1,479

(6) 調査票の構成　アンケート調査の項目は，下記のとおりである．
①組織調査
　基本特性（活動領域，開始・認証時期，地域，スタッフ，会員制度，収入，サービス・提言からみた団体性格，母体組織），活動概要（外部組織との関係，向上努力），内部教育力（スタッフの資質〈期待と現実〉，スタッフの力量向上の方策・要因・重要性），外部教育力（外部に提供する学習機会の形態・対象・目的）
②リーダー調査
　基本属性（性別，年齢，役職，職業，最終卒業校），活動の背景（職業との関係，人生経験の影響，人間的な成長），活動の実態・評価（青少年の参加，活動の効果，社会的な課題）

序章　NPO の教育力と協働・参画型社会の構築

はじめに

　1998 年の法制度化をきっかけとして，NPO 活動は大きな広がりをみせている．約 1 万 6000 以上の多彩な NPO が課題解決活動や市民的事業体としての社会的サービスを推進し，力量を高めている．他方，規制緩和と財政削減による地方自治体行財政改革のもとで，NPO は公共施設や事業の委託対象，あるいは地方行政諸機関のパートナーとして新たな役割が期待されつつある．NPO は，市民相互の連帯・協同と諸セクターの協働関係の促進をつうじて協働・参画型社会を成熟させる契機となっている一方で，ニュー・パブリック・マネジメント（NPM）の導入による自治体経営の見直しをせまられている動向のもとで，システム変容の重要なアクターとなりつつある．2004 年 3 月に中央教育審議会生涯学習分科会がまとめた審議経過の報告「今後の生涯学習の振興方策について」において，「新たな『公共』」の視点から NPO の位置づけが提起されたことも，このような状況を反映しているといえよう．

　非営利協同的な市民活動は，相互扶助的な地縁的共同性の絆や社会問題の深刻化による社会運動の発生，あるいは富裕な人々の貧者に対する慈恵的フィランソロピー事業などを継承しつつ，近代以前からさまざまな組織形態をとって世界各国に根づいてきた．このような社会の共同性，互酬性，市民参加などのネットワークの蓄積をロバート・D・パットナムはソーシャル・キャピタルととらえ，自治的で活力ある「強い民主主義」[1] の社会を支える不可欠な要因であるとみなしている．ソーシャル・キャピタル論は，1960 年代以降，先進諸

国で共通の現象となってきた大衆消費社会の人間のアトム化やグローバル化のもとでの社会の多元化に対する再検討の視点であるとともに，グラスルーツ・デモクラシーの担い手である市民の知的文化的な自立性を社会発展の重要な資源とみなす社会文化的な「制度パフォーマンス」の考え方を提起している．

他方で，先進産業社会における農山村・旧産業地域の衰退や失業などの社会的排除の深刻化のもとで，非営利セクターは非市場的・伝統的な生産活動の擁護，社会的有用労働の新たな組織化による社会的経済の発展可能性という問題を提起している．ソーシャル・キャピタル論も社会的経済論も，自由主義経済の競争原理のもとで切り捨てられ，あるいは排除されてきた資源，産業，人的能力などの回復，再活性化，新たな社会的関係性の構築をつうじて，資本主義的利潤競争に依存した生産・雇用形態に一元化されない連帯的な社会関係の回復や生き甲斐のある有用労働の可能性を示している．その探求のなかに近代国家の公共性原理や福祉保障システムを問い直す視点も内包されているのである．

さらに，NPOは経済の効率性と競争性の担い手として人材を養成する教育制度・原理に対しても，オルタナティブな学習過程の組織化，あるいは人的資源の養成と活用のありかたを提起している．ポスト産業社会を展望する未来社会論である知識社会論は，「知識・情報が社会変革の戦略資源」[2]になり，エリートと大衆という選別を超えて問題解決的な能力をもつ集団的な「学習する組織」(learning organization)[3]があらゆる分野で力量を発揮していくことを新たな社会ヴィジョンとして示しているといえよう．市民的な共同性に立脚するNPOは，利潤追求型の経営諸組織と並存しつつ，その原理を修正する「学習する組織」としての可能性をはらんだ，もうひとつの知識社会の担い手であるということもできよう．

本書は，NPO研究においては未開拓といえる教育学的視点の重要性を提起することを目的としている．NPOの担い手たちが志向する学習過程においてどのようなオルタナティブな教育原理が探求され，新たな教育力の創出をみているのか，またその過程はいかなる教育の再組織化を導き，協働・参画型社会の担い手を人材として養成するシステムを創出しているのかという問題に焦点をあて，共同研究による実態調査にもとづいた分析と理論的考察を試みる．

1 NPOをめぐる学際的研究の展開

1–1 NPO活動の広がりと定着

1998年12月に特定非営利活動促進法（以下NPO法と略称）が施行されてから，任意の市民団体で特定非営利活動法人の認証を受けた団体は2004年3月段階で1万6000団体を超えた．法制定以前に経済企画庁の委託を受けて社会調査研究所がリストアップした任意団体8万5786団体のうち，法人格取得の必要性を意識していた団体は約12％であった[4]．数字でみるかぎり，当初からNPO法に関心をもっていた任意団体の範囲を超えて法人格の取得は順調に推移しており，市民活動を促進する新たな制度として日本社会に定着しつつあるといえるであろう．

NPOの法人格取得については，社会的に認知されること，行政とのパートナーシップを形成できること，資金調達の可能性が広がることなどのメリットが指摘されている．NPOの活動は多様であるが，資産をもたない普通の市民たちが法人という形態によって社会活動をおこなううえで法的・制度的認知をえたことの意味は大きい．任意団体，労働組合，協同組合，公益法人，特殊法人等の社会諸組織や地縁的集団の活動実態にたいして，NPOはこれらとはまた異なる組織原理と事業推進をつうじて社会参加を模索しており，新たな市民活動・社会運動の担い手として発展しつつある．

NPOの活動分野は当初12分野であったが，2002年12月の法改正によって17分野となっている．情報化の発展をはかる活動，科学技術の振興，経済活動の活性化，職業能力の開発・雇用機会の拡充，消費者保護など，経済分野の活動が新たに加えられたことによって，NPOが当初の社会的な市民活動の推進から雇用・起業などの経済分野にリンクしていく広がりをもつようになったことが注目される．

1–2 NPOの学際的研究の展開

NPOの市民活動については，公共政策学や経営学を中心とする政治経済学領域の研究が先行しており，さらに「新しい社会運動」や「中間集団」などの

社会組織的観点から社会学的研究も活発化している．それらをつうじて，公共性や共同体・コミュニティの現代的再検討，あるいは公益性や社会的正義をめぐる市民社会の再構築などの公共哲学的検討へと研究関心は深まりをみせている[5]．

　NPO は国家・自治体の政策や法的裏付けをもった制度的公共性にたいして，市民意志の実現による社会的コミットメントや行政の意志決定過程への市民参加などをつうじて，市民的公共性の内実を形成していく可能性をもつことが注目されている．NPO が推進する公益事業やボランティア活動は，コミュニティや家族の共同性の衰退，大衆社会における一般市民の社会参加意欲の後退などの状況にたいして，市民サイドから相互扶助的なコミュニティの再生を促し，互酬的な関係の発展に寄与し，社会的困難の解決や「善い社会」（ロバート・N・ベラー）実現のための有効な手だてを講じ，あるいは世論形成を促進する役割を発揮しうるといえるであろう．

　先述のパットナムは，市民活動における互酬性と積極的市民参加ネットワークによって生まれる規範・信頼をソーシャル・キャピタルと規定し，イタリアにおける自発的結社の蓄積の地方格差から，民主的な政府と活力ある市民社会の関係についての実証的研究をおこなっている[6]．ここでは，諸アソシエーションの自発的協力関係の発展と公的機関をはじめとする諸セクターへの協働・参画システムの充実による多元的で重層的な公共・民間のネットワーク社会が「市民の自治的共同体」[7]としてイメージされている．

　他方で，「市民」を市民主義によって理念的に規定して，民主主義の促進の観点から市民参画システムの担い手として肯定的にのみとらえることにたいし，批判的な吟味を求める見解も説得力をもつ[8]．市民参画が新自由主義的な国家・自治体政策の「構造改革」と「行財政改革」の方便とされ，あるいはグローバルな競争におけるローカルな矛盾のしわよせの代替手段とされる公共性のジレンマのもとで，公共機関と市民の対等なパートナーシップの関係構築の筋道を描くことは容易ではない．

　また，理念型としての「自発的に参加する市民」と伝統的・土着的な地縁的共同体の担い手である実態としての「住民」とのずれ，落差を指摘する社会学的研究も示唆的な視角といえる[9]．地縁的な共同体と市民社会・NPO の関係

構造は，土着性の伝統のなかで農や環境，地域づくりの問題にとりくむ場合に現実的に問われる課題である．

NPO法による法人格取得という制度枠組みにとらわれずに，NGO（非政府組織）として任意団体・財団等を含む非営利団体を横断的にとらえ，グローバリゼーションのもとでの貧困，環境，人権など地球的市民の課題へのとりくみを強調する立場もある[10]．NGOは，国際条約や国連決議の理念的提起とそれぞれの国や地域の現実とのフィードバックをおこない，活動領域，組織形態も独自の歴史をもつ．このようなNGOはグローバル化する課題に即したネットワークとして広がっており，古典的な市民社会を外部から革新する担い手という一面をもっている．NGOとNPOは重なり合いながらも異なる特徴をもつ．しかし双方とも既存制度の枠組みに規定された市民社会をより開かれた協働・参画型社会に変革していく志向をもつ点で共通性があるといえる．

以上に述べたように，市民が自発的意志を結集し，個人の自立性にもとづきながら社会的に意志を表明し，集団的行動をつうじて社会に働きかけていくという協働・参画型社会構築の可能性と課題をさぐるために，NPOの実態をめぐる多角的で学際的な実証研究が求められている．その一環として，NPOの「人的」側面と学習過程に焦点をあて，NPOの教育力を明らかにすることが重要な課題となっているのである．

2 「学習する組織」としてのNPOの教育力

2-1 学習を目的意識的に追求する小集団

NPOはミッション（使命・目的理念）を共有する集団として設立される点に特色がある．ミッションを実現していく試行錯誤のプロセスにおいて，その活動を公益的な目的をもつ事業として継続させるために，提供する側，受け手の側に合意形成や行動にむけた能力の発揮が求められており，それをつうじてNPOの事業の活性化や有効性がもたらされるのである．このような活動上の必要性から，NPOは組織としての自己学習を重視し，また社会にたいしても学習機会の提供から情報発信にいたるまで，さまざまな教育・学習活動を展開している．本書の共同執筆者グループによる科学研究費調査研究『NPOの教

育力と社会教育の公共性をめぐる総合的研究』（研究代表者・佐藤一子，以下「NPO科研費調査報告書」と略）によれば，70％以上のNPOが地域社会にたいして学習会の提供をおこなっており，情報提供・相談についても57％がおこなっている．運営スタッフの資質として必要なものは，第1に「社会的な使命と情熱」，第2に「活動分野に関する専門的な技術・知識」という回答がえられている[11]．NPO活動を支える要素として，理念，知識・技術，専門性，情報などが重視されていることがわかる．

ここでの学習活動は，①ミッションの実現にかかわる価値形成的な側面，②課題解決にかかわる提案・政策提言の内容・方法的側面，③事業の質を支える経営開発的な側面，④社会的サービスとして認知されるための専門性や技術・資格・経験などのキャリア開発的側面，⑤相互に連携し，情報や課題を共有するコーディネイター的な集団的能力形成の側面など，それぞれのNPOの特性に即して多様な教育・学習的価値の認識と方法・技術の創意工夫をおこなっていることが想定される．すなわち，NPOは単に学習・教育活動を活動全体に付随する機能的な一面として推進しているだけではなく，より目的意識的に位置づけている「学習する組織」であることに着目する必要があろう．

NPOは従来型の社会運動とは異なり，数千名，あるいは数万名以上に及ぶ構成員をもつ全国的な協議会やピラミッド型組織を志向してはいない．それぞれのNPOは比較的小規模で特定の問題関心ごとに分立し，20名以下ぐらいの集団で自立的な活動をおこなっているという平均的な像がある[12]．ノンフォーマルな学習活動の多様性や柔軟性を体現する自己決定学習型の新たな学習主体が，各地に小集団として多数胚胎している．

この状況は1950年代の農村共同体を基盤に全国的に広がった青年たちの「共同学習」（小集団学習＝group learning）と対比しうる．「共同学習」では，十数名の小集団内での話し合いや生活記録による実感の共有と自主的な仲間づくりをつうじて脱封建的な生活的民主主義が志向され，伝統的共同体から自立した個の確立をめざす共同性の革新が課題とされた[13]．これにたいしてNPOの「協働学習」（collaborative learning――用語は筆者による）では，共同性が衰退し，個々人が孤立している大衆社会のなかで，共同性を再構築することをめざして価値観や生き方の共有化と集団的な知の創造が問われている．ここ

ではばらばらな個人が社会参加し，集団との関係性を回復し，集団への帰属を取り戻すことをつうじて改めて共同性の価値を認識し，共に問題解決をおこない，社会全体への見通しを展望する協働性が課題となっている．NPO の学習が参加型学習と特徴づけられるのは，単なる学習方法の面だけではなく，活動理念自体が協働・参画型社会を志向していることによっているといえよう．

2–2 「学習する組織」としての特質

NPO における「人」の問題とそこで展開される教育・学習活動は，通常 NPO の経営問題として論じられることが多い．企業が知識や情報の集団的共有化をはかる意味での「学習する組織」という概念も本来経営学領域で論じられてきたものであり，代表的なものとしては，カレン・E・ワトキンスとビクトリア・J・マーシックの次のような定義がある．

「学習する組織とは，継続的に学習し，組織そのものを変革していく組織である．学習は，個人，チーム，組織，あるいは組織が相互作用するコミュニティの中で生まれる．学習とは，継続的で戦略的に活用されるプロセスであり，しかも仕事に統合されたりあるいはそれと並行して進展するものである．学習は，知識，信念，行動の変化を生み出すだけではなく，組織のイノベーション能力や成長能力を強化する．学習する組織とは，学習を取り込み共有するシステムを組み込んでいる組織である」[14]．

「学習する組織」の行為原則として，以下の 6 点があげられている[15]．

① 継続的に学習機会を創造する．
② 探求と対話を促進する．
③ 共同とチーム学習を奨励する．
④ 学習を取り込み，共有するシステムを確立する．
⑤ 集合的ヴィジョンに向けて人々をエンパワーメントする．
⑥ 組織と環境を結合させる．

この行為原則は企業の利潤追求目的にむけた最適化モデルといえるが，NPO／NGO は，むしろ利潤追求社会の矛盾を克服するためのヒューマニティ

の復権をめざす、もうひとつの「学習する組織」のモデルといえるのである．

「学習する組織」の行為原則では，「社会」「組織」「チーム」「個人」の４つの段階で組織と学習の関係が体系化され，学習が循環的に生起する仕組みをもっていることが注目される．組織は「明確な目的達成に向かって共に働く」ときに学習し，「集団は相互作用する状況の中で学習し，その結果互いの洞察を結びつけ」「それぞれの段階での学習はだんだんと集合的で相互依存的になる」[16]とされており，組織が体系的な知を創造するプロセスが浮き彫りにされている．「学習する組織」についてはピーター・センゲやクリス・アージリスの学習理論をふまえて，「集合学習」や「チーム学習」をつうじての「システム思考」を形成することが課題となっている[17]．

ここには，経営的という以上に「人材養成」的な成人教育の課題が内包されている．NPOは個人のもっている能力・知識や経験を集団的に共有し，リーダーやスタッフが集団としての知を形成し，共同性の再構築にむけて相互支援的な事業を推進しつつ社会に働きかけていく．この過程にNPOとしての特徴的な教育力をみいだすことができる．

企業と対比的に，NPO／NGOではミッションの共有が先行しており，そこから社会的に有意義な事業を創出していくための組織として，選択や決定が求められている．「NPO組織調査」でNPOのスタッフに求められる能力を聞いたところ，実際とのギャップがもっとも少ないのが「社会的な使命と情熱」であり，反対にもっともギャップが大きく，今後の課題とされているのが「組織運営・マネイジメント能力」であったことは示唆的である[18]．

NPOは事業の実施過程で集団として知や技術・経験の共有化をはかり，個のレベルからプロジェクトごとのチームへ，そしてNPO全体，さらには対象とする地域社会のレベルへと学習活動を多元化・高次化し，それによって事業の適正化・持続化をはかっていく．それをつうじてミッション自体が社会的に共有化され，担い手が相互に育ちあうという循環性をもった地域社会における「学習する組織」となる．NPOは従来の地域から離脱した企業や生涯学習社会のヴィジョンで描かれた個人主義的な学習者像とは異なる，集団的・社会関係構築的な学習者像を創出しているといえよう．ここでは，協働・参画型社会にむけた知の共有と学習の協働システムの形成が鍵となっているのである．

2–3 NPOとエンパワーメント

　NPOにおける学習活動はNGO活動と重なり合う側面をもち，エンパワーメントの過程として，あるいはパウロ・フレイレの実践にもとづく「意識化」の概念と関連づけてとらえられることが多い．エンパワーメントは「力をつけること」すなわち，「不利な立場にいる人々が，自分たちの暮らし，健康，いのちなど，生活全体を左右する要因を，自分たちでコントロールするために協働する過程である」と規定される．ここでは，社会的抑圧や排除の社会システムのもとで，社会的公正や社会的正義への目覚めが「人々自身の中から湧き起こってくる」（傍点原文のまま）ことがもっとも重要な意味をもつ[19]．フレイレの場合も「意識化」の主体は被抑圧者である[20]．「エンパワーメント」や「意識化」の過程における学習は，抑圧的な社会構造のなかで被抑圧者が自立し，当事者自身のことばをみいだして意見表明し，自律的な集団行為をつうじて自己決定能力を高めていく「自分たち」の気づきや覚醒にほかならない．

　NPOにおける学習がこのようなエンパワーメントの過程を伴っているかどうかは，NPOのミッションと活動の展開方法によって異なる．NPOの主要な活動の目的として，市民的事業としての社会的サービスの提供と，政策提言や人権擁護などをつうじてのアドボカシー活動の2つがあげられている．「NPO組織調査」でこの2つの目的指向性を尋ねたところ，前者の活動目的をもつものが約62％，両方，ないしは後者に重点をおくものが約26％であった[21]．この結果から推測するかぎりでは，エンパワーメントの過程で重要視される当事者性，被抑圧者の覚醒という特色は，必ずしもNPO一般に共通する特徴とはいえない．むしろNPOはそうした問題をかかえている人々への支援やサービスをつうじて「協同」「協働」関係を形成し，エンパワーメントを助長する主体としての特徴をより強くもっていると考えられるのである．

2–4 NPOの教育力の特質と構造

　以上のことから，NPOの学習過程をつうじて形成され，発揮される教育力の特質を分析的にとらえるために，図0–1のような概念図を描いてみた．
　NPOはリーダー（実質的な中心メンバー）像からみると，大学・大学院卒業が約7割を占めており，活動分野によってはその比率は8割を超えている．

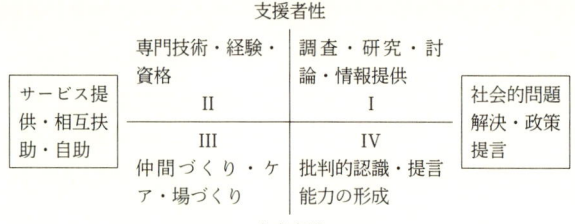

図 0-1 NPO の学習過程と教育力の特質
注：筆者作成．

職業分野は多様であるが，大学教員・専門職・公務員・小中高校教員が4分の1を占めており，少なくとも中心的なメンバーについては高学歴で専門性のあるキャリアをもつ者が多いと想定される[22]．

NPO スタッフが理念，知識・技術，専門性，情報を重視する理由は，活動それ自体の必要性にねざしているといえるだろうが，同時に NPO を構成する人的要素としても高い専門性や知的関心のバックグランドをもつことは無視しえない．自分自身の直面する課題の解決のために NPO に参加しているリーダーは約30％であるが，これにたいして経験や専門性を生かして社会参加をしたいという動機をもつリーダーは50％に近い．NPO の中心メンバーは，当事者性よりも支援者性が高いという傾向をもつと考えられる[23]．

図 0-1 では，サービスの提供とアドボカシー的な政策提言目的という横軸の対照に対して，当事者性と支援者性という人的なかかわり方による縦軸での対比をおこなっている．前項で述べた「学習する組織」と「エンパワーメント」は，NPO において対立するものではなく，ⅢやⅣの次元で統合されていく可能性をもつ．しかし，支援者と当事者という立場を異にする者の社会的ネットワーク，相互理解と共感的な対話がなければ，学習共同体としての継続性，一体性は形成されにくい．図 0-1 の4つの次元は，それぞれの学習過程における特徴的な教育力の類型を表しているとともに，協働関係と対話をつうじて「学習する組織」の志と知の共有化が「エンパワーメント」を促進し，支援者性と当事者性が相互に統合されて問題解決的な力量を形成していく，教育力の質的な発展過程を示している．

「当事者とは，『問題をかかえた人々』と同義ではない」[24]と中西正司らは述

べている.「私の現在の状態を,こうあってほしい状態に対する不足ととらえて,そうではない新しい現実をつくりだそうとする構想力を持ったときに,はじめて自分のニーズとは何かがわかり,人は当事者になる」[25].人格の尊厳と自己決定権にねざす「当事者主権」の考え方は,支援者と当事者の真の協力と協働による学習の意味を問いかけている.

3 生涯学習社会の構造的変革要因としてのNPO

3-1 教育の社会システムにおける4つのセクター

NPOは,多様な学習活動の機会を提供する主体であるとともに,既存の教育システムにたいしてオルタナティブな学習観を提示し,一定のインパクトを与え,生涯学習社会の新たな発展を推進する担い手となりうる.

この場合の生涯学習社会は,①公的な学校教育・社会教育,組織的な啓発活動をおこなう公的機関などの公的セクター,②地縁的・伝統文化的な地域セクター,③自由な学習活動をおこなう任意の市民団体や社会運動体等の非営利協同セクター,④企業,市場原理に立脚する民間教育文化産業や職業教育機関などの市場セクターなどによって構成され,多元的な構造をもっている.NPOの社会経済的分析においては,NPOを公的セクターと市場セクターの双方から自立的な非営利セクター,あるいは第3セクターととらえることが一般的である[26].NPOがもたらす教育的作用は,公的セクター(国・自治体による組織的な教育の推進)と市場セクター(企業教育・民間教育文化産業など)の双方にたいして自立的,ないしは相互補完的な非営利の第3セクターとしての特質をもつといえよう.

1980年代半ば以降,生涯学習社会への移行を推進する教育政策においては,学校制度や社会教育活動などの公的セクターと民間教育産業などとのネットワーク化が推進されてきた.新自由主義的な選択原理が強調され,学習者の現代的で多様な学習のニーズを充足する市場的な学習機会の提供が課題とされてきたが,同時にそれは公共性のジレンマを深める結果となった[27].その後の生涯学習政策,学校と社会教育の連携施策においては,社会教育活動をおこなう任意団体・社会教育関係団体や地縁集団に加えて,NPO・ボランティア団体

などの市民活動団体を位置づける方策が展開されている．そのことによって公，地域社会，非営利協同，市場セクターの4者の相互関係のもとで教育システムの相互連関が生じつつある．生涯学習社会において地域社会の任意団体とNPOは本来同格であるが，社会教育関係団体や地縁集団が公的社会教育との協働関係を築いてきた経緯からみると，市場セクターと非営利協同セクターは，従来型の公共性の再編成の要因として期待されることになる．

2004年3月の中央教育審議会生涯学習分科会「今後の生涯学習の振興方策」では，「民間教育事業者，社会教育関係団体，NPO，地域住民などの関係機関・団体」と社会教育行政・施設等との一層の「協働」が必要であるという提言がなされている．ここでは「生涯学習社会」が「『個人の需要』と『社会の要請』のバランスを保つ」という視点で描かれており，「これまでのともすれば行政に依存しがちな発想を転換し，個人やNPO等の団体が社会の形成に参画し，互いに支え合い，協力しあうという互恵の精神に基づく，新しい『公共』の観点」が重要であるという新機軸がだされている．しかし，この提言では，公共性のジレンマには全く言及せず，調和的・羅列的に諸課題の統合や諸主体の連携をとらえており，教育の民営化の安易な容認が基調となっている．これにたいし，本書の第Ⅰ部では，公共性のジレンマの構造にたちいってその動態把握を試み，矛盾した現実の教育システムの変革要因として，NPOのもつ可能性と課題を検討する．

3-2 ノンフォーマルな参加型学習機会の推進

NPOは自己学習する組織であるだけではなく，学習機会を対外的に提供する教育力をもつ主体でもある．その特徴は本書の第Ⅱ部で，分野ごとに実証的に検討されている．

NPOの多くは社会的サービスの提供主体であり，その観点から事業性に結びついた学習機会・施設提供や専門的なスタッフの養成・研修・資格などが教育力形成の課題となる．半数以上を占める福祉NPOやNPOを支援する中間組織的なNPOでは，特に専門性の問題が重要視されている．また災害・安全・まちづくり・環境保護・人権擁護などの専門的な技術性を社会貢献に結びつけていこうとするNPOでも，専門家・技術者のかかわりかたが問われてお

り，組織自体における知識の共有と社会的発信をつうじて政策提言能力や合意形成能力を高めていることが注目される．

　従来の公教育セクター，特に社会教育の領域では，このような事業主体としての専門性形成にたいしては必ずしも十分な関心が払われてこなかった．職業的な関心や専門性の付与よりも共同性に立脚する教養・趣味・文化・スポーツ活動，相互の仲間づくりや地域の問題解決活動に重点がおかれてきた．この意味でNPOの発展は，公共的な社会教育の部門にとって相互に連携しうる新たな質をもつ学習提供主体の登場という意味をもっているといえる．

　公共性の視点からみると，従来の公的な社会教育・学校外教育と比べてNPOは専門性・技術性を付与する学習内容をより重視しており，活動拠点としての施設を共有し，事業を提供している点で，従来型の任意の社会教育団体・グループよりも社会的・事業的な自立性をもっている．政策提言にもとりくんでいるという点で，公教育セクターと並立するもうひとつの公共性をもつ提供主体であるという見方もできる．また，市場セクターと比較すると，収益性よりは社会的なミッションにもとづく共同性，個々人の参加の促進を重視する点で非営利協同性という特徴をもち，個人的な学習ニーズへのサービスよりも地域団体との連携などの地域的基盤をもっていることがわかる．

　このようにNPOの非営利的な学習活動は公教育セクターを補完・拡張するとともに，市場セクターの領域においても社会性や共同性の視点を生み出していくという独自の存在意義をもつ．このような相互緊張をはらみつつ，NPOはノンフォーマルな参加型学習の創出をつうじて，生涯学習社会においてグラスルーツから市民的公共性を生みだしていく要因となりうるという仮説がなりたつ．またこのような学習過程自体が，協働・参画型社会の構築にむけられた諸活動をつうじて発展するというダイナミズムをもっている．

　しかし，自治体行財政改革が進む今日，NPOと公教育セクターのパートナーシップが教育文化施設や社会教育・子ども関連事業の委託という形態で新たにシステム化されることは，こうした自立性と相互補完性を弱めることになる．委託を受けたNPOの事業に多くのボランティアが参加することは，必ずしも安上がりための公共の代替として否定的にとらえられてはならないが，NPOが地域民主主義の合意形成過程においてどのように独自の専門性を発揮しつつ

公共とのパートナーシップを形成し，非営利協同性のメリットを生かすことができるかは，今後の大きな課題といえる．特に2003年6月の地方自治法244条改正によって法制化された「指定管理者制度」が適用される受託では，圧倒的に強力な民間企業との競合性を余儀なくされ，経営効率の論理が優先されるという問題に直面せざるをえない．また，学校支援NPOやNPO立学校については，本来の制度的な教育の公共性をどう確保するかという視点から，教育制度とNPOとの適切な関係性が検討されなければならない．

4　人材養成の課題と社会的職業教育の推進

4-1　NPOにおけるスタッフの雇用

　NPOの活動・事業・仕事は，さまざまな分野で社会的に有用な人材を育てている．NPOは学校における選抜的人材養成システムや企業・職業訓練機関における職業人養成システムとは異なる，現代社会にとって有用な新たな職業的人材養成をおこなう場・組織・システムとなりうる可能性をはらんでいるといえよう．本書の第III部ではこの問題に注目する．

　NPOを雇用主体として経済的に分析することは，ピーター・F・ドラッカーやレスター・M・サラモンによって，当初からNPO研究の重要な柱とされてきた[28]．日本では，財団法人等の公益法人をふくむ広義の非営利セクターで働く人は1995年段階で約214万人（フルタイムに換算・全被雇用者の3.5%）という推計がある．2001年段階の内閣府の調査では，NPO法人の約60%は常勤の事務局スタッフをもち，40%は2-5人あるいはそれ以上の複数のスタッフをもつが，有給スタッフの比率はきわめて小さい[29]．

　NPOでの働き方は多様である．NPOを設立し，理事会の中心メンバーとなっているリーダーや事業の企画・実施・組織運営を直接に担っている人々は，NPOの常勤スタッフである．NPOの事業を担い，組織を支える人や登録ボランティア，その他多数のボランティアや財政的支援をする人々は常勤スタッフの数十倍，百万人を超えるであろう．

　日本NPO学会では，「社会構造の転換とNPO」の研究主題のもとで，「マルチジョブホルダー」（複数の仕事をして総合的に所得や生きがいを追求する

人）の潜在的な広がりについて論議をおこなっている．複数の仕事の一環として「収入を増やす」だけではなく，「視野を広げたい」「人とつながりができる」などの自己実現の目的による働き方，「何らかの形で社会貢献したいという意欲」が強い女性や退職者の起業，インターンシップや職業訓練的なパートタイムなどのフレキシブルな雇用形態などの可能性が指摘されている[30]．

　高齢・少子社会化や，リストラによる雇用市場再編のもとで，NPOによる新しい働き方が模索されていることは確かである．しかし，日本の場合，まだNPOの財政力が幼弱であり，助成金や公的資金への期待が高い．他方でアメリカの現状をみると，政府補助の削減によってNPOの運営は深刻な財政・資金面の危機に直面している[31]．協同組合や労働組合，他の公益法人などをふくむ非営利セクターで，今後どのような新しい働き方が可能なのか，経営・雇用面について制度創出の検討を含む実証的な研究が必要といえる．

4–2　NPOと社会的に有用な仕事

　NPOなどの非営利セクターで「働く」ことは，一般的な企業の雇用者とどのような働き方のちがいがあり，なぜそのことが新たな職業的人材養成の意味をもつのであろうか．

　この問いを深めるうえで，たとえば内橋克人の提起している「多元的経済社会」における「社会的有用労働」への注目[32]や，神野直彦の「人間回復」志向の知識社会における「ワークフェア」概念（ワークとウエルフェアとの連結語）の提起[33]などが示唆的である．両者の着眼は，ヨーロッパにおける非営利セクターがノンプロフィットという財政上の規定よりも「社会的経済」という経済学的概念でとらえられてきたことと関わりが深いといえる[34]．

　内橋によれば，それは「人びとに十分な職を提供できない経済とは何か」という問いかけと「人びとが従事する労働の実質が，そこに働く人びとがもとめる『働きがい』『生きがい』にほんとうにむすびつくのか」という「満たされざる労働」への問いかけの答えとして模索されている「従来型の雇用ではない労働」である．「労働の共同化，市民事業，フェアトレード（公正貿易），それらを横につなぐネットワークは，どれをとっても，他から仕事を奪うのではなく，自ら仕事をおこすことによって，新しい職を生みつづける『使命共同体』

であり,『従来型ではない労働』の姿にほかならなかった.利潤動機ではなく,ミッション(使命)を共有する人々が自ら社会的有用労働の担い手として,"仕事おこし"の新しいしくみをつくりだしている」[35].

内橋の「すでにはじまっている未来」の展望はバブル崩壊過程の 1995 年に提言された.その後,数百万に達している 34 歳以下のフリーター(不安的就労若年層)問題や中高年層のリストラによる就労不安など,「満たされざる労働」への問いは切実なものになっている.青年期にはいってなお引きこもりを続けている数十万人,あるいは百万人を超えるといわれる青少年の自立困難の社会問題化もこの問いと深くつながっている.

神野直彦は,ソーシャル・キャピタル概念に関連づけて,スウェーデンなどの知識社会における生産性向上の原理が「所有欲求ではなく,存在欲求である」ことに注目している.「経済システムの価値は所有欲求によって決まる.しかし,家族やコミュニティという社会システムでは,他者に献身することがステータスを高める.それは家族やコミュニティでは,所有欲求よりも,人間と人間のふれあいとしての存在欲求が重視されるからである.つまり,所有欲求よりも存在欲求がステータスシンボルになる知識社会の価値観は,社会システムの価値観なのである」[36].そして,知識社会を支えるものは,「個人的な知的能力」と「知識を自由に与えあう人間のきずな」の 2 つの要素であり,両者をあわせて「知識資本」となるととらえている.

神野は,「知識を自由に与えあう人間のきずな」を自発的協同の社会として描いている.すなわち,ソーシャル・キャピタルは市民社会の民主主義の要件であるだけではなく,生産性向上の要件でもある.神野によれば政治システム,経済システム,社会システムの連関のなかに「学びの社会」としてあらゆるライフステージにおける教育訓練が位置づけられ,「学びあう」システムを形成していることが知識社会の条件ととらえられるのである.

以上のような見解によれば,NPO は「学習する組織」であることをつうじて知識資本を蓄積し,社会的に有用な新しい働き方を生み出していく実験場ということになるであろう.勃興するコミュニティビジネスの現実的展開はそのひとつの可能性といえる[37].ここでは,NPO は単なる「新しい働き方」の雇用提供主体としてではなく,利潤経済ではたちゆかない事業の新たな起業にむ

けた知恵・資源・人材の再結集の主体として創出されている．スクラップされた地域の再生，あるいは企業的な採算ベースにはのらないと評価された事業の価値の再発見，公共性の再生，人と人との協同・協働関係の復活のなかで，「新しい働き方」が創出される．その過程こそが，働くことの有用性を実感し，集団としての知恵を共有し活用していく社会的職業教育による人材養成過程にほかならないのである．

むすび

　本書の共同研究では，NPOを主に社会教育・生涯学習・職業教育の視野からとらえている．近年提唱されてきた「生涯学習」概念は，個々人の生き甲斐や自己実現に重きをおくものであり，個別の学習ニーズを充足する学習機会の提供と多様な選択というアプローチが優先されてきた．「学習する組織」としてのNPOにおける協働・参画型社会の担い手形成やオルタナティブな専門的・職業的人材養成の推進によって，社会的ニーズの発見と集団的な働きかけをつうじての生涯学習の新たな展開が示されている．ここでは生涯学習社会の公共性概念の現代的再解釈が求められている．オルタナティブな教育から公教育システムの再構築へ，さらには「新しい働き方」を可能にする人材養成を促す「社会システム」への展望にむけた視座の転換が促されているといえよう．

　NGOがグローバルな現実に目をむけ，発展途上地域と先進諸国の格差を目のあたりにするところから参加体験的な学習としてエンパワーメントをめざすのにたいして，NPOの教育力の検討をつうじて示唆される問題は，先進諸国自体の内部的な経済社会構造の転換を可能にするような市民的な学習共同体の意義である．

　以上のような仮説をふまえて，本論では，第Ⅰ部で教育の制度的公共性と葛藤しながら，教育における市民的公共性を実現するNPOの可能性と課題を考察する．第Ⅱ部ではNPOの活動分野ごとに市民相互の協働・参画型社会づくりにむけた学習の実態を明らかにし，NPOの教育力の実証的分析をおこなう．第Ⅲ部では，NPOにおける働き方の問題とその環境整備について，リーダー・スタッフの養成やNPO活動の支援を視野に入れながら検討し，専門性と

人材養成をめぐる新たな課題を掘り下げる．

　NPO の教育力への着目をつうじて生涯学習社会における市民的公共性の可能性を検討し，NPO の学際的研究における教育学研究の課題を明らかにすることが本書のねらいである．

（佐藤一子）

1)　ロバート・D・パットナム（河田潤一訳）『哲学する民主主義』（NTT 出版，2001 年，55 頁）．
2)　ダニエル・ベル（山崎正和ほか訳）『知識社会の衝撃』（TBS ブリタニカ，1995 年，141 頁）．
3)　カレン・E・ワトキンス，ビクトリア・J・マーシック（神田良ほか訳）『「学習する組織」をつくる』（日本能率協会マネジメントセンター，1995 年）参照．
4)　経済企画庁国民生活局編『市民活動レポート』（大蔵省印刷局，1997 年，14 頁）．
5)　たとえば佐々木毅・金泰昌編『公共哲学 7　中間集団が開く公共性』（東京大学出版会，2002 年），山之内靖ほか編『岩波講座　社会科学の方法 8　システムと生活世界』（岩波書店，1993 年），矢澤修次郎編『講座社会学 15　社会運動』（東京大学出版会，2003 年）など参照．
6)　ロバート・D・パットナム，前掲，206 頁．
7)　同，141 頁．
8)　佐伯啓思『「市民」とは誰か』（PHP 新書，1997 年）．
9)　鳥越皓之ほか『現代社会とボランティア』（ミネルヴァ書房，2001 年），鳥越皓之「ボランタリーな行為と社会秩序」（前掲『公共哲学 7』所収）など参照．
10)　ジョン・フリードマン（斉藤千宏ほか訳）『市民・政府・NGO』（新評論，1995 年），若井晋ほか『学び・未来・NGO』（新評論，2001 年）など参照．
11)　平成 13・14 年度科学研究費補助金基盤（B）(1)『NPO の教育力と社会教育の公共性をめぐる総合的研究』（研究代表者・佐藤一子，以下，本書を通じて「NPO 科研費調査報告書」と略記）東京大学大学院教育学研究科生涯教育計画コース（平成 15 年 3 月），57，68 頁．
12)　同，27 頁．
13)　日本社会教育学会編『現代公民館の創造』（東洋館出版社，1999 年）など参照．「共同学習」の英訳については，日本教育学会教育学学術用語研究委員会編『教育学学術用語集』（日本教育学会，1992 年）参照．なおスウェーデンを中心に国際的発展をみている学習サークルは，study circle と呼ばれている．「共同学習」は地域社会の民主化とかかわった日本社会の土着的な運動的特性をもっている．
14)　カレン・E・ワトキンスほか，前掲，32-33 頁．
15)　同，35 頁．
16)　同，33 頁．
17)　P. トーゼイ「学習する組織」（Learning Organization）（パオロ・フェデリー

ギ編（佐藤一子・三輪建二監訳）『国際生涯学習キーワード事典』東洋館出版社，2001年，138-139頁）．
18) 「NPO科研費調査報告書」前掲，57頁．
19) 若井晋ほか，前掲，14頁．
20) パウロ・フレイレ（小沢有作ほか訳）『被抑圧者の教育学』（亜紀書房，1979年）．
21) 前掲，「NPO科研費調査報告書」31頁．
22) 同，79頁．
23) 同，80頁．
24) 中西正司・上野千鶴子『当事者主権』（岩波書店，2003年，2頁）．
25) 同，3頁．
26) 中村陽一「日本のNPO——21世紀システムに向かって」（日本NPOセンター『日本のNPO 2000』日本評論社，1999年）．
27) 佐藤一子『生涯学習と社会参加』（東京大学出版会，1998年，III章）参照．
28) ピーター・F・ドラッカー（上田惇生ほか訳）『非営利組織の経営』（ダイヤモンド社，1991年），レスター・M・サラモン（入山映訳）『米国の「非営利セクター」入門』（ダイヤモンド社，1994年）など参照．
29) 山内直人編『NPOデータブック』（有斐閣，1999年，6頁），内閣府国民生活局編『2001年市民活動レポート』（財務省印刷局，2001年，29-30頁）．
30) 日本NPO学会編集委員会編『NPO研究2001』（日本評論社，2001年，第8章）．
31) レスター・M・サラモン（山内直人訳）『NPO最前線——岐路に立つアメリカ市民社会』（岩波書店，1999年）．
32) 内橋克人『共生の大地』（岩波新書，1995年）．
33) 神野直彦『人間回復の経済学』（岩波新書，2002年）．
34) 富沢賢治『社会的経済セクターの分析』（岩波書店，1999年）．
35) 内橋克人，前掲，42-45頁．
36) 神野直彦，前掲，122頁．
37) 本間正明・金子郁容ほか『コミュニティビジネスの時代』（岩波書店，2003年）．

第Ⅰ部　教育の公共性をめぐる葛藤とNPO

はじめに

　第Ⅰ部では，学校教育や社会教育行政など制度的公共性とNPOの教育力が育くむ市民的公共性との関連に焦点をおき，生涯学習社会におけるNPOの教育力の意義と可能性を究明することを課題とする．

　第1に，ポスト福祉社会を展望するうえで教育の社会的課題を明らかにすることが求められる．ここでは制度的民主主義とは異なる新しい民主主義とその担い手の形成が教育の重要な課題となることを確認する．

　NPOは社会的実践をとおして社会的使命を実現する「実践の共同体」である．第2の課題として，こうした特質から生まれるNPOにおける学びの特質を，学校教育に代表されるフォーマルエデュケーションと対比しつつ考察する．NPOがもつべき民主主義の実現という視点から，実践と学習との関連を理論的に整理する．

　第3に，教育の制度的公共性の領域にある2つの教育，すなわち，フォーマルエデュケーションとしての学校教育，ノンフォーマルエデュケーションとしての社会教育が，NPOと協働することによって，どのような新しい特質をもつことになるのか．第Ⅰ部では，こうした教育領域間の関連に焦点をおいた分析を試みる．

　こうした課題を受けて，第Ⅰ部の各章では以下のような構成となる．1章では，「実践の共同体」としてのNPOの学びの作法とその現代的意義を明らかにする．2章では，NPOの教育が，学校教育システムの公共性再構築にどのような意味をもつのかを検討する．3章では，社会教育行政再編とNPOとの関連がつくりだすものの両義性を考察する．

1章　NPOにおける学びの公共性

1　民主主義のための社会教育実践に向けて

　宮原誠一は「社会教育の発達を支える大きな2つの条件は，やはりデモクラシーとテクノロジーである」[1] と指摘し，民主主義と社会教育との相互規定性の把握をとおして，価値志向的な社会教育の歴史的理解を示していた．憲法・教育基本法をうけた社会教育法の規定においても，社会教育の目的は「実際生活に即する文化的教養」「教育」をとおして民主的な社会を創造する実践と結びつくことが展望されていた．つまり，学ぶこととよりよき社会をつくるために実践することとは切り離せないものとしてとらえられていた．

　しかし，その後の社会教育政策の展開では，社会教育行政の制度化をすすめながら次第に実際的生活から乖離した学習内容と学習方法が主流を占めていく．とくに1980年代以降の生涯学習政策では，価値選択の問題を峻拒した市場原理にもとづく学びの個別化政策としての性格をあらわにしている．他方，社会教育実践や研究においても，共同学習運動や生産大学・農民大学運動などの実践と蓄積をつくりながらも，フォーマルな学習を志向した社会教育のモデル化や，特定の価値志向的な社会教育実践に対して懐疑が示されている．参画型学習が取り上げられる場合にも，実践の社会的文脈と学習とを切り離して方法論へと焦点を矮小化する傾向がみられている．

　NPOと社会教育・生涯学習との関連を問うことは，新たな段階で「実際生活に即する文化的教養」とは何か，民主主義に根ざした社会づくりのための教育，やや大げさに言えば，社会正義のための実践と学びの視点とは何か，これ

らのことを改めて私たちが吟味することと結びつく．このことは民主主義の実践における学びの意義を確認することでもある．

以下，自由主義的改革のもとに展開される生涯学習政策が学びの市場化・個別化をすすめるなかで，新たな共同性が求められることを示すとともに，民主主義の視点から「実践の共同体」の意味を確認する．そのうえで，フォーマルエデュケーションと対比したNPOにおける学びの作法の意義と新しい学びをつくる可能性について検討したい．

2　生涯学習政策と国家的公共性の解体

2-1　国家的公共性と学びの制度化

戦後日本における社会教育行政は自由主義思想の影響をうけ，分権と住民自治の制度的理念のもと，自主的・自治的に行う学習活動の展開を基調に，この学びを支える環境を行政が整備するという構想のもとに出発した．しかし，1951年にはじまる社会教育法の改正を梃子に制度の改変がはかられ，国家による介入・干渉のなかで中央集権化がすすめられてきた．こうした国家の介入は政治的な意図をもっているにしても，福祉国家的政策として社会教育行政は制度化され，一定の充実がみられている．事実，社会教育主事制度や社会教育施設の基準化と補助をとおして専門職員の養成・地域配置と社会教育施設の整備がすすめられ，社会教育関係団体への補助金支出や各種事業への補助，事業委託をとおして市町村の教育事業が財政的に支えられてきた．

しかし他面では，こうして国から県を経由して市町村へと，同じような事業が直接浸透する体制がつくられてきた．県や市町村も政策的に国に追随するだけではなく，具体的な事業についても国や県からの財政的な補助を受けて活動・事業を実施することが実態として定着する．このように教育をめぐる国家的公共性は，国家主導による人・財やサービスの社会的再配分をとおして実現されてきたのである．

2-2　教育のグローバルな市場化戦略

1980年代半ばの臨時教育審議会の「生涯学習体系への移行」という答申に

よって始動し，1990年代に本格化する生涯学習政策は，「いつでも，どこでも，興味関心にもとづいて」という生涯学習社会を実現するものとして登場したが，それは，公共性をめぐる上述の構造の転換をはかろうとするものであった[2]．つまり，新自由主義的構想のもと，学習の目的や事業の内容を国家が定置するのではなく，多様な主体が，これまた多様な学習機会を提供するのに対して，行政の主要な役割を学習情報の提供や相談事業に限定しようという，市場モデルによる学びの個別化政策への転換であった．つまり，基本原理からいえば，国家的公共性を自ら否定する政策への転換である．

こうした市場化をすすめる力として，まず，新自由主義のイデオロギーにもとづくグローバリズムの力がある．日本における教育政策は，これまでも経済界の大きな影響をうけてきた．しかし同時に，国民国家の枠組みのもとで政策の対抗軸がつくられてきたからこそ，国民の教育運動や官僚の固有の論理が市場原理からの防波堤の役割を果たしてきた側面があった．いまや，グローバリズムのなかで，この権力の関係は決定的に変化しており，それが学校教育や社会教育を変容させつつある[3]．

成人教育の領域では，国際的な政策形成においてユネスコ（UNESCO）やOECDなどの機関は大きな役割をはたしてきた．1985年第4回国際成人教育会議で採択された学習権宣言や参画型社会を支える能動的市民の陶冶と結びつく平和・人権・環境等の政策も注目される．だが，行財政改革と連動した日本の社会教育行政の変容を促す大きな力となっているにもかかわらず，教育政策への市場原理を強力に推進する世界貿易機構（WTO）の役割についてはこれまで看過されてきたのではないだろうか[4]．例えば，このWTOの協定付属書にあたるサービスの貿易に関する一般協定（GATS）において教育サービスの市場開放が求められていることはあまり注目されていない．

WTOにおける貿易の自由化は工業製品や農業関係に関わる問題であるとみなされてきたが，ここでは学校教育や成人教育も消費サービスと定義されており，各国間の交渉の最大の関心事の1つとなっている．ここでは「越境取引」（例えば，e-ラーニングの問題が扱われる．以下，同じ）「国外消費」（留学），「商業拠点」（教育ビジネス拠点形成），「人の移動」（教育人材の自由移動）などの課題にそって市場開放がすすめられる．教育はサービス部門における最大

の貿易商品としてすでに実績があり（イギリスの貿易額では2000年度で670億ポンドといわれる「輸出産業」である），経済・教育のグローバル化のなかで，先進国と途上国，英語圏と非英語圏という格差と対立を内在させつつますます拡大する資本の投資市場なのである．

こうした政策形成では，WTOに対する多国籍企業や国際資本のロビー活動が活発に行われ，この政策が加盟国の公共政策，とくに教育改革に反映している．

2-3 生産性・効率性・収益性——ヒトのいない教育

ところで，教育が投資の対象となるには2つの条件がいる．第1に，そのサービスが公共財ではなくて，私的財（排除財）でなければならないこと，第2に，そこで生み出されるものが付加価値をもつ「商品」でなければならないことである．公共財が貿易の対象とならないとすれば，「規制緩和」をとおして公教育の「市場化」をすすめることが不可欠であることは論をまたない．つまり，市場で交換されるためには，教育活動自体を経済活動そのものに転換する必要がある．したがって，いま行政改革のもとにおける政策としてすすめられつつある企業による学校設立・運営，事業の委託化，受講料徴収，「特定事業者制度」などは，「国際的圧力」のなかですすめられる公的教育のプライバタイゼーション，市場開放の基盤づくりとしての意味をもつ．

こうして教育活動は経済用語で語られるだけではなく，この改革では経済的価値があらゆる制度・機関に求められる．国際的な経済競争のなかで先端的技術の開発が決定的な要素となり，科学技術政策が国家的戦略の要となっている．例えば，国家間競争の重要な契機として大学改革が迫られているが，そこでは「生産性」「効率化」「質のコントロール」「選択」「ナショナル・スタンダード」「説明責任」が求められ「コストの削減」がはかられる．まず，国際的な市場化をすすめるため，教育と研究の質を評価する「統一基準」がつくられ，この基準にもとづき，「テストの厳格化」により「出口管理」を実施し，成績の芳しくない学生は「不良品」として「廃棄」することが求められる．

知識社会への移行のなかで，人的資本への投資としての教育に期待が寄せられる．国際的な競争に打ち勝つ知識や技術開発のために，安い労働力を海外に

求め,技術開発や管理機能を担う一握りの優秀な学生が産出できればいいのかもしれない.その結果,教育や知識に対するアクセスの不平等を顕在化させ,人びとを新たに社会的に排除する契機となることも織り込み済みというところであろう.しかも,生涯学習政策,生涯職業能力開発施策をとおして挑戦の機会はすべての人びとに開かれているのだ.だからこそ,そこでの敗北は個人の能力や意欲の欠如として理解されることになる.

3 リスク社会と能動的市民の形成

3-1 リスク社会と学びの個別化

これまで私たちは労働社会のなかで比較的安定した生活を享受してきた.安定したとは,経済的にも,精神的にも満ち足りた生活という意味ではもちろんない.標準化された生活のなかで将来をある程度見渡すことが可能であったということである.しかし,いまや状況は一変しつつある.私たちのライフコースを展望するとき,その不確実性と制御不可能性が強まりつつある.

ドイツの社会学者ウルリッヒ・ベックは,こうした近代化の特徴を「再帰的近代化」によるリスク社会の到来としてとらえている.第1の近代化がつくりあげてきた労働社会と福祉国家施策のもとで私たちは「労働の権利」を求め,常勤の形態の完全雇用を目指してきた.しかしこうした目標は放棄され,それが実態としても解体されつつある.具体的には,労働の柔軟化のもとで,賃金形態の多様化,雇用の柔軟化,機能の柔軟化がすすめられている.ライフサイクルのなかで失業や転職を経験することが避けられないものとなり,派遣労働・契約労働・有期雇用・裁量労働など,かつて不安定労働者などの貧困の問題としてとらえられてきた状況が,男性女性にかかわらず私たちの普遍的な運命となりつつある.こうした事態をベックは,標準化され安定した生活から「脱標準化され,断片化された多元的半就業システム」への転換としてとらえるが[5],これこそ不確実性や制御不可能性をうみだす生活の個別化の基盤である.

家族や地域社会の紐帯の解体とあいまって,諸個人の生活は多様化し個別化する.そのことは個人がますます自分の人生の計画や組織化について自己責任をもつことを意味する.彼らは,多様に分岐するコースから経路を自ら選択し,

その経験を省察しながら自らのアイデンティティーをつくりあげる．こうして，人生の転機としてのライフイベントが重要な意味を持つことになり，また，それ自体が学びのプロジェクトとなる．

　安定化し，標準化された生活を前提として構成されたかつての社会保障制度，教育制度の基礎が掘り崩され，新たなパラダイムにもとづく教育戦略をとることが不可欠となる．ここにグローバリゼーションへの政治的応答として生涯学習政策が重視される根拠がある．

3-2 「能動的市民の形成」の両義性

　自由主義的改革というのは国家の役割を限定するという理解があるが，決してそうではない．私たちは，それを国家介入の転換として把握する必要がある．つまり，資源の再配分や福祉国家サービスを提供して社会的不平等や格差の是正をはかろうとするのではなく，福祉国家的な保障が人びとの依存をつくりだしたという認識のもと，自己責任と能動性を基調とする意識啓発などを重視する介入への転換としてとらえられるべきであろう．自由主義的改革では，自主性，能動性や責任など意識への働きかけが国家介入の主要な戦略となる．社会秩序政策である[6]．

　したがって，国際的な生涯学習社会像でもある参画型社会は自由主義的改革の求める社会像でもあるということ，この社会を構成する市民には「自律性」と「能動性」が求められるということを指摘しておきたい．「個別化は，人びとがますます重要なライフイベントと直面すること，彼らが自分自身の学習プロジェクトの組織化により大きな責任をもつことを意味する．もっとも重要なことは，特定の事実や実践的スキルを学ぶことではなくて，責任を取る態度，不確実性に適応すること，失敗を恐れないというような基本的態度」[7]である．したがって，こうしたアクティブな市民を形成するためのシティズンシップ教育やサービスラーニングをただ楽観的に評価することは許されない．自由主義的改革で強調される「能動的市民」像を批判的に検討しつつ，同時に，民主主義の実現という視点から，これを組みかえる可能性を模索することが求められよう．

3–3 市民社会の復権と社会教育

リスク社会のなかで生活の脱標準化，個別化がすすんでいるが，いま求められているのは，単に，個々人がボランティア活動やコミュニティサービスに参加することではない．それが具体的な社会的課題解決に向けた共同性や連帯性にもとづく実践への参加であるのか，あるいは民主主義の実践であるのかどうかが問われる必要がある．

さらに，「再帰的近代化」は家族や地域社会の解体傾向だけではなく，労働社会における民主主義を支えてきた労働組合や政党の正統性の揺らぎという事態を含んでいる．だからこそ国家と市場との中間領域に人びとが自発的に所属する新たな集団をつくりだすこと，民主主義の危機というこうした状況のなかで，政治経済システムの権力に対抗する声をあげること，批判的な社会的実践の担い手として市民社会の再興が求められているのである．地縁や血縁で結ばれた共同性とは異なり，多様な社会的課題をめぐり，自主的で自発的な活動によって，この諸課題を解決するだけではなく，この実践のなかで仲間や市民との対話をとおして信頼関係をつくり，また，新しい考え方や知識そして価値を学んでいく過程への参加が求められる．こうした自発的な意思と契機で結ばれた新たな「共同体」，その中間団体の1つとしてNPOの可能性がある．

こうした活動を学びの側面から支えることが社会教育をふくむ教育実践に期待される．リスク社会では組織的な行動をとおして自己のアイデンティティーや能力を発達させることの重要性を認識させること，多様な意見やアイデンティティーを持つ人びとが相互にコミュニケーションをとりながら共通の目的や活動，ニーズ，価値などをつくりだすことが重要であり，社会教育はこうした市民活動を学びの側面から支える役割をはたす．

4 「実践の共同体」としてのNPOの学びの公共性

4–1 民主主義を学ぶこと

(1) 民主主義とNPOの教育力

歴史的に見ると，成人教育と民主主義は手を携えつつ発展してきた．それは，民主主義を求める労働運動の展開のなかで成人教育の組織化がすすめられ，権

利として制度化がはかられてきた欧米諸国の歴史のなかに見て取れる．したがって，「成人教育は，歴史的に民主的な社会へ向けた道程の一部とみられる」[8]のである．

ところが，近年における生涯学習の潮流は，民主主義のための教育から，グローバルな競争のなかで，より高い資格を求め，職業的成功に人びとを準備する教育へと重点が転換しつつある．経済的競争に打ち勝つための教育への転換である．しかし，こうしたなかでUNESCOの成人教育会議の宣言やEUのシティズンシップ教育のように，新しい市民権を構想しつつ民主主義のための教育を政策的にも積極的に展開する動きがあることに注目したい．そこでは民主主義を学ぶとは，どのようなことを意味するのか，ということが実践的課題として鋭く問われている．

この検討のためには，まず民主主義の意味を確認することが欠かせない．デモクラティアとは，文字通り「民衆」の「権力」である．要するに，民衆の自己支配ないし自己統治という意味としてとらえられる．その際に，投票により代表を選出し統治するシステムではなく，「共同的に考え，共同的に疑い，共同的に探求する」，声をあげること，討議すること，さらに付け加えれば，こうした諸階梯をたどりつつ「共同的に行為する」ことこそが民主主義の真髄である[9]，ということが理解の出発点となっている．

NPOの教育力の公共性の重要性は，「実践の共同体」として，こうした民主主義を学ぶ公共的空間をつくりあげること，しかも，それを国家から独立に形成するところにある．というのは，民主主義の存在の基礎として民主主義を担うエージェンシーの形成の問題があるが，その際に大きな矛盾があるからである．すなわち，「私たちは市民社会で行為する市民を必要とするが，市民となるためにいかに学ぶのか，何を学ぶのかを決定するのは国家である」[10]ということである．国家的公共性と市民社会とのジレンマである．NPOは，こうした国家の関与から独立に学びの内容をつくりあげる担い手の1つである．しかも，NPOの教育力には，「その実践によって，人々がお互い同士から学ぶ機会を得るとともに，社会的な価値と優先順位を形作る」という民主主義を構成する重要性がある[11]．

(2) 参加と責任

　生涯学習社会像では，公共的な活動に市民が能動的に参加することが前提とされている．しかし，日本の参加論を見るとき，既述したように，とくに注意すべきことがある．第1に，参加をめぐる政策を見るとき，1960年代の住民の行政決定過程への参加をめぐる課題から，多様で，柔軟な行政サービスの供給主体としての担い手としての参加論へと転換していることである．一方で政策の意思形成過程への参加がうたわれるが，NPOもこうした議論のなかでサービス提供主体としての役割が期待される傾向があることに注意する必要があろう．第2に，参加が提唱されるなかで，国民の責任が強調されつつあることである．つまり，福祉国家の施策のなかで，国民としての権利が過度に重視される一方で，その責任が軽視されてきたのではないか，という主張が徐々に大きくなりつつある．こうした認識から，奉仕活動義務化など歪んだ形で国家主義と結びつける動きが政治的に大きくなっている．

　この点で，アマルティア・センの参加論は国際的地平での議論を理解するうえで重要な視点を提供するものである．センは，以下の2つの意味で参加をとらえている．まず，第1に，参加の概念は自由と自発性を不可欠の性格とすることを確認する．つまり，「参加の概念は，人びとに特定の社会プログラムを押しつけたり，特定の社会関係への参加を強制したりする試みに対立する」ものである．ここで責任とは，自由の価値を十全に発揮しようと努めることを意味する．個人の理性的・自立的選択を尊重するためには，主体的存在として責任を負うべき存在として自らを形成しなければならない．

　第2に，しかし，参加の概念は，より積極的な意味で責任との関連をもつ．つまり，「所与の制度やルールのもとで自己の選択や行為に責任を持つという〈個人的責任〉」だけではなく，所与の「制度やルールのあり方を社会的に決定していく責任であり，政治的参加の自由そして民主主義のもとで人びとが協同して担うべき〈われわれの責任〉」[12]が付随している，という．民主主義の構成的意味を担う主体として行為することが，「われわれの責務」として諸個人に求められる．

　ここに見るように，センの責任論と政治的に主張される責任論との相違は極めて鮮明である．

4-2 参画型社会と行為主体
(1) 同感とコミットメント

　民主的な参画型社会は，これを支える制度や権利の存在が不可欠なものとなる．しかし同時に，そうした制度や権利は人びとが承認し支持することなくしては存立しえない．教育を問題とする私たちにとって大切なのは，「制度やルールのあり方を社会的に決定していくこと」，ときには，その社会そのものを変革するプロジェクトになぜ人びとが参加するのか，という問題をめぐる理解である．

　現実に諸個人が「実践の共同体」である社会運動，NPO活動に参加する現実的契機は多様であり，ときに，経済合理性にもとづく打算から事業に参画することもあるだろう．しかし，より積極的な意味をもつ共通の契機が存在する．それが同感（sympathy）という感情である．例えば，阪神淡路の大震災の際の報道を見て，ボランティアとして駆けつける行為．タイの女性や子どもたちにまで広がるHIV患者の苦悩や，これを支援するNGO団体の活動をテレビで見て，支援活動に参加したり，資金・物資を送る国内組織を立ち上げる市民などを想起できるだろう．つまり同感とは，遠い地域に暮らす見も知らぬ他人ではあるが，彼らに関心をもち，この他者の苦境や苦難を自らのものとして感じ援助の手をさしのべる，その動機を形成するものであり，「実践の共同体」へ人びとをいざなう感情である．

　学習を含めて人びとを行動に結びつけるものとは，第三者から与えられるものではなく，情動世界のなかで当事者がその状況に深くかかわるなかで生じる何らかの矛盾やジレンマであり，それが自己のアイデンティティーにかかわるとき，積極的な活動の動機づけとなる．

　しかし，同感は人びとを行動に駆り立てる動機をつくるものであるが，それだけでは「実践の共同体」への参加を実現することはできない．同情はするが，すべての人が公共的活動に参加するものでないことは容易に理解できよう．同情の念をもちつつも，それは直接面識のない他者の苦悩であり，またたとえ面識があったとしても自分の時間や労力をだすことはできない，という「計算」を人は働かせる．人間とは普通は自分の福利，経済的豊かさを最大化しようとする，合理的な経済人として理解される．だから，いかに「同感」しようとも，

自らの福利を犠牲にしないために，その感情を押しとどめようとするだろうと，理論的には考えられる．

　センは，こうした人間観を十分理解しつつも，人間が経済的合理性を超えて行為するものでもあることを重視する．人が，ときに具体的な福利を実現することよりも，それを犠牲にしてまで，ある行為を選択することを認めるのである．つまり，こうした意味内容をふまえた対象としての他者へのかかわり，これこそコミットメントである[13]．その際に，このコミットメントという行為を方向づける規範こそが，先の責任の感覚や不正義への異議申し立てであり，抵抗である．

(2)　不正義とエージェンシー

　センは，このように他者の存在に関心をもち，この他者との相互関係を自己の価値観に反映させて行為すること，つまり，社会的にコミットメントできる個人として人間をとらえるのであるが，その際に，「社会的」とは2つの意味をもつ．第1に，行動は常に社会的である．つまり，「実践の共同体」に参画する際に，人は制度やルールに従って行動するだけではなくて，政治的参加をとおして，その制度が正義にかなうものでないとすれば，社会制度そのものを変革する．この意味での「われわれの」責務の社会性である．第2に，コミットすること，つまり人びとが社会的責務をはたそうとするのは，社会のあり方が「不正義」の状態であるということを認識するからにほかならない．つまり，他者の苦悩や苦境を個人の不運としてとらえるのではなくて，不満や苦悩として表明される——それが声として発せられようが，されまいが——声をとおして出された問題をともに分かちあうことにつながる．

　このグローバリゼーションの時代に民主主義のための社会教育実践，社会的正義のための社会教育実践が求められる．しかしそのことは，当為としての民主主義や社会的正義を描きつつ実践をおこなうことではない．なぜ，人びとが社会的実践をNPOという組織をとおしておこなうのか．それは，民主主義が蹂躙されている状況がある，女性や民族的マイノリティー，高齢者や障害者などが社会的に排除されている状況がある，こうした1つ1つの事実を確認しつつ，それを生みだしているものを認識し，抵抗し，社会的に人びとを包摂する

ための社会的実践を展開することが求められるからであり，これを実現することがNPOの社会的使命となる．

　正義の諸観念を理論的に導出したり，正義の条件を1つ1つ箇条書きするのでもなく，不正義を特定化するという方法である．何が不正義であるかを特定化する作業もまた，理論的・先験的になされるものではなく，あくまで民主主義の実践，すなわち直接の当事者を越えた多くの人びととの理解や同感にもとづく開かれた討議や実践のなかですすめられていく．「公共的な討議や実践を通して，個々の事実の重みや意味を了解しながら，また相対立する判断や理由に耳を傾けながら，根深い不正義の特定化に関する理性的な合意を人びととの間で広く形成していく」[14]，そうした方法である．後述するように，こうした民主主義の実践をとおして人びとは学びを深めていく．

　このように，対話的実践をつうじて新たな価値を形成しつつ，公共的決定に参加するだけではなく，自由な社会的空間をつくりだすことによって，主体性を発揮する人，行為主体としての意思と能力をもつ人，これをセンはエージェンシーと呼ぶのである．

5　NPOにおける学びの作法と可能性

5-1　社会的実践と学ぶこと

　市民の自主的な社会的諸活動への参加は，学ぶこととどのような関連をもつのだろうか．一般に，労働や社会的諸活動への参加のなかで，人びとは社会的課題を自ら見出し，だからこそ学習活動を積極的に行うということが指摘される．労働そのものが学習である，ということもいわれる．私たちの研究によれば[15]，学習と社会的活動との関連は，以下のようにまとめられる．

　まず第1に，社会的活動への参加は学習一般への参加と結びつくものではない．社会的活動への参加の有無は，「スポーツ活動」や「文化芸術活動」とはあまり関係しない．これが意味をもつのは「学習活動」であり，しかも，すべての学習内容領域ではなくて，参加している社会的活動領域に関連する，ある特定の領域における学習と結びつく．第2に，しかし，ある領域での社会的活動への参加者は，他の社会的活動諸領域でも市民として能動的に参加する傾向

がある．したがって，こうしてつくられる社会的活動への参加の広がりが，人びとの学びの広がりをつくりだしている．第3に，社会的活動や学習と人びとのエンパワーメントとの関連である．さまざまな社会的諸活動のなかで人びとは社会的諸資源や能力を高めエンパワーメントをしていると考えられるのであるが[16]，「表現力」と「理解力」について社会的活動への参加者と非参加者とで相違はない．社会的活動への参加のなかでえられるものは，「理解力」のなかでは具体的な活動と結びつく「地域課題の理解」についてであり，さらに，自己の「行動への意志」や「協働してとりくむ力」を評価している．

ここからいえることは，具体的行動に結びつくのは，個人の認知力や表現力などの資源ではなくて，自ら社会的活動へ参加するなかでえられる活動の意義への確信であり，具体的な情報や課題の理解であり，そして活動への意思なのである．そして，こうした課題理解と活動への意思にもとづく課題解決を支えるのが「学習活動」であるという関連をそこにみることができる．

次に，こうした社会的活動への参加と学びとの関連を理論的に整理しよう．

5-2　学ぶということの意味転換

NPO は，「学びの共同体」としてどのような内実をもつのだろうか．そこでの学びの特徴とは何か．

学校教育と NPO など社会的活動における学びとを区別する基準はいくつもありうる．例えば，その有力な分類として学校教育がすぐれてフォーマルエデュケーションとしてとらえられるのに対して，社会運動・活動ではノンフォーマルエデュケーションないしはインフォーマルエデュケーション，さらにはインシデンタルなものとして学びが行われるのではないか，という理解がある．しかし，学びの形態は目的に応じて多様に選択されるべきものであって，それだけが重要なものではない．

では，何が教育システムのなかでの相違をつくるのであろうか．第1に，「実践の共同体」のなかで人は学ぶわけであるから，学ぶことと活動することとは切り離すことができない．学ぶことは，生活全体をとおして行われるものである．A. ブロンは次のように指摘している．「民主主義の学びは，民主主義を行うことと同義である．それは市民の権利と義務の能動的な参加としてあら

われる．民主主義の学びは，さまざまな運動に参加するなかで可能となる」[17]のである．人びとは民主主義のために学ぶとともに，民主主義を遂行することを学ぶ機会をもつ．

第2に，こうした学びは，「学びの共同体」を構成するメンバーの相互作用のなかで行われる．この意味で，NPO の運営や活動そのものの民主主義的性格が厳しく問われる必要がある．つまり，NPO において，人びとが同等の権利をもち，行動し，批判的に考え，決定に参加することが不可欠である．開放性という新たな質をもった実践と学びの「共同体」のなかで，他のメンバーとの社会的な共同行為をとおして，具体的な状況に即した社会理解をすすめていくのである．

ここから第3の学びの意味転換が生まれる．学校教育という特異な空間では「純粋に頭のなかで記号を操作することで知識を学んでいく」[18]のに対して，社会的活動における学びでは記憶力よりも問題解決能力が問われるということである．さらに，学習というのは伝統的には，経験や実践から生じる行動能力の変化とみられてきたが，いまや，重点は行動における変化というよりは理解における変化におかれるようになっている．学ぶということは，ただ狭い意味での心理的・認知的過程としてではなく，特定の社会的文脈のなかで具体的な課題解決と結びつけて経験知を学んでいくとともに，日常生活や社会的活動の実践のなかでものの見方，思考方法，そして行動そのものを変容させていくこととしてとらえられる．つまり，「学ぶとは，パースペクティブ，思考，行為における質的変化である．それは認知的なもの，情動的なものに影響を与える．学ぶとは，深い意味で社会的なものである．つまり，私たちは個人的にも，集団的にも相互作用しつつ学ぶ．したがって，学ぶということは，生涯にわたる，ビオグラフィカルなものである」[19]．それを私たちは学ぶことと呼ぶ．

5–3　NPO における学びの作法

(1) 知識——実践知をつくる

グローバリゼーションのなかで，知識の社会的意味がこれまで以上に重要性をもちつつある．つまり，情報化がすすむとともに国際的な経済的競争のなかで先端的技術の開発が決定的な要素となっている．知識社会への移行といわれ

る状況がある．

　こうした知識社会への移行は成人教育・社会教育に対してどのようなインパクトをもっているだろうか．第1に，急激な速度で，かつ不断の過程として知識の高度化がすすむなかで，成人は生涯にわたって学ぶことが社会的に求められることになろう．しかし第2に，この同じ過程が知識に対するアクセスの不平等を顕在化させ，人びとを新たに社会的に排除する契機となっている．こうして知識社会への移行において強調される人的資本への投資としての教育という位置づけは，学びの個別化をいっそうすすめることになるだろう．また，この動きは新たな社会的排除をつくりだす傾向を示しているのであるが，だからといって昔へ戻るようなことを求めることはできない．人的資本としての投資が経済的発展に結びつくことは，たしかに重要性をもっている．

　しかし，教育と知識をめぐるより重要な問題は，教育機会へのアクセスという問題だけでなく，どのような知識を正統な知識とするのかということである．つまり，「実践の共同体」としてのNPOの学びと知識との関連である．NPOの実践では，知識をえるということは，単に既存の確認された知識を覚えるという認知的過程としてだけではとらえられない．問題なのは，社会性をもつ知識であるといってよかろう．参画型社会をつくるうえで，NPOの学びを行為の過程と切り離すことはできないのだが，知識との関連で，そこにいくつかの新しい側面が確認される．例えば，何らかの行為をするときには，諸権利をめぐる制度を知らなければならない．しかし，制度を知るだけでは，言葉の真の意味でその制度を理解したことにはならない．制度を実際に運用することをとおして，初めて十全に理解したことになるのではないか．つまり，社会的文脈のなかで，その知識を実際に使うことをとおして，人は知識をわがものとする．

　第2の転換は，知識の社会性ということである．知るということは，個人が理解する知識ということばかりでなく，二重の意味で関係的知識といってよい特徴をもつことになる．このことは，だれの知識が正統性をもつのかという問題と結びつく．従来の理解では，正統性をもつ知識とは専門家や学者のもつ知識であり，これが絶大なパワーをもっていた．ところが，NPOが学び活動する諸課題においては，社会的差別や不正を経験した人の知識，地域の権力構造に精通した人の知識，それを支える専門家の知識の力が，それぞれ固有の意味

をもつ[20]．それらの知識を，つなぎ合わせ，社会的諸条件にあわせて加工し，実際に活動のなかで検証しつつ，知識のもつ社会性が構成されることになろう．したがって，こうした知識を，私たちは，社会知ないし実践知と呼ぶことにしよう．NPOは，こうした学びのなかで新しい実践知をつくりだす力をもつ．

(2) ボイス——対話をとおしてエンパワーメントする

　市民活動における学びとして重要性をもち，そして民主主義の実践そのものとしても重要な方法は「対話」である．NPOにおける学びは，実践の共同体——グループの規範，価値，言語，意味，目的という——の文脈においてなされるが，対等で平等なメンバー同士の対話をとおして各人の経験を問い直し，関係させ，分かち合い，相互に耳を傾けることが重要な意味をもつ．こうした作法をとおして，熟練の達成や知識の獲得という次元における学びを超えて，ラジカルな成人教育論の論者たちが「意識化」とか，「パースペクティブの変容」と呼ぶものと結びつくことになる[21]．

　対話の前提として重要なのは，ボイス（voice「声をだすこと」）である[22]．E. ヘイズは，成人の学びとの関連で，次のようにボイスの3つの意味を区別している[23]．

① 対話としてのボイス（voice as talk）であり，学習におけるジェンダーに特殊な話し方やコミュニケーション法（女性は関係的仕方を特徴とするなど）の重要性を示している．

② アイデンティティーとしてのボイス（voice as identity）であり，学習の重要な次元としてのアイデンティティーの発達や表出を強調する．

③ パワーとしてのボイス（voice as power）で，学習が不平等な権力関係によって影響を受けるものであり，学習の目的の1つが，自己の関心，ニーズ，経験を表現することをとおして個人的・集団的なパワーを獲得することであるという見方を示している．

　このうちNPOにおける学びとの関連でとくに重要なのは，パワーとしてのボイスをめぐる問題であろう．それは他の2つのボイスと相互に関連するもの

ではあるが，市民的公共性をつくる中心的な力であり，かつ，学びにおける権力と権威をめぐる問題に注意を向けさせるものだからである．

何気ない日常の会話において，会話の当事者が権力において対等であるかぎり，声をだすかどうかは，それほどクリティカルな問題ではない．しかし，権力において不均衡があるとすれば，この「声をだす」という行為自体が大きな意味をもつ．つまり，社会的に排除されつづけた人たちは，話をする権利を奪われ沈黙を強いられつづけてきた．この沈黙には抵抗の意味が込められている場合もあるが，通常は，「諦念」「内面化された抑圧」「自信の欠如」「知識の欠如」にたいして自らの「安全を確保する」戦術としての意味をもつ．したがって声をだすことには，ましてや不正に対して声をだすことには，支配的なものに対する抵抗・抗議として並々ならぬ意味が込められている．したがって，声をだすこと自体が，1つのパワーの獲得としてとらえられる．

この声に対しては，「聴く」という行為が対応する．この声に耳を傾けること，「聴くということは，不正義感覚を表出したものが不運として自らのうちにかかえていた問題を分かちもつことにつながる．〈あいだ〉の別様の可能性に向けた呼びかけに応える仕事」[24]として意味をもつ．

これは個人的ボイスの問題であり，1つの組織におけるメンバー間に水平的関係を築くことに結びつくが，もう1つの側面として，集合的ボイスがある．これは端的に，成人の学習が個人的なプロセスとしてばかりでなく，集合的な活動であることを示している．つまり，社会的実践をとおしてでてくる課題について対話・審議するなかで，異なる価値や考え方にふれながらも，新しい実践知をつくり表現する手段を創造すること，これが集合的ボイスである．例えば，NPOにおける政策提言活動（アドボカシー）を想起すればわかりやすいだろう．実践と共同の討議・審議をとおして実践知を政策提言としてつくりあげること，それは市民としての権利を行使することであり，彼らの集合的ボイスを表明することであり，そのことをとおして社会をつくりあげる事業に積極的に参画することに結びつく．

(3) 省察——アイデンティティーをつくる

既述のように，ドイツの社会学者U.ベックは，現代のグローバリゼーショ

ンの進行を近代化の質的転換と関連させつつとらえている．つまり，再帰的近代化に社会の質的転換をみる．こうした社会の質的転換は，そこに生活する諸個人にも新たな課題を投げかける．つまり，諸個人は自らの経験を省察しつつ自らの価値観やパースペクティブを再構造化し，つねに自らのアイデンティティーを再構成する．したがって，省察（reflection）が重要な学びの作法となる[25]．

D. ショーンの「反省的実践家」は，NPOにおけるメンバーの学びを考えるうえで非常に示唆に富む内容をもつ．この反省的実践家の学びを支える鍵は「行為のなかの知」，「実践のなかにおける省察」そして「状況との対話」である[26]．

ショーンは，「実践についての省察」(reflection on practice) と「実践のなかにおける省察」(reflection in practice) とを区別しつつ，専門家の力量形成における「状況との（内的―引用者）対話」をとおして探求される「実践のなかにおける省察」の意義を高く評価する．確かに，ショーンも知識や学びの社会性を確認するのであるが，それは，瞬時のクライアントとの相互作用をとおして実践に必要なバリエーションや枠組みを発展させるものとして理解されている．しかし私見では，実践についての省察こそがNPOにおけるメンバーの力量形成の作法として大きな意味をもつ．大切なことは，NPOにおける実践はそもそも集団的なものであるから，自らの実践について行為の後に立ちどまって「ふりかえる」（省察する）こと，外的対話をとおして，別言すれば，集団的に反省するなかで，①「共同体」の使命を相互に確認し，②多様な見方や価値観――ときに対立する――に触れながら自らのポジションを確認し，③同時に，社会的技能をわがものとすることではないであろうか．さらに，④不正義に苦しむ人びとへの同感をとおして社会的実践の動機が形成されるとともに，社会的実践をとおして活動と学習への動機がさらに深化する．こうして社会的実践と学びとのサイクルがつくりあげられる．

「実践の共同体」では，経験をとおして諸個人は異なる意見や価値をボイスとして表明する．これらの声に耳を傾け省察するなかで人びとは自らのものの見方，考え方の前提を問い直し，これを絶えず再構成している．こうして確認されるNPOの社会的使命へのコミットメントが，個人の価値形成過程に深い

影響を与えることになろう．

　その際に重要なことは，「生活全体をとおして学ぶ」(learning throughout life) ということである．現実の実践に参加する人びとは，複数の共同体に同時に参加するし（場合によっては対立し，矛盾する価値をもつ），それぞれの距離を「結びつけたり」「切り離したり」しつつ保つこととなる．その意味で，この「実践の共同体」としての NPO は社会に対して開かれており，その性格も絶えず変化するものとして構成される必要がある．

おわりに

　先に，自由の価値を十全に発揮するために行政国家がいかに介入すべきか，ということに触れた．これは成人に対する学習機会の権利をいかに保障するのかということと密接に関係することであるが，そのために「個人が責任をもつことのできる帰結に関しては社会が介入しないことが望ましい」，とセンは指摘する．こうした考え方が補完原理というものであるが，しかし，そのことは国家や社会による介入が必要ないということを意味しないということを，同時に彼は強調している．では，国家はどのような役割を果たすべきなのか．

　私たちは「学びの共同体」としての NPO における学びの課題と方法では，それが生涯にわたるアイデンティティーの再構成が行われる学びの場として位置づけられることを確認してきた．この内容は，とくにセンが重視するアプローチと重なり合うものをもっている．彼は国家による「個人の選択の機会を実際に保障するためのプログラムとは，個人のライフヒストリーの各時点において，自立的活動の能力や意欲の形成を阻むような個別的諸条件に対応するものとして構想されなければならない」[27] という．

　こうした諸個人の自立的活動の能力や意欲をはぐくむものこそが学習である．これまでの論述からいえば，例えば，自分自身の現在を反省的に捉える視野，自己のライフヒストリーを客観的に分析できる能力，人生の目標を着実に追求していく意思が含まれる．また，社会的意思決定に実質的に参加するための機能，すなわち公共的意見を形成し，伝達し，理解する能力，討議を行う能力なども含まれるのである．しかも，経験を省察し，分析し，再表現する機会をも

つことを支援する，そうした教育力を NPO はもっている[28]．こうした諸過程は，生涯をとおして促進され，これを支える学習は権利として保障される必要があろう．

UNESCO の学習権宣言は，次のようにいう．

学習権とは，
読み書きの権利であり／問い続け，深く考える権利であり／想像し，創造する権利であり／自分自身の世界を読みとり，歴史をつづる権利であり／あらゆる教育の手だてを得る権利であり／個人的・集団的力量を発達させる権利である

「実践の共同体」NPO における学びの検討をとおして，私たちは，この学習権宣言の重要な意味をあらためて確認することができよう．

(高橋満)

1) 宮原誠一「社会教育の本質」(『宮原誠一教育論集2　社会教育論』国土社，1977年，22頁)．
2) 生涯学習政策の性格の転換については，佐藤一子『生涯学習と社会参加』(東京大学出版会，1998年) が鋭く指摘している．
3) この点で重要なのは，社会主義体制の崩壊によって，社会的権利や社会的公正を守るインセンティブが解体し，国内的にも「規制緩和」や「消費者主権」の確立を唱和しつつ，市場原理を貫徹した社会制度改革を断行しうる体制がつくられてきたことであろう．
4) G. Rikowski, *The Battle in Seattle : Its significance for education*, Tufnell Press, 2001. WTO については http://www.wto.org で GATS の政策文書をみることができる．
5) ウルリッヒ・ベック (東廉・伊藤美登里訳)『危険社会』(法政大学出版局，1998年)．
6) 国家の正当性を保障する介入戦略として，1980年代以降，公共的財やサービスの直接的提供による「保障的措置」から，人びとの態度や行動様式に働きかける「制御・社会化的措置」への転換がみられる．この点は，拙稿「福祉国家と社会秩序政策」(東北社会学会『社会学年報』1998年，高橋満『ドイツ福祉国家の変容と成人継続教育』創風社，2004年，に再録) を参照．
7) Reter Raggatt, Richard Edwards and Nick Small, *The Learning Society: challenges and trends*, Routledge, 1996, p. 127.

8) Juliet Merrifield, *Finding our Lodestone Again : democracy, the civil society and adult education*, 27th Annual SCUTREA conference proceedings, 1997, p. 2.
9) 千葉眞『デモクラシー』(岩波書店, 2000 年, 18 頁).
10) 同, 128 頁.
11) アマルティア・セン (大石りら訳)『貧困の克服──アジア発展の鍵は何か』(集英社新書, 2002 年, 118-119 頁).
12) アマルティア・セン (石塚雅彦訳)『自由と経済開発』(日本経済新聞社, 2000 年, 138 頁).
13) 「コミットメントは〈不正義〉の感覚あるいは〈責務〉の感覚に裏付けられている. それは自己利益に焦点をあわせた帰結主義的観点を超えて, 行為の規範そのものに着目する」(アマルティア・セン, 前掲, 2000 年, 175 頁).
14) アマルティア・セン, 前掲, 2000 年, 176 頁.
15) 鶴岡市を事例とした共同研究のうち, 槙石多希子「生活協同組合への参加と女性の学習」(草稿) を参照している. この調査では「スポーツ活動」「文化・芸術活動」と「学習活動」との 3 つを区別して参加の有無をたずねている.
16) ここでは,「表現力」(発表力「自分の考えを人前で, きちんと発表することができる」, 説得力「自分には, 人を説得することができる」),「理解力」(理解力「人の話を最後まできちんと聞くことができる」, 価値理解力「多様な考え方や価値観について, 受け入れることができる」, 課題理解力「地域の課題についてよく理解している」),「行動力」(協働力「メンバーと協力して活動することができる」, 行動力「問題解決に必要なときには, 積極的に働きかけることができる」) という各質問について自己評価をしてもらっている. 数値が高いほど肯定的評価を示す.
17) Agnieszka Bron and Michael Schemmann, eds., *Civil Society, Citizenship and Learning*, Lit Verlag, 2001, p. 130.
18) 石黒は, 学校教育現場やその理論的支柱である心理学の学習観に見られる, 個人に中心化する考え方を固体能力主義として, その学びの特徴を無媒介性, 脱文脈性, 没交渉性として把握している. 石黒広昭「心理学を実践から遠ざけるもの──固体能力主義の興隆と破綻」(佐伯胖・宮崎清孝・佐藤学・石黒広昭『心理学と教育実践の間で』東京大学出版会, 1998 年, 103-156 頁).
19) Agnieszka Bron and Michael Schemmann, eds., *op. cit*., p. 129.
20) この点については, 高橋満『社会教育の現代的実践──学びをつくるコラボレーション』(創風社, 2003 年) において, 地域づくりの実践ですでに指摘している.
21) Juliet Merrifield, *op. cit*., p. 16.
22) こうした自己表明の重要性は, 多文化主義, フェミニズム, 差異の政治などにみられる自己や集団による自己主張およびアイデンティティー承認と結びつく.
23) Elisabeth Hayes and Daniele D. Flannery, eds., *Women as Learners: The Significance of Gender in Adult Learning*, Jossey-Bass Publishers, 2000, p. 108.
24) 大川正彦『正義』(岩波書店, 1999 年, 55 頁).

25) 省察によるアイデンティティーの再構成を問うとき，成人教育の領域では省察をとおした意識変容の研究がすでに蓄積されている．しかし，その研究の問題として次のような2つの点が指摘できる．第1に学習方法論として，社会的文脈を捨象して技術論に陥っていること，第2に，個人の意識変容と社会変革との結合についての「淡い期待」だけを市民に示しつつ，不平等や不正義をはらむ社会制度は挑戦をうけることなく，人びとを再統合すること．第3に，教育者（ファシリテーターという）が意識変容を支援するという課題意識そのものが，そもそも個人の意識に介入することであるという問題である．「実践の共同体」としてのNPOへの注目は，個人の意識変容と社会変革の結合をめぐるアポリアを解く契機を含む．
26) 秋田喜代美「ショーンの歩み――専門家の知の認識論的展開」（ドナルド・ショーン（佐藤学・秋田喜代美訳）『専門家の知恵――反省的実践家は行為しながら考える』ゆみる出版，2001年，のあとがき，215頁）．
27) 鈴木與太郎・後藤玲子『アマルティア・セン――経済学と倫理学』（実教出版，2001年，288頁）．
28) Juliet Merrifield, *op. cit.*, p. 44.

2章　学校教育における公共性の再編成とNPO

1　NPOという公教育のあらたな主体

　学校教育を取りまく状況は，近年，混沌と流動化の度合いを深めている．それは端的にいえば，機能不全の深まりと，これにとりくむ教育改革の錯綜がもたらすものといえるだろう．こうしたいわば教育の公共性の流動化とでもいえる状況のなかで，従来，市民社会で自律的に営まれ，公教育との接点はほとんどなかった市民教育事業＝NPOが，公教育の一端を担うあらたな主体としてにわかに脚光を浴び始めている．果たしてNPOの公教育への参入・協働化は，学校教育システムの公共性再構築の過程にどのような作用や意味をもつのだろうか．

2　学校教育システムの不全化

2–1　学校と社会の関係の揺らぎ
　市民教育事業の生成は，制度としての学校教育の機能不全の進行とも深い関わりがあると考えられる．まずはその点を少しみておきたい．
　ひとつは学校教育と社会との関係の切断についてである．明治期以降の近代日本社会で学校が社会といかなる関係を持ちえていたかについては議論があるところだが，ここでは，およそ1980年代以降における学校が社会との接続関係を喪失した過程に目を向けたい．「地域社会と学校」の関係の切断については，通常，1960年代以降の都市社会化が地域社会の共同性の弱体化と匿名化

を進行させ，学校と地域社会の関係をも疎遠にしていったととらえられがちだが，実際には，都市社会における学校と地域社会はそれ以降一直線に関係を遠ざけていったわけではない．60-70年代の都市社会化では，直接には急激な人口・子ども増による教育機関の不足のため，保護者や住民を巻き込んだ学校・保育機関の増設運動が活発に展開された時期があった．その中では教師と保護者・住民共同のサークル・学習会も活発にとりくまれ，それらの経験の中で培われた相互信頼のもと，地域社会とそこに住まう住民たちにとって，学校は具体的に必要とされ，あてにされる存在にもなりえたのである．1980年代は，こうした地域教育運動が山場を越えて収束し，同時に学校が，地域社会の中で透明化・抽象化し切実な関係を喪失していく時期であったと考えられる[1]．

　学校が地域社会から自らを閉ざしていく背景には，1960年代以降進行し，80年代には自己展開していった制度化・システム化・管理化の過程がある．学校管理運営・校務分掌，教育課程編成，生徒指導，学校内規など，学校はあらゆる空間・時間において徐々に具体的な人間の手を離れたシステムとなり，個別の生徒や教職員の目から見ると，「決まったことを決まり通りにやる」融通のきかない硬い場となっていった．制度化は合理化というメリットをもったが，反面，具体的な子どもと社会の現実やその変化に向き合い応えるという，あたりまえの教育実践・学校運営のありかたを困難にする力でもあった．また同時に，情報や知見・サポート体制が学校教育制度の内部で交換される「専門（官僚制）化」の過程も伴っていた．したがって，学校教育のシステム化は同時に学校を地域社会から離脱させていくプロセスともなったのである．この点で，子どもたちの学びにとって特に深刻な意味をもたらしたのは，教育内容すなわち「学校的知識」が，受験や学習指導要領の拘束力にも媒介されて，学校教育制度外との応答性を欠いて自己展開と自閉化を深めていった点であろう．

　学校の機能不全化は，このように1つには，子どもと地域社会が大きく変容・複雑化していく1980年代以降に，学校が内側から社会や子どもなどの現実との対応能力を弱め，地域社会との接続関係を失っていく過程で引き起こされたと考えられる．

2–2 学校の社会的効用の揺らぎ

　機能不全化を引き起こしたもう1つのファクターは，端的には外的環境の変化，具体的には1970年代以降日本社会の子ども・青年期を一元的に覆っていった受験圧力（一元的競争秩序）の90年代以降におけるほころびとでもいえる現象だった[2]．1992年を境にした18歳人口の急増から急減への転換は，徐々に入学容易な大学群をつくり出し，高卒後に進学する者たちの間に，従来通りの競争に参入する層と無競争に近い進学者層との分岐を生みだしてきた．またバブル崩壊後の日本型雇用システムの急激な再編は，高度経済成長期以降の日本社会に強く浸透していた「学校神話＝努力していい学校を出れば幸せになれる」を一気に揺るがした．すでに80年代半ば以降，競争の過度の強まりにより，"降りる・降ろされる"層の子ども・青年が生まれ始めていたが，90年代以降はむしろ，社会環境の急変により学校（進学）制度の社会的効用が動揺することで，子ども・青年を学校へと向かわせる外的規制力が低減していったと考えられる．

　学校教育システムは，上述したようにそれ以前からすでに内側からは社会との接続を失い機能不全化していたわけだが，1990年代以前はまだしも学卒後の企業社会との接続関係がマッチしていたために，機能不全の決定的な顕在化は押さえ込まれていたと考えられる．90年代以降の学校の不全状況は，それまで隠されていた内側からの不全化と，あらたに生じた外的環境変化による不全化の合体によって一気に噴出したものととらえることができよう．

2–3 自律的回復の困難

　学校教育システムを取りまくもう1つの困難は，上記のように学校が社会との接続やマッチングを欠き機能不全に陥っても，それを自律的に問題解決していくことが困難な状況を抱えていたことである．それは1つには自治体教育行政，もう1つは学校管理運営，その両面からの機能回復システムの不全といえる．

　自治体教育行政面でいえば，戦後教育体制は，一般政治・一般行政からの独立・自律を意図して独立委員会としての教育委員会制度を発足させたわけだが，1956年地方教育行政の組織運営に関する法律制定以後にこの独立性に乗じて

実際に構築されていったのは、文部省を頂点とする中央集権的な官僚制の支配構造であり、それは裏を返せば自治体による自律的な教育行政運営の抑制・停滞であった[3]. また、各学校レベルでも、一方では先述した学校教育の総体としての「制度化」が内側で進行し、もう一方では学校が外的に、上記中央集権的な官僚制の支配構造の末端として位置づけられる過程で、管理運営の「管理化」・官僚制化が進行していった. 教育行政・学校両レベルでのこうした柔軟性や応答性に乏しいシステムの形成は、中央からの上意下達的な制度構築に際しては効率性を発揮しえたが、学校現場にさまざまな固有性も伴った問題が発生し、解決を迫られる近年の状況の中では、その非効率性、ミスマッチをあらわにすることになった.

3　市民社会における代替的(オルタナティブな)教育機能の生成

学校教育制度が機能不全を強めていく1980年代以降は、もう一方で市民社会において、子ども・青年の成長や学習と直接に関わりをもつ代替的教育機能が生成し、その教育力の質が深化していく過程でもあった. ここでは、どのような特徴をもった市民事業組織がつくり出されてきたのかをみていきたい.

3-1　学校を離脱した子どもたちの居場所・学び・自立支援の場

その1つは、不登校や登校拒否という形で学校教育制度からいったん離脱(退出と排除の双方を含む)した、あるいは学校教育が抱えきれなかった困難をもつ子どもたちを受け入れ、その成長と自立を支援する場である. 例えば広く知られるフリースクールへと成長した「東京シューレ」が1985年に設立されているように、こうした場は80年代半ば以降生まれはじめ、90年代以降さらに増加している[4]. これらは多くの場合、当初は特段に学習機能を意識せず、子どもたちのいまをありのままに受け入れる居場所(生きられる場所)として発足しているが、その後多くの場で子どもたちの落ち着きや学習・成長意欲の再生にともなって、徐々に学びの機能や広義の学習カリキュラムを生みだしてきた. それらのうちの一定数が、NPO法施行後にNPO法人へと移行している.

それぞれの場の活動内容は多様であるが，場の理念や性格にはおのずから一定の共通性や特徴もつくり出されてきている[5]．それを例えば以下のように表すこともできるだろう．1つには上述した居場所性の重視である．子どもを無前提に指導の対象と見ることはせず，まずはそのままに受け入れ，そのことで子どもたちに「生きられる」場を提供してきたといえるだろう．第2には，「生きた学び」の重視である．系統性や順序性を重視した積み上げ型のカリキュラムではなく，子どもたちがいま生きている世界を掘り下げ豊かにするような学習の組織が追求されてきている．第3には自立の援助である．学年制などの制度化された卒業で子どもたちを機械的に先へ送るのではなく，当人の育ちのペースに寄り添いながら，時間をかけた社会参加，社会的自立の援助が取り組まれている．

同時に，このような活動を担保するため，事業運営面にもいくつか共通した志向性がつくり出されてきた．例えば1つには，組織のヒエラルキー（階層）化を抑え，子ども・親などスタッフ以外のメンバーも運営に参加できるフラットな組織の追求があげられる．その過程では，従来の子ども－おとな関係や，教え－教わる関係も反省的にとらえ直されている．第2には，少数のリーダーや多数決による決定ではなく時間をかけた話し合い（コミュニケーション）による問題解決，すなわち民主主義の重視があげられよう．そこでは総じて効率性よりも納得や合意が重視される．そして第3には，場が過度に制度化しスケジュール消化的な活動に陥らぬよう，常にあらたな状況に柔軟で応答的に対応・対処することを可能にする運営の重視である．

以上のように，これらの活動理念あるいは事業運営方法は双方とも，先の「学校教育の不全」を裏返し・反転させたものとなっている．当初これらの場には，学校やそこでの経験への拒否や忌避といったネガティブな意識・感情を個別に抱え込んだ子どもたちが「いる」だけであったが，彼らの実存を受け入れ，その育ちに寄り添おうとするおとなや家族，あるいは心通う子ども同士の出会いを介して，その感情や意識は徐々に共同化・社会化され，「学校の不全」を裏返した，いわば代替的理念や志向性をもつ育ちの場を生成・組織していったと考えることができるであろう．

3–2 NPOによる「生きる力」の形成と市民性教育・学習の展開

　第2にあげられるのは，1980年代以降に，それ以前の社会運動とも異なる面をもつ，環境，福祉，メディア，国際化，平和など，地域社会や国際社会に生起した具体的社会問題にとりくむ市民運動が生成してきたことである．こうした運動が生み出された背景には，公共政策の貧困，問題の深刻化といったネガティブな面と，日本社会の一定の富裕化や市民性の成熟といったポジティブな面の両面があると考えられるが，NGOという言葉に表されるように，これらの市民事業組織は活動経歴を積む中で，徐々に市民的専門性とも呼ばれる[6]，従来の公共事業の不足を補う知見や実践力・技術を構築していった．そして，当初は現下の具体的課題への対処・関わりを主にした場であったのが，次第に個別問題を越えた「社会づくり」そのものへの関心と，さらには，未来の社会形成の主体たる子どもや青年の教育・学習にも関心が向けられてきている．問題を共有しあい，問題解決過程への参加を求めて，子ども・青年を対象にしたワークショップなどの市民教育活動が生みだされてきている．

　1960年代以降，地域社会における共同的人間形成機能が弱まり，他方で地域社会の「学校」化が組織されていったことを考えると，こうした市民社会における教育機能は，社会における教育・人間形成機能の現代的再生と位置づけることも可能であろう．もとよりこの時期にも，学校と社会を結ぶ優れた実践は各地でおこなわれているが[7]，先述したようにシステムとしての学校教育における学習は概して80年代以降，その場と関心を学校内部に閉ざし，アカデミズムと受験という2つの力に規制されて自己展開していく傾向にあった．市民事業組織による教育事業は，学校における学習の脱社会的性格に下支えされて創出されてきたという皮肉な側面もあると考えられよう．

　これらの教育活動からも，一定の共通性をもつ学習方法・組織が生み出されてきた．方法面では，例えばワークショップという形に象徴されるように，学習者が受動的立場におかれることなく，実際の活動に参加する過程で学習が組織される参加型学習や，あるいは，抽象的な学習ではなく具体的問題の解決に向けて学習が組織される問題解決型学習，さらには，社会問題の解決に向けた活動という性格から必然的に重視される共同的学習などがあげられるだろう．また学習組織面では，学習の推進役が教師ではなくファシリテーターなどと呼

ばれるように「非垂直型」組織が追求されることや，問題解決のために必要な知の交換と組織化のためのネットワーク性の重視，などの特徴があげられる．ここでは前項のように，活動の背景に学校教育への特有の認識や意識があるわけでは必ずしもないにもかかわらず，結果的にそこで生み出された学習スタイルは，学校教育の制度的なそれとはやはり対照的な性格をもつものとなっているといえるだろう．

3-3 近隣・市民によるボランタリーな学校支援

第3にあげられるのは，学校教育のエンパワーメント・支援に寄与する近隣・市民の自律的活動である．代表的な例としては，住民管理による空教室が，後に「秋津コミュニティ」へと発展する千葉県習志野市秋津小学校の活動[8]や，愛知県内私立学校の教職員組合や父母懇談会活動から発展した「愛知市民教育ネット」[9]などがある．秋津の場合には新興住宅地域での学校を拠点とした保護者・住民の活動が近隣コミュニティ形成の結節点として実を結び，愛知の場合には地域における私学の認知と教育力向上のための教職員・保護者の活動が徐々にその枠を超えた市民的教育活動へと展開していった．これらの例に共通しているのは，一方に，PTA活動にありがちの「先生たちのお手伝い」としてではなく，自分たちも教職員とは違った立場で，主体的・自律的に学校づくりに参加・活動し，それを通じて同時に自分たちの地域や自分自身をも広げ豊かにしていきたいという近隣住民や父母たちが存在していること．そしてもう一方に，そうした意欲を受けとめ，あるいは組織して，学校と近隣・保護者との新しい関係づくりに積極的に取り組もうとする学校関係者が存在していることである．

　実際の活動としては，学校の環境づくりや，課外活動の企画・援助，授業活動・特別活動への講師参加・援助などがあげられる．そこで重視されてきたのは，例えば，生活や地域社会と結びついた学習の組織であり，あるいは学校教師に限らない多様な大人と子どもが交わる学習の組織，そして多種多様なメンバーによる「楽しい」活動を可能にするための互いの差異を尊重した運営の工夫などであろう．必ずしも意図したものではなかったと考えられるが，これらもまた，学校教育の制度的な学習・運営スタイルとは対照的な特徴をもつもの

であった．

　このように，学校教育システムの不全化の一方で，市民社会領域にはさまざまな文脈からの代替的な学習活動と教育力がつくり出されてきていた．そこで共通して追求・蓄積されてきたのは，応答性，連関性，参加と民主主義といった価値であったといえるだろう．そしてこれらの学習内容・学習組織上の価値はいずれも，学校教育制度の機能不全面とは対照的ともいえる特徴をもって伸長してきたという点を，ここでは確認しておきたい．

4　学校教育改革過程における NPO の参画と包摂

　学校教育制度を取りまく状況は，さまざまな要因が合わさりながら，1990年代半ば以降急速に，国・自治体双方のレベルで「改革」志向へと転じる．その全体像は決して単純ではないが，さまざまな地域・主体を貫いて共通・一貫しているのは，「改革」を通じて，学校外のさまざまな社会的主体と学校をあらためて接続・連関づけていこうとする志向性である．それは「開かれた学校づくり」「学社連携」といった近年の「改革」のキーワードにも表されている．こうした文脈のなかで，他と同様に，先に見た市民社会における教育事業組織，すなわち NPO も，学校教育改革に参画もしくは包摂されていくことになった．

4-1　開かれた学校づくりへの参加

　まず第1にあげられるのは，「開かれた学校づくり」への参加である．近年各地の自治体・学校ではさまざまな形で，近隣などの社会へと開かれた学校づくりが試みられている[10]．そのなかには，学校外で活動する NPO が関与する事例や，活動を通してあらたに NPO がつくり出される事例が生まれている．「開かれ方」の具体的な形として，1つには，近隣の市民・住民がボランタリーな支援者として学校運営に関与するものがある．先述した「秋津コミュニティ」や「愛知市民教育ネット」の例は先行的事例といえるが，「改革」のプロセスでこのような事例は他でも生まれている．たとえば，東京都三鷹市市立第四小学校の NPO 法人「夢育支援ネットワーク」や，新潟県聖籠町聖籠中学校

の「みらいの種」などをあげることができるだろう[11].

　「夢育支援ネット」は，1999年に着任した学校長の「参画型コミュニティスクール」の構想によるとりくみで，SA（Study Adviser）と呼ばれる授業の補助，CT（Community Teacher）と呼ばれる地域住民による特別授業，「きらめき」と呼ばれる大人と子ども合同のクラブ活動などを柱としている．当初は学校側からの呼びかけに保護者・住民が応える形で始まったが，活動の継続性を考え2003年度には学校関係者・保護者・近隣住民からなるNPO法人を学校から独立して組織し，このNPOと学校との協働事業として実施されるようになった．

　一方，聖籠中学校の場合には，長年社会教育行政に携わってきた教育長の就任と，町内中学校の統合新設を機に，新設統合中学校に「みらいの種」と称する住民支援組織の発足がきっかけとなっている．これは，中学校新設に先立ち，そのあり方を討議するために設置された住民委員会（統合中学校建設推進委員会）のメンバーが，その後も中学校を見守っていこうと主体的に組織したものである．具体的には，学校内の地域交流棟ゾーンの自主管理や，学校周辺の環境づくり，特別授業や学校行事への参加などの課題に学校側との協働によってとりくんでいる．NPO法人ではないものの，NPO的性格をもつ組織といえるだろう．

　以上いくつかの事例に共通しているのは，近隣性とボランタリー性をもち，学校からの一定の自律性をもつ住民・市民組織が，学校との協働的関係を結びながら学校運営支援に参加する活動である点だろう．

　「開かれた学校づくり」のもう1つの形は，カリキュラム・授業づくりに関する市民参加や支援である．特に教育課程上に新設された「総合的な学習の時間」のデザインを介してそれは広がりつつある．そこでは，上述したような近隣のボランタリーな協力も多く見られるが，もう一方で，例えば先に述べた市民性教育にとりくみ始めた環境，人権，国際理解，メディアなどに関連したNGO，NPOが，それぞれの活動キャリアと専門性を生かして授業援助・参加する例も多くなっている．たとえばNPO法人「開発教育協会」では，「総合的な学習の時間」の設置前後からとりわけ意欲的に，学校とNGOや市民団体との協働による開発教育カリキュラム・授業づくりのコーディネートにとりく

んでいる[12]. 先ほどの第1の形が近隣性やボランタリー性に依拠した参加であるのに対して, この第2の形の特徴は, NPOの市民的専門性に依拠した参加という点にある.

さらにもう1つ, 学校から近隣や社会へと実践・活動を発信し広げていく「開かれた学校づくり」もある. 学校内で蓄積された知や技術を, 生徒たち自身の手で学校外の社会で生かそうとするとりくみが専門学科高校を中心に生まれており, その一部は株式会社やNPOへと活動を展開している. 例えば東京都立市ヶ谷商業高等学校では, 3年間のクラブ活動を基盤として地域住民を対象としたパソコン講習会にとりくんできていたが, 高校生たちの活動の幅を広げたいという要求がもとになり, 教師や卒業生の支援も受けて, 2002年NPO法人「わかば」を設立した. また, 高知県立伊野商業高校では情報デザイン科の活動をもとにデザイン活動の会社「リセ」を, 高知市立高知商業高校ではラオスに小学校を建設する活動を「高知商業高校株式会社」として, いずれも会社組織化して活動している例もある.

こうした学校とNPOとの連携・協働については, 行政レベルでも施策化されつつある. 例えば文部科学省は2003年度から「NPO等と学校教育との連携の在り方についての実践研究事業」として, 全国19自治体, 35組織を指定校とした[13]. また大阪府教委でもやはり2003年度から, 学校教育の支援や学校を拠点とした生涯学習実施のため, 「高校教育NPO」の設立を推進しており, 同年度中に8校で実現させたいとしている[14].

4-2 教育・発達援助のための組織化・ネットワーク化

NPOの学校教育改革への関与として第2にあげられるのは, とりわけ何らかの困難をもつ子どもたちの教育・発達援助に関わる市民団体・NPOの参画・包摂である. 学校の機能不全の一側面は, 子どもやその家族を取りまく発達環境が複雑化し, 1人ひとりの成長を学校と個別家族だけでは到底担いきれない現実があるにもかかわらず, 学校がそうした社会変容への柔軟な応答力を失っていた点にもあった. 困難を抱えた子どもたちとその家族を支援する市民団体・NPOは, こうした学校教育制度の不全を補いつつ, 多くの場合は自助グループ的な性格で発足している.

そうした場・組織の学校教育改革への関与にはおよそ2つの側面がある．1つは，政策提言・アドボカシー的な役割である．近年の「改革」は，学校カウンセラー設置や，適応指導教室設置，特別支援教育の制度化構想，発達困難のある子どもケアの介助員や不登校の子どもケアのボランティア派遣など，さまざまな形で支援施策を立案・実施しはじめている．そのような中で，自助グループ的に発足した市民団体・NPOは，当該問題について当事者性と専門性を併せもった組織として，施策・行政過程で一定の発言力を有する場合が増えている．たとえばLD（学習障害）の子どもをもつ親たちの組織である「全国LD親の会」の場合，1990年の発足以来一貫して文部・厚生・労働行政への要望・要請活動を展開してきたが，近年の「特別支援教育」（2003年3月「特別支援教育」調査研究協力者会議「特別支援教育の在り方について」提出）の整備に向けて，フォーマルな委員会に委員を出すなどの形で政策形成に関与・参加している．また，「非行」経験をもつ子どもの親たちは，1996年に『『非行』と向き合う親たちの会」を組織し，2003年にはより積極的な立ち直り支援に向けNPO法人「非行克服支援センター」を新設したが，同センターは内閣府・文科省など関係省庁で組織された「少年非行対策のための検討会」に参考意見を述べるため招聘されている．いずれもいまだ極めて限定された形だが，政策形成過程への一定の参加者，ステイクホルダーであるとの認識が生まれつつある[15]．

　もう1つの側面は，教育・発達援助のための組織化・ネットワーク化の媒介項としての役割である．子どもの成長は一般にそうであるが，困難をもつ子どもの成長には，医療，福祉，就労，療育，教育など多領域からの統合された支援がとりわけ必要となる．またそれは就学年齢や在学年限などでひとしなみに区切りをつけられるものではない．しかるに，行政機構にはともすれば縦割り性がつきまとい，学校教育制度には階梯性・横割り性が伴う．当事者性から発足したこれらの市民団体・NPOは，具体的な名をもつ1人1人の人間の成長や自立の視点で支援を構想するため，これらの諸社会的支援システムの矛盾や問題性に身をもって直面する．その矛盾を起点に，市民団体・NPOが中核・媒介者となって，学校をも含む諸々の教育機能・発達支援機能を結び合わせ，さまざまな専門職者と当事者の連携・協働をつくり出す活動が生まれ始めてい

る．例えば上述の「全国 LD 親の会」，「『非行』と向き合う親たちの会」の場合も，その場は，親たちの支え合いの機能だけでなく，さまざまな専門職者が結びつき発達支援への共同的知見を生み出す結節点としての機能も帯びている．

また，同様に例えば北海道余市には，近隣の北星余市高校に勤務してきた夫妻が中心となり設立した，社会参加への困難をもつ青年層の自立支援の場，NPO 法人「ビバハウス」がある．ここでは，school to work すなわち学校と社会（就労）との「つなぎ」には一定の社会的支援機能が必要であるとの長年の教員生活を通して得た認識をふまえ，NPO が核となった学校と社会の接続が模索されつつある．活動は地元社会や自治体の地域形成や福祉施策との結びつきもつくりだしてきている[16]．学校教育制度がヨコ・タテ双方に欠如しがちであった人間発達の接続とネットワーク機能を，NPO が核となりつなぎ，それを行政が補助・支援する形が，まだ非常にわずかな事例だが生まれ始めている．

4-3　NPO による学校の設立・運営

NPO の「学校教育改革」への関与の第 3 の側面は，従来の国立・公立・私立といった学校設置・運営とは異なる学校づくりへの参加である．不登校や発達に困難をもつ子どもたちとフリースクール事業を展開してきた団体や，従来の学校の枠を越えた教育活動を志向するオルタナティブ教育の団体などを中心に，チャータースクール，コミュニティスクール，公設民営学校といった形の，「市民自身の手による学校づくり」をめざす動きが各地に生まれ始めた．そしてそれは 2000 年前後以降，いわゆる「規制緩和」政策との密接な連動をつくり出している[17]．具体的には，2001 年 7 月「総合規制改革会議」報告で，福祉・医療と並んで，公教育が「従来公的主体等がその主たる担い手として市場を管理してきたもので，いわゆる経済的分野と比べて改革が遅れて」（議長談話）きた領域の 1 つと位置づけられて以降，学校設置主体の多元化が政策課題化したと考えられる．2002 年度からの「構造改革特別区」（以下「特区」と略）制発足以降，それは急速な展開をみせている．「特区」第 2 次提案では従来からの学校設置主体である自治体・学校法人以外に，特区特例として「株式会社」が設置主体として認められ（2002 年 12 月），その後 NPO 法人について

も特区特例として，不登校の子ども対象に限ってであるが，一定の実績あるNPO法人による学校設立に道が開かれた（2003年2月）．

第3次提案（2003年6月）ではさらに，公費で運営される国・公立以外の学校，いわゆる「公設民営（包括委託）」型学校に道を開くかどうかが注目された．実際に「学校設置者以外による学校の管理運営の容認」を求める提案が全国から21件出されてもいる．文部科学省はこの提案に対し，審議中の中央教育審議会（以下「中教審」）での結論を待って回答するとしていたが，中教審「今後の学校管理運営の在り方について」中間報告（2003年12月），ならびに最終答申（2004年3月）では，特区特例として当面は高等学校と幼稚園に限って，委託先も学校法人に原則として限定して，学校の公設民営を認める内容を示した．また中教審はこれ以外に，設置自治体の指定に基づき，保護者・住民からなる「学校運営協議会」が教育計画・予算・人事に関与する学校（地域運営学校）のあり方も示し，これを受けて文部科学省は2005年度からの実施をめざすとしている．

国レベルではより多様な学校設置に道を開こうとする内閣府と，総じて慎重な態度の文部科学省との間で，自治体レベルでは積極的・意欲的なNPO側と総じて申請には慎重な自治体（教育委員会）側との間で緊張感をもって駆け引きがおこなわれている[18]．学校設立を推進するNPO側では，今後なお，「小中学校段階の公設民営学校の容認」「不登校に限定しないNPO立学校設立の容認」「NPO立学校への私学助成の適用」「施設基準の緩和」など，さらに踏み込んだ規制緩和を求める政策形成活動が展開されるものと考えられる．

5 教育の公共性の再構築をめぐる葛藤
―― 学校と社会の再接続をめぐる政治

前節でみたように，「学校教育改革」は総じて，学校がさまざまな意味で社会から遊離・乖離している現状を課題とし，NPOを含む社会諸主体との接続・連携・協働といった関係を再構築することでその「改革」を図ろうとしているととらえられる．こうしたいわば「学校と社会の再接続シフト」は，一面では，NPOを公教育の担い手の1つとして社会的に認知し，そこで培われて

きた教育実践知（教育力）を学校教育制度に持ち込むことに道を開く．この際，先に3節でみたように，NPOのなかには，学校教育の機能不全を補う形で，したがって，学校教育の制度的な学習内容・組織とは対照的な特徴をもつ教育力を培ってきた場合がままあるので，これらNPOの学校教育活動への参加は，1節でみてきた学校教育制度の機能不全化に歯止めをかけ，その公共性の質を再構築する可能性ももつと考えられよう．しかし，実際にNPOの「学校教育改革」への参加がそのように機能するかどうかは単純ではない．それは，学校教育改革の内部に，以下に述べるような学校と社会の「再接続」のありかたをめぐる拮抗関係（政治）が内在していると考えられるからである．

5-1 市民社会・NPOと市場・企業

まず第1にあげられるのは，「社会」とは何かという問いをめぐる論点である．前節ではNPOに限って言及したが，学校と社会との接続という場合に，そこでの社会的主体は当然のことながらNPOには限定されず，地域団体や企業なども含まれる．「社会」とは，市民社会だけでなく，市場社会や地域社会も含まれるということである．今日の諸「改革」における問題の1つは，本来こうした社会的主体には相互に性格や組織原理などさまざまな違いや固有性があるにもかかわらず，それが必ずしも顧慮されず，「民間」と一括りにされがちな点にある．

さらに今日の学校教育改革の背景に目を向ければ，公教育内在的な動機だけでなく，自治体による行財政改革のインパクトも強く作用しており，そこでは，社会あるいは民間一般の中でもとりわけ「市場・企業」との接近が著しい．1980年代の「臨調行革」以降の行財政改革は2つの段階，すなわち第1段階としての「行政スリム化」，第2段階としての「行財政管理運営改革」（ニュー・パブリック・マネジメント New Public Management＝「新しい公共経営」とも呼ばれる．以下NPMと略)[19]を経て展開している．当初からの「行政スリム化」においては，コスト削減・減量経営化志向のもと，民間でできることは民間でという「民主導の原則＝（行政の）補完性原則」に基づいた「外部化」が進行してきたが，2000年前後に「地方分権改革」と「行財政改革」が一体化して以降，「改革」はより踏み込んで，行財政運営のシステム改革，

具体的には行財政運営への企業的手法の導入[20]へと向かっている．この傾向は公教育においても例外ではない．例えば東京都など大都市圏では他領域以上に急速かつ大規模に，学校教育改革のもと公教育運営への企業的手法の導入がすすめられている実態がある[21]．一方民間企業の側に目を向ければ，学校教育制度の機能不全化が，進学のための塾依存の広がりといった形で，民間教育産業を相当の厚みで成長させてきた面もあり，長年の経営実績をもつ塾や予備校・教材会社などが，少子化のなか，あらたな事業領域として公教育セクターへの参入にも意欲を見せはじめている．このような点にかんがみると，上記のような行財政改革のインパクトを強く内包した学校教育改革への参入は，NPOにとっては事実上，民間企業の強い政治力が支配する磁場への参入にほかならなくなる可能性もあるといわざるをえない．

グラムシや後期ハーバーマスの議論にあるように[22]，市民社会領域とは新たな国家をつくり出す源泉であり，それゆえ既存の権威的秩序や政治力学からは相対的に自律的である必要がある．また，本章で言及してきた教育NPOの生成に照らしても，そこで育まれた代替的な教育的価値は，学校教育制度からの自律性をもつと同時に，公教育の企業化とも一線を画し，あるいは対抗的に形成されてきている．そうした自律性が「改革」を通じた公教育への参入でも担保できるのであろうか．NPOが自治体から事業委託を受ける際，自分たちが条件面で受託を断れば民間企業がその事業を受託するだろうことを見通し，民間企業の手には渡すまいとの判断から，当面不十分な条件でも受託へとふみきる場合がしばしばみられる．ここには，NPOが公教育の市場化への抑止的志向をもつがゆえに，本来競争関係にないはずの民間企業との競合関係に巻き込まれ，行政との交渉・折衝などに不自由をきたしているジレンマが示されている．

5–2 教育の「新しい公共性」と公的保障

第2にあげられるのは，教育の公共性の揺らぎともいうべき今日の状況から，あらためて何をどのような公的保障の対象として位置づけるのか，という論点である．学校と社会の接続とは，NPOや地域団体さらには企業などの社会的主体が，公教育に参加し，何らかの形で公教育の担い手となることを意味する．

その際どのように公的条件を保障することが必要なのか．例えば，私立学校や保育所・学童保育などにおいては過去に，当事者による運動や，そこで実施された仕事の質に対する社会的承認の広がりの中で，公的補助や助成が制度化されていった経過がある．今日の学校教育制度をとりまく公共性の再構築は，同時に，公的保障の枠組みをどのようにつくりかえるのであろうか．

　この点でとりわけNPOの参加に関しては2つの課題があると考えられる．1つは，ボランタリズムと市民的専門性という観点である．市民事業が関与してきた活動の中には，例えば子育て支援の一定部分がそうであるように，本来コミュニティなどのボランタリーな共同的関係のなかでとりくみ解決していくべき内容と，一方で例えば軽度発達障害をもつ子どもの教育・援助のように，本来はあらたな公教育の課題として公的事業の中に位置づけられるべき内容とが混在している．後者の場合には特に，市民事業を通して創出されたあらたな専門性が，公的保障を必要とする重要な根拠となる場合も多い．NPOの参加にあたっては，それが前者にあたる事柄なのか，後者にあたる事柄なのかを見きわめ，それに応じた公共的処遇が考えられていく必要がある．しかるに，今日の「改革」においては，行財政改革全体を貫くコスト削減圧力が強く，NPOは総じて低コストのボランタリーな組織とみなされがちで，そうである限りにおいて公的事業へ参入できるという構造がつくり出されている．そこでは，ボランタリズムと専門性が便宜的に使い分けられ，市民的専門性への期待から参加や協働が要請されながら，条件保障面では低コスト・ボランタリー性が期待されるという欺瞞も生まれる．NPOにとって公的事業への参入は，本来，事業の大きな成長の契機となりうるわけだが，課せられる責任領域・質の拡張に見合うバックアップの体制が与えられなければ，むしろこれまで培われてきた教育力が解体もさせられかねないというジレンマをはらんでいる．

　もう1つは，市民による自主的参加の平等性という観点である．NPOすなわち市民事業の本質は，それが自主的な参加に基づいている点であるが，果たして今日の日本社会で市民活動への参加の条件は平等に配分されているだろうか．バブル崩壊以降の日本社会で，階層再分化が進行しつつあることはさまざまな研究が明らかにしているが[23]，そうした状況で市民教育事業に参加しうる市民は，文化面・経済面での特定階層が中心になると考えられる．裏を返せ

ば，自主的事業を本質とする以上，そこに参加しない層の意識や要求を体現するルートは市民事業には本来内包されてはいないのである[24]．学校教育制度においても，NPO との協働実践はその方法を誤ると，市民事業に参加しづらい層の子どもたちを疎外する結果ともなりかねない．市民社会研究の系譜でも，「市民社会は中央権力の影響力を緩和するが，それが経済的な不平等の結果を克服できるかどうかはそれほど明らかではない．最良の状況にあっても中間的諸団体は不平等の結果に真剣に立ち向かうには脆弱すぎ，最も悪い状況にあっては，不平等の強化という逆の役割を果たすのである」[25] として，NPO を含む「中間団体」のネットワークをもって社会を構想しうるかのような近年の市民社会論に対する批判的な視座もある．市民事業を社会的主体として認知するには，個々の市民団体の背後に，参加の自由が保障された公正で平等な社会を構築することが不可欠と考えられるが，今日の NPO セクターの台頭や参入は，むしろそれとは逆行する社会動態，すなわち階層の分極化と楽天的なボランタリズムの同時進行のなかにあると考えられるのである．

5-3 事業運営をめぐる民主主義と業績主義

　第 3 にあげられるのは，2 節で論じてきたように教育 NPO が総じて事業運営上の価値としてきた民主主義的運営手法の行方をめぐる論点である．今日の学校教育改革においては，「学校の自律性拡大」が 1 つの柱であるように，行政過程全体を貫く分権化も重要なインパクトとなっている．分権化とは本来，地方自治や住民自治など民主主義の拡張をもたらす過程と考えられるが，今日の分権化は，特に 2000 年前後以降，行財政改革実行のための手法の 1 つ，その従属変数的な位置づけと化しており，政治的民主主義化よりも経済的自由主義化が主調であることが特徴である．このため一方で，基準行政の「規制緩和」すなわち分権化の過程でも維持されるべき公的責任の放棄，ひいては地域間格差をつくり出しかねない面をもっていながら，他方，意志決定過程の分権化は必ずしももたらさず，企画立案機能はむしろ集権化しつつある面がある[26]．

　こうした独特な分権化の背後には，先にも述べた行財政改革の第 2 段階，NPM の導入があるわけだが，事業運営における民主主義というここでの論点

に照らして重要なのは，NPMでは「アカウンタビリティの高度化」と称し，手続き（process）のアカウンタビリティから，成果（performance, program）のアカウンタビリティへの移行が志向されている点である[27]．ここには，新しい行政運営において重視すべきは，手続き的民主主義よりも成果や業績であることが明快に示されている．こうした背景を反映して，「学校の自律性拡大」においても，自律性の拡大は必ずしも自治的決定手続きすなわち学校の民主主義の拡張には結びつかず，むしろ効率的な運営の名のもとに学校長のリーダーシップの重視や職員会議などの従来からの民主主義的運営手法の排除・軽視が強まる傾向が生じている[28]．

　学校教育改革のこうしたもう1つの推進力が，NPOの参入にあたっていくつかのジレンマを引き起こす可能性がある．1つはいうまでもなく，NPOの教育力を構成する重要なファクターでもある事業運営の民主主義的性格との整合性である．話し合いや相互理解の重視，ヒエラルキー化を排したフラットな運営の志向といった特徴は，NPMにおける効率性や業績重視の運営とは対照的ともいえる．NPOが自らの事業運営の固有性を主張し，それが容れられる力関係のないまま，NPM的磁力の強いプロセスに参入することは，これまでNPOが培ってきた教育力を疎外することにもなりかねない．またもう1つは，NPOと学校教育制度との協働過程での相互理解・相互信頼形成上の困難やジレンマである．他の場合にもそうであるが，とりわけ学校教職員とNPOとの協働にあたっては，当初相互に対するさまざまな偏見や無理解もありがちなだけに，実践現場の当事者間での丁寧で根気強い相互理解・コミュニケーション活動が欠かせない．しかるに多くの場合協働はむしろトップダウンで持ち込まれ，現場職員間での理解や合意形成のためのコストとプロセスは認められづらい．このような環境下でのNPOの参入は，本来の目的に反し，学校教職員側に協働に対する「閉じた」忌避的姿勢を生みだしかねないとも考えられる．

6　今後の課題

　学校教育の不全にとりくむ学校教育改革は，総じて学校と社会の再接続という方向性をもって，その揺らぎの中にある公共性を再構築しようとしている．

そして，このプロセスにおいて，学校教育の不全の裏側で生成・成長してきた市民による教育事業すなわち教育NPO事業は，有力な社会的主体の1つとして，教育の公共性のあらたな担い手としての位置を着実に広げつつある．

しかしながら，今日の学校教育改革へのNPOの参入が，NPOにとってその教育力の伸張の契機となるか否か，あるいは学校教育制度にとってその公共性の再構築・豊富化の契機となるか否かについては，いまだ両義的な段階であるといわざるをえない．学校教育改革の磁場には行財政改革のファクターが深く作用しており，NPOの参入をめぐっては，市場的接続か市民社会的接続か，あるいは，公的条件の保障が位置づくのかボランタリーな活動への依存か，といったせめぎ合いが内在している．また現在の「改革」潮流には，ともすればNPO・市民社会セクターで重視されてきた民主主義や参加の視点が欠落しがちでもあり，民主主義の重視なきNPOの参入は，その市場化や行政下請け化への歯止めを失うことにもなりかねない．

NPOが培ってきた代替的教育力が，学校教育制度をよく改革する力として，換言すれば言葉の正しい意味でのあらたな教育の公共性の源として作用するためには，学校教育改革を行財政改革から自律性ある活動へと転じる力が不可欠である．セクターの違いを超え，教育の改革を求める主体による「あらたな共同」が今ほど求められている時代はない．

（平塚眞樹）

1) 民主教育研究所「現代社会と教育研究委員会」「大都市周辺部における地域形成と学校システム」（調査報告書）（『民主教育研究所年報』3号，民主教育研究所，2002年）を参照．
2) 久冨善之「競争の教育のゆくえ」，乾彰夫「『戦後的青年期』の解体」（いずれも『教育』No. 650, 国土社，2000年2月）など参照．
3) こうしたパラドックスについては，西尾勝・小川正人編『分権型社会を創る10 分権改革と教育行政』（ぎょうせい，2000年）など参照．
4) 国立教育政策研究所オルタナティブ研究会編『オルタナティブな学び舎の教育に関する実態調査報告』（平成14年度政策研究機能高度化推進経費研究成果報告書，2003年）など参照．
5) たとえば，佐藤洋作『君は君のままでいい——10代との対話と協同』（ふきのとう書房，1998年），NPO法人東京シューレ編『フリースクールとはなにか——子どもが創る・子どもと創る』（教育史料出版会，2000年）など参照．

6) 藤井敦史「『市民事業組織』の社会的機能とその条件——市民的専門性」（角瀬保雄・川口清史編『非営利・協同組織の経営』ミネルヴァ書房，1999 年），櫻井常矢「NPO におけるエンパワーメントと学び——『市民的専門性』をめぐって」（『日本社会教育学会紀要』no. 36，2000 年）など参照．

7) 一例を挙げれば，吉田和子『フェミニズム教育実践の創造』（青木書店，1997年）や，河崎かよ子「地域の担い手を育てる」（梅原利夫・西本勝美編『未来をひらく総合学習』ふきのとう書房，2000 年），神奈川県橘女子高校の「総合」カリキュラム（山口直之「自律的人間の育成をめざす」（竹内常一ほか編『総合学習と学校づくり』青木書店，2001 年）などで紹介）などは，80 年代から取り組まれていたものである．

8) 詳細は，岸裕司『学校を基地に「お父さんの」まちづくり——元気コミュニティ！ 秋津』（太郎次郎社，1999 年）など．

9) 愛知私立学校教職員組合の保護者・地域と結びついた活動の経過については，寺内義和『大きな学力』（労働旬報社，1998 年）参照．

10) 例えば高知県では「土佐の教育改革」の一環として 1997 年から「開かれた学校づくり推進委員会」の全小中学校への設置が始まった．また 2000 年以降，学校・自治体間の交流・研究を目的とした「開かれた学校づくり全国交流集会」も民間レベルで開催されている．

11) 三鷹市立第四小学校の事例は，貝ノ瀬滋編『子どもの夢を育むコミュニティースクール』（教育出版，2003 年），聖籠中学校の事例は，手島勇平ほか編『学校という"まち"が創る学び』（ぎょうせい，2003 年）参照．

12) 田中治彦「開発教育からの提言」（特集：NGO・NPO がつくる総合学習——市民団体と学校を結ぶために）（『人権教育』第 11 号，明治図書，2000 年 5 月），開発教育協議会編『つながれ開発教育——学校と地域のパートナーシップ事例集』（開発教育協議会，2001 年）など参照．

13) ただしこれは，文部科学省による「学力向上アクションプラン」の一環であり，「学校教育活動の格段の充実を図り，児童生徒の『確かな学力』の向上に資する観点から」の活動とされている（文部科学省初等中等教育局記者発表，2003 年 5 月）．

14) 『NPOweb』（2003 年 7 月 14 日号）．http://www.npoweb.jp/

15) ただし不登校問題に関しては，少し複雑な経過と現状がある．1992 年の文部省「学校不適応対策調査研究協力者会議」の報告「登校拒否（不登校）問題について」の段階では各地の居場所・フリースペースでの実践や要求が報告に反映された結果となり，その後も徐々に政策形成過程への接点がつくり出されていたが，2003 年最終報告を提出した文科省「不登校問題に関する調査研究協力者会議」に際しては，フリースペース・スクール側との間でむしろあらたな緊張関係が生じる状況になっている．

16) 「ビバハウス」については，足達俊子・足達尚男「『引きこもり』の青年とのかかわりから生み出されたもの」（『教育』No. 688，国土社，2003 年）参照．

17) 自民党教育改革実施本部チャータースクール構想等研究グループは，1999 年年

末にチャータースクール制度化に向けた報告書を作成している．
18) 21提案のうち18件は自治体以外からの提案であるが，当初は自治体からの提案を求めて地教委ないし自治体との折衝を行い，しかし，その調整・合意が整わなかったために自団体からのダイレクトな提案に至ったケースが多いと推察される．
19) ニュー・パブリック・マネジメント（NPM）を論じた代表的文献としては，大住荘四郎『ニュー・パブリック・マネジメント』（日本評論社，1999年），総合研究開発機構『ニュー・パブリック・マネジメント導入による自治体経営改革』（総合研究開発機構（NIRA），2002年），進藤兵「東京都の公立学校改革と『新しい行政経営（NPM）』」（『世界』No. 716, 岩波書店，2003年）など参照．
20) 平塚眞樹「『市民による教育事業』と教育の公共性――教育NPOの形成と『行政改革』」（『社会志林』49巻4号，法政大学社会学部，2003年3月）参照．
21) 東京都の場合，学校選択制の導入，目標管理型学校経営システムの構築，教員への人事考課・評価システムの導入，学校経営や教育行政運営への数値目標の導入など学校教育システム総体を組み替えるほどの「改革」が進行している．山田功「東京の人事考課と教育改革の全体構造」，久冨善之「『日本型NPM』とその東京版」（いずれも『2001年度日本教育学会東京地区研究報告書』日本教育学会，2002年），乾彰夫「東京型教育改革は唯一の道ではない」（『世界』No. 716, 岩波書店，2003年）など参照．
22) アントニオ・グラムシ（片桐薫編訳）『グラムシ・セレクション』（平凡社，2001年），Jurgen Habermas, *Between Facts and Norms*, Mit Pr., 1996（河上倫逸・耳野健二訳『事実性と妥当性』（上・下）未來社，2002-3年）．
23) 例えば，中央公論『特集「中流」崩壊』（中央公論社，2000年5月号），後藤道夫『収縮する日本型〈大衆社会〉』（旬報社，2001年），「特集 中流幻想の崩壊と地域・家族・青年」（『教育』国土社，2000年11月号）など．
24) L. サラモンはすでに，自発性ゆえにサービス供給に偏りが生じるこうした事態を，「ボランタリーの失敗」の一要素として「特殊主義（particularism）」と論じている．L. M. Salamon, "Partners in Public Service," W. W. Powell, ed., *The Nonprofit Secter*, Yale University Press, 1987.
25) John Ehrenberg, *Civil Society: The Critical History of an Idea*, New York University Press, 1999（吉田傑俊監訳『市民社会論』青木書店，2001年，330頁）．
26) 進藤兵「地方分権改革と自治体運動」（渡辺治・後藤道夫編『講座現代日本4 日本社会の対抗と構想』大月書店，1997年）など参照．
27) 大住荘四郎，前掲，94頁．
28) 学校教育行政領域では，従来からの統制型行政管理手法が複雑に影を落とし，「企画立案と執行の分離」による効率的経営というNPM型マネジメント発想が特に強く作用し，分権化の過程で教育委員会の学校現場への統治・コントロールがむしろ強化されるというジレンマもいくつかの自治体で生じている．

3章　社会教育行政の再編とボランタリーセクター

1　知識社会への移行にむけた社会教育の意義と課題

1-1　知識社会を支える成人の学習の現代的意義

　「地域をつくる力」を現代日本の地域社会にいかに蓄えるか．戦後社会教育が一貫して追求してきたこのテーマの重みが，今日ほど際だつ時代があったであろうか．戦後日本の経済発展は，人間の生活の「機能分化」と「外注化」を進め，個人の「行政・市場への包摂」と，「家族・地域社会からの乖離」を進めてきた．さらに今日は，新自由主義政策の後押しをうけながら，人間生活の市場へのさらなる包摂が急速に進められつつある．そのなかで現代では，多くの人びとが関係不全のなかで共生課題に対する感覚を鈍らせ，人間生活の基盤である地域どころか，人間生活の基礎単位としての家族においてさえも人間関係が成り立ちにくくなるほど「個人の孤立化」が進んできている．

　しかしその一方では，人間らしい暮らしの豊かさをもとめ，自分たちの間尺にあった生活環境を実現しようと動きだす市民的結社の活動の広がりが確認されて久しい．このような動向をみすえて，内橋克人は，日本の社会のめざすべき方向を「多元的経済社会」すなわち，分断・対立・消費者主権を特徴とする「競争セクター」と，統合・連帯・共同を特徴とする「共生セクター」とがバランスよく並立し，お互いに拮抗しながら両立する社会であるとしている[1]．戦後社会教育が追求してきた，人びとが自分たちの暮らしのありかたを互いに確認しあい，自分たちの価値規範や文化を再発見・創造し，そこから市民的公共性を再創出する学びの保障は，まさに後者の「共生セクター」の範疇であり，

その公的保障は，いまや個々人の権利としての次元を超え，社会の持続的発展を見通すうえでの最重要課題となってきているといえよう．

　市場主義経済への対抗軸の必要性とその展望をとらえる問題提起としては，知識社会（ポスト工業社会）への移行課題を明らかにしている神野直彦の提起が注目されよう．神野は，現代社会の総体を，「経済システム」（自発的・有償・競争原理），「政治システム」（強制的・有償・競争原理），「社会システム」（自発的・無償・協力原理）の3つのサブシステムから構成されたモデルでとらえたうえで，知識社会への先駆的移行を果たしつつあるスウェーデンでは，「社会システム」の発達が「経済システム」「政治システム」の健全な発達を促すという，3者の強い相関関係があることを明らかにしている．そして日本社会においても，知識社会にむけた「社会システム」の基盤としての地域再生こそが優先課題であることを論証している[2]．

　この神野の提起でとりわけ注目すべきは，この「社会システム」の健全な発達のためには「知識資本」の蓄積，すなわち「学びの社会」の確立が不可欠とされていることである．そしてこの「知識資本」の内実には，(a) 個人の知的能力のみならず，(b) 相互信頼，共同価値，連帯，市民精神といった，知的能力を相互に与えあう人間のきずな（social capital 以下ソーシャル・キャピタル）がその範疇に含みこまれている．この「知識資本」拡大の条件整備が「政治システム」によって保障されたスウェーデンでは，公的な成人高等教育制度が手厚く保障されているうえに，自発的な国民教育運動にもとづく成人教育実践が多彩に形成されている．すなわちスウェーデン社会では，家族などのインフォーマルセクターは今日の時代状況のなかで縮小しつつも，多彩な学びの仕組みに後押しされた非営利組織などのボランタリーセクターの拡大によっておぎなわれ，「社会システム」自体は拡大しており，そのことが「経済システム」の活性化に大きく連動しているという．

　知識社会への移行に不可欠とされる，「知識資本」を地域に蓄える成人の学習保障，すなわち，個々人の知識獲得の支援にとどまらず，人間関係を多彩に形成することで地域社会における生活課題解決にむけた学習を組織していく営み，ないしは，そのような学習が生みだされやすい環境を醸成する営みは，まさに戦後日本の社会教育が一貫して追求してきた内容であり，ここではその理

念の先駆性が確認されよう．しかしその一方で，社会の持続的発展に資するだけの地域の力を蓄えるうえでは，従来型の社会教育行政にはさまざまな弊害や限界が現われており，いま，その現代的保障のありかたが厳しく問われている．

1-2　ソーシャル・キャピタルと社会教育行政

　上述のように，現代の日本からは，税金以外で共益的な部分に自らの資金や労働力を提供して支える習慣や文化は大きく失われており，そこに共生の営為を紡いでいくことは決して容易なことではない．しかしそのなかにあって，ボランティア・NPOといった市民的結社が，地域に点在・潜在している諸資源をつなぎ，それらの潜在力を最大に発揮させることで，新たなかたちで地域社会が活性化するケースが少なからず生まれてきている．このような営みを広げるうえで，社会教育行政のありかたをめぐっては，以下のような課題が浮上している．

　第1に，ソーシャル・キャピタルを地域に蓄えるうえで，これまで社会教育が果たしてきた役割を再評価するという課題である．日本の地域社会は従来，行政が施策を地域に伝達する基盤である町会・自治会といった地域集団と，子ども会，青年団，婦人会など，地域に密着した生活集団の活動や学習に支えられてきた．そして地域社会教育施設は行政と地域を媒介する位置にあって，一方では，団体と行政との依存関係を調整する役割を果たしながら，もう一方では，これらの団体の力量を高める役割も果たしてきた．このような，行政と地域との接点における密着した関係こそ，日本の地域社会教育施設の多くが共有する特徴である．そして戦後社会教育行政は，それぞれの地域で様々な人間関係を紡ぎ，多くの団体を支え，日常生活圏単位に様々な営みを培ってきている．近年設立が相次ぐNPO法人のなかにも，地域の社会教育実践が基盤となって生みだされているケースが少なくない．「NPO科研費調査報告書」によれば，法人格取得以前に社会教育行政と関係があったNPO法人は全体の4割を超えている[3]．

　とはいえ近年では，地域レベルでの共同業務の調整役を果たしていた地域の諸団体においては，地域内での古い世代と流入世代の意識の乖離などによって共同意識が極度に希薄化している．その結果，その地域内ネットワークはいま

だ機能しているものの，地域課題の把握能力，それを課題解決へと束ねる機動力を持ち合わせた組織はほとんどみられない．さらにまた，負の側面として，地域・行政関係の「古さ」「馴れあい関係」が問題にされるケースも少なくない．近年の NPO 支援の背景には，このような日常生活圏における人間的紐帯の弱体化・老朽化の一方で，新たなかたちで生みだされ広がっている互助的・自助的な市民的結社の機能とネットワークの拡大への期待もみられる．

　この点に関して南里悦史は，現代の社会問題発生の基本要因である「関係性の崩壊」をくい止めることなど，現代型の地域課題に対峙するうえでは，生活・地域において総体的な接点をもつ既存の地域団体を無視しては課題解決の本質にせまりきれないケースが少なくなく，むしろその再構築こそ課題にすべきであると指摘している[4]．すなわち，今後の社会教育の基本命題は，古い秩序を支えてきた集団と，新たな市民的結社の双方を，地域の社会的諸資源としてとらえなおし，それぞれが地域の課題を掘り起こし，自立的・自治的課題解決を担う主体へと育ちうる筋道を，具体的に描くことにある．それを実現する可能性を戦後当初から形成し蓄積してきた点で，日本の社会教育の先駆性を確認することができよう．

　第 2 に，このような可能性をもつ一方で，現在の社会教育行政の学習観の狭さが顕在化している．市場原理を背景にもった 80 年代以降の生涯学習政策を経由した現在の社会教育行政が展開する学びは，(a) 生活課題とは切り離されたところでの知的充足や資格・ステイタスの修得（狭義の自己実現）のイメージに限定されがちであり，(b) 個人の資質向上にとどまらず，個人と個人の間にあるものの質を高める意義を知り，そのための力をつける学び（広義の自己実現）を支えるものとしての発展の契機に乏しいまま，現在に至っている．

　ここにきて近年の社会教育施設では，国からの政策的な後押し，さらには行政改革のなかでの存在証明づくりの意味合いから，趣味・教養関連の学習が切り落とされ，かわりに学習内容を公共度の高いテーマに設定する動向がみられる．しかし，①ほとんどの自治体で施設配置計画が完了したことで，公的社会教育労働の内容が「施設内労働」化していること，②頻繁なジョブローテーションによって，かつての世代のノウハウが継承されていないこと，③行政改革によって財源・職員が削減されながら，IT 事業対応など新たな役割が付加さ

れ，職員が多忙化していること，などの理由から，現在の社会教育職員は当該地域の情報や課題把握，リソースの発掘の機会を失っており，学習と行動をつなぎきれず，単なる「知識の受け渡し」のみが守備範囲とされた事業展開に限定されがちであり，むしろ趣味・教養型の事業を継続する方が地域のソーシャル・キャピタルを蓄えるうえでは有効ではないかと思われるようなケースも少なくない．

このような社会教育行政の限定的発展の延長として，第3に，NPOの組織原理・行動原理と対比して，従来型の社会教育行政の組織原理・行動原理の狭さ・窮屈さが顕在化している．「NPO科研費調査報告書」においても，社会教育行政との関係の深まりという点での法人格取得前後での伸び率は，他の諸機関と比較して最も低いという結果が現れている[5]．

このギャップはすでに，市民社会としての蓄積の厚い欧米の成人教育研究の成果からも指摘されてきたことでもある．すなわち，「市民が自らの歴史を自らで創る」文化が定着している欧米では，市民的公共性を創り出す学びを支援する行政行動は，市民の具体的な動きの後に現れているのに対して，日本では，公的セクターがまず先に施設や職員を提供していることからくる住民参加の質の低さが，その延長に創られている市民性を限定してしまっているとの指摘である．このような観点から末本誠は，社会教育行政がその限定性を超えるうえで，①国家関与型の組織・制度論の再検討，②社会教育における参加論の再検討，③有償制や有償の社会教育活動の意義の再検討，の必要性を提起している[6]．

さらに，現行のNPO法制は，日本のソーシャル・キャピタルを支援するうえで，接続の悪さをはらんでいることも指摘しておく必要があろう．よく知られているように，日本に導入されたNPO法制は，アメリカ社会に根づいた法制度を雛形にしているが，このアメリカ社会の市民セクターの中核を占めるのは，篤志家による寄付文化に支えられた「社会のため」「非メンバー（他者）のため」の活動をミッションとした慈善団体・事業体である．それに対し，従来日本の地域社会を支えていた市民的営為は，地縁団体のようなコミュナルな組織にしても，自発的に生みだされたアソシエーショナルな組織にしても，その多くは相互扶助型の行動原理によって紡がれている．そのなかで現行NPO

法制は，日本の地域社会を支えてきたような緩やかなネットワークや互助的な営みを覆うには必ずしも適切でない．NPOに大きく脚光があたる一方で，相対的に日があたりにくくなっている部分にある，従来の日本社会のソーシャル・キャピタルを形成してきた営みの現場に，大きなとまどいがみられる．

2　NPMによる社会教育行政再編とNPO

2-1　現代自治体経営改革におけるNPOとの協働の意図

　以上のように，現代日本の社会教育行政は，ソーシャル・キャピタルを地域に蓄えるうえで，大きな実績とポテンシャルをもつ一方で，その発展の限定性ゆえに，新たな公共領域を開拓しつつあるNPOの行動原理を受け入れるうえで，さまざまな点で接続の悪さをはらんでいることが指摘できる．

　社会教育行政とNPOとの接続の悪さの一方で，一般行政とNPOは，急速にその接点を増している．NPOが一般行政に接近する理由としては，1つには，それぞれのNPOが追求する新たな市民的公共性の創出という課題を実現するうえで最も有効な窓口であるということである．2つには，何よりもいまだ日本社会にはNPOが自立経営できるだけの社会的基盤は成立しておらず，財源確保や社会的認知を獲得するうえで行政との接着を志向せざるを得ないという事情がある．事業の持続性と自立性のジレンマがここに現れている．

　かたや，さまざまなかたちでNPOとの接点を政策的に拡大している自治体側には，大きくいえば2つの意図が読み取れる．

　第1に，行政の守備範囲を縮小・限定しつつ公共サービスを拡大する，官民パートナーシップ型行政（PPP: Public Private Partnership）への転換志向である．バブル経済の崩壊後の現在では，ほとんどの自治体が財政的苦境からの脱出を見通すことができず，多様化するサービス需要に対応する展望が描けないでいる．そのなかで近年の自治体経営改革では，行政の守備範囲を縮小させつつ，企業の力，市民の力を組み合わせることで，総体としての住民サービス拡大が期待されてきており，NPOは，新たな政策形成のパートナーとして，大きく期待されてきている．

　第2に，いわば「公民形成」にむけた「社会秩序政策」の一環としての

NPOへの期待である．現代日本の自由主義的改革の潮流が大きくなった1980年代以降，政策担当者によって受け継がれてきた基本課題は，「豊かさ」と引き替えに人びとの間に広がる「行政へのたかり体質」「自助努力の欠落」「道徳的堕落」をいかにくい止めるか，ということにあったという．そして，現在の政府レベルからのNPOへの関心は，国民に対する能動性の喚起という，この志向の延長線上にある[7]．「奉仕活動を全員が行うようにする」ことを明記した教育改革国民会議の最終報告「教育を変える17の提案」や，21世紀教育新生プラン（2001年1月），それらを受けて，学校・教育委員会が「ボランティア活動等社会奉仕体験活動」の充実・奨励に努めることが規定された学校教育法・社会教育法の一部改正（2001年6月），中央教育審議会答申「青少年の奉仕活動・体験活動の推進方策等について」（2002年）と連なる，学校教育に奉仕体験を組み込む一連の動向も，同じ潮流にあるといえよう．

　さらに近年，国が主導する地方分権改革に牽引されながら，新たな公共経営手法として，ニュー・パブリック・マネジメント（New Public Management 以下NPM）と呼ばれる公共経営手法が注目されてきている．NPMは，公共部門においても民間企業経営的な手法を導入し，より効率的な組織化と経営をめざすものであり，1980年代からイギリスやニュージーランドでとりくまれ，日本の自治体では三重県などで先駆的に導入されてきたが，バブル崩壊後の財政悪化を背景に，90年代半ば頃から，各自治体に急速に普及してきている．この新手の公共経営論に，上述の2つのねらいが合流するなかで進められる自治体行政システム改革では，社会教育行政のありかたに，NPOを絡ませながら大きな変更をせまっている．以下では，NPM型の自治体経営改革をめざす2つの自治体のプランを通して，現代における社会教育再編の特質を明らかにしたい．

2-2　公共－民間の役割分担の再構築

　NPM改革の社会教育行政への第1のインパクトは，行政と民間の役割分担の再構築による公的社会教育の徹底的な縮小である．NPOはもともと行政サービスであった部分を代替するものとして期待されている．ここでは，現段階の自治体行財政プランでは，最も具体的かつラジカルに，行政サービス縮小の

論理と方向性が提示されていると思われる「川崎市行財政改革プラン『活力とうるおいある市民都市・川崎』をめざして──萌える大地と躍るこころ」(2002年9月) をみてみよう[8].

　本プランは，川崎市財政の逼迫状況を明らかにしたうえで，①「民間活力を引き出す」ことと，②「受益者負担以外の市民負担の増加を回避する」ことを前提に，「市民が求める質の高いサービスを，効率的かつ多様に享受できる環境を作り上げる」ことを基本方針にすえつつ，従来の施策体系を，以下の方針で見直すとしている．

(1)　市場原理が的確に働く領域は，「民間でできるものは民間で」という原則に基づいて，サービス提供を民間部門に委ね，受益者負担による付加価値サービスを含めて，公共部門によるサービス提供・規制・関与・補助等を廃止．
(2)　市場原理が的確に働かない領域は，民間部門から提供されるサービスの価格と品質が的確かどうかを，公共部門が監視・指導（モニタリング）し，必要な支援をする．
(3)　市場原理が的確に働かない領域で，なおかつ，次の5つの条件（①法律等で公共部門による実施が義務づけられている場合，②民間部門よりも公共部門が効率的にサービスを提供できる場合，③公共部門がサービスの価格や品質を的確に契約管理できない場合，④サービス提供の一部を公共部門が担うことで，市場をより競争的にできる場合，⑤サービスの提供の一部を公共部門が担うことで，提供されるべきサービスの監視・指導に資する場合）のいずれかに該当する場合は，公共部門が直接サービスを提供することによって行政責任を果たすこととする．

　さらに，公共部門が直接サービスを提供する場合においても，①適正な職員配置，②能力・実績にもとづく人事給与制度の確立，③市民感覚に合わない特殊勤務手当などの廃止，④非常勤職員等の積極的活用，などを検討するとされている．

　このような徹底的な直営事業の見直しをもとに，川崎市では，今後の公共シ

図 3-1 川崎市「民間活用型公共サービス提供システム」の概念図
注：川崎市『川崎市行財政改革プラン「活力とうるおいのある市民都市・川崎」をめざして』（2002年，24頁）より．

ステムを，行政・企業・市民の力の適切な組み合わせによる「民間活用型公共サービス提供システム」に切り替えることが方針とされている．その際，社会教育・生涯学習に関しては，以下のように言及されている（図3-1参照）．

　　生涯学習の講座開催事業を考えますと，右側の領域には，カルチャーセンターや英会話学校等，民間事業者による開催講座が，また左側の領域には，川崎市が現在企画運営している各種生涯学習講座の大半が位置します．これまで川崎市は，日本一といって良いほどこうした直営の生涯学習に力を入れてきましたので，左側の楕円は非常に大きくなっていた半面，その影響をうけて民間事業者の活動余地が狭くなり，右側の民間部門の領域は他都市に比べて小さいものにとどまっていました．これに対して，今後は，川崎市の行う生涯学習講座をNPOやボランティア団体，まちづくりクラブ等に自主的に企画運営してもらうことによって，直営の楕円の部分を減少させて，円と楕円が重なり合う中央の領域を拡大します．また，既存の民間事業者とあわせて民間部門の拡充を図り，右側の円全体を拡大させて，市民サービスをより一層幅広く展開することが可能となります．このように直営部門を民間に託して，中央の領域を拡大すると同時に，民間部門全体の充実向上を試みる手法は，ごみの収集等の幅広い分野においても考えられます[9]．

2-3 行政-地域間構造の現代的再構築

　NPMによる社会教育行政への第2のインパクトは，地域社会教育施設を，コミュニティ・インボルブメント（地域統合）の拠点として再編する動向である．このような動向の先導的ケースとしては，既存の住民組織をもとに行政課題対応型組織を編成し，公民館をその拠点施設に切り替えた北九州市の市民福祉センター構想があげられる[10]．ここでは，福岡市行政の「DNA改革」における地域公民館の見直し議論をみておくことにする．

　福岡市では，企業経営者，経営コンサルタント，学識経験者等から構成される「福岡市経営管理委員会」が市長の諮問機関として設置（1999年8月）され，そこから包括的な市役所の経営改革プランとして「DNA2002改革」（2000年4月）が提起され，現在それにもとづく庁内改革が展開されている．改革のスローガンは，①顧客志向，②成果志向，③現場への権限委譲，④市場競争原理の活用，であるが，組織を「遺伝子（DNA）レベルから変える」ことをねらいとしたこのプランの最も基底におかれているのは，庁内に「改革し，チャレンジし続ける組織文化を確立する」こと，すなわち，従来型行政の組織風土や発想，意思決定の仕組みなど，仕事のやり方自体を1人ひとりの職員自身が内発的に変える意識改革にある．

　提起された「新行政経営システム」は，実践運動（ムーブメント：①DNA運動，②行政マーケティング運動，③プロポーザル運動），管理システム（マネジメント：④民間型経営システム，⑤行政評価・企業会計システム，⑥現場自立管理システム），経営体制（ガバナンス：⑦コーポレートガバナンスの確立，⑧市民自治体制，⑨コミュニティの自立経営）の9つのテーマで構成されている．ここで最終的にめざされているのは⑨コミュニティの自立経営であり，意識改革の対象は庁内のみならず，地域社会にも及ぶ．

　そしてその手法としてとりくまれているのが，第1に，福岡市固有の地域と行政との接点であった，町世話人制度の廃止[11]である．第2に，福岡市には小学校区単位で配置されている地域公民館の，自治会やNPO等の支援・育成の拠点や行政の出先機関としての機能の拡大と，そのための区行政への移管である（図3-2）．そしてここにみられるのは首長主権的に地域自治をひきだそうとするジレンマである．

　　　　　　　　　市役所　　　　　　　自治会　　　　NPO／企業

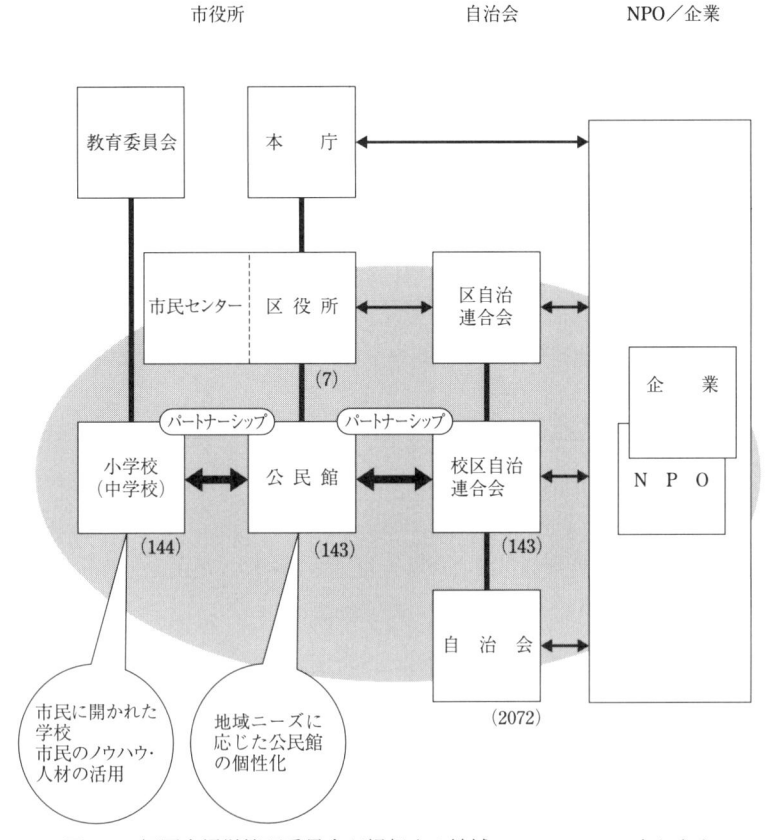

[図：教育委員会、本庁、市民センター／区役所、区自治連合会、小学校（中学校）、公民館、校区自治連合会、自治会、企業、NPO の関係図。パートナーシップの矢印で結ばれる。(7)、(144)、(143)、(143)、(2072) の箇所数表示。吹き出し：「市民に開かれた学校　市民のノウハウ・人材の活用」「地域ニーズに応じた公民館の個性化」]

図 3-2　福岡市経営管理委員会が提起する地域コミュニティのありかた
注：（　）内は箇所数．

　……世話人制度は，市民の自治意識の低下という現実を目の前にした場合，あながち時代遅れと切り捨てられない機能も果たしているようです．一見，いかにも上意下達式の古い制度ですが，行政のコミュニティ連絡網としては有効なようです．しかし，あえて廃止し，住民意識を高め，本来の自治体組織を強化すべき，とも考えられます．

　……本来あるべき本庁，区役所，市民自治組織の三者の関係は，……まず各コミュニティのきめ細やかなニーズを公民館や自治会，NPO などが吸い

上げます．それを区役所がまとめ上げ，区としての優先政策を考える．その上で本庁の専門集団である各局の力を借りるという構図です．こうでなくてはコミュニティの自立もできないし，その一歩手前の区役所への権限委譲も難しいでしょう．……さて，このような新しい時代の本庁－区役所－コミュニティ組織の関係は，お互いが自立した連携ネットワークのシステムといえるでしょう．それぞれが独立した意志をもち，お互い足りない部分だけを相手に求めあう——これがこれからの自治の本質です[12]．

2-4　地方主権と地域自治のジレンマ

以上，ここでは2つの自治体のラジカル・プランをとおして，現代自治体経営改革の特徴と社会教育行政へのインパクトを確認してきた．ここから読み取れるように，近年の自治体経営改革では，①行政サービスの市場化・外注化，②改革実現にむけての行政組織内における首長リーダーシップの確立，③その地域浸透にむけての住民の行政との接点部分の再構築，が重点課題とされ，その中間媒体としてNPOに対する強い期待を示している．ここでのねらいは，市場や住民との関係を新たに切り結ぶことで，行政行動は縮小しながらも統制範囲を拡大することにある．その際直接住民との接点になる地域拠点施設に関してほぼ共通する構図は，一般行政との距離を縮めながら，その経営にあたっては，サービス執行部門は「外部」化しつつ，行政はその監視役にまわる，というものである．そのなかでNPOには，(a) 行政規模縮小の代替部分，(b) 行政と住民の接点部分の，双方の受け皿として，大きく期待されてきている．

このような今日的な政策動向からは，地域レベルでの教育自治追求をめぐって，以下のような理論的争点が確認できよう．

第1に，地域教育施設経営における「外部委託」のパラダイムシフトをめぐる課題である．NPM型自治体経営論を契機に，今日の生涯学習・社会教育施設経営には，従来型とは大きく質の異なる民間委託の手法が現れている．社会教育部門の外部委託は1970年代から普及した政策技術であるが，このときの委託先のほとんどは自治体出資の外郭団体であり，あくまで行政の内部制約を超えた経費削減のための政策技術にすぎなかった．その意味で従来の社会教育部門の委託では，ほぼ一貫して行政部門外の意思が入りにくいシステムのまま

の活用が定着していた．それに対し，近年は，PFI（Private Finance Initiative：公共施設の企画立案，設計・施行，資金調達から管理まで民間事業者が行う方式）の普及や，NPO法人や住民組織への施設運営委託，地方自治法改正（指定管理者制度の創設）など，事業主体と責任を民間企業や市民組織にシフトする，本格的な「外注」にむけての地ならしが急速に進められつつある．このように昨今の「委託」には，市民部門，企業部門と行政を切り結ぶ「連結装置」「調整装置」としての役割が強く期待されてきている．民間の中間型，混合型形態による公共施設経営の手法には，行政外部のノウハウや市民ニーズをさらにくみ取り，より質の高いサービスを実現する可能性はある．しかしながら経費削減志向がきわめて高い今日の行革下で進められる「外注」では，「住民意図にそった運営を公的責任のなかで実現する」ことと「行政意図にそった運営を住民に担わせる」ことがはき違えられ，長期的には，囲い込まれた市民の活動本来の働きを失わせ，市民文化を枯らしてしまう危険が少なくないことから，その内実が問われるところである．

第2に，このような新型の現代自治体経営論と，戦後教育法・行政理論との対立という問題である．すなわち今日では，改革実現にむけての行政組織内における首長リーダーシップの確立を実現する観点から，社会教育行政ひいては戦後教育行政の要である教育委員会制度を否定する見解が広がってきている．

このような見解を支える言説には，以下の2つの論点がみられる．1つには，新藤宗幸を中心的論者とする，実態としての教育委員会制度の官僚的体質と閉鎖性に対する問題提起[13]である．ここでは，従来の教育委員会制度，とりわけ市町村教育委員会は，①財政規模，組織規模の貧弱さと，②中央集権的体質によって，実態としては政府の政策を地方・学校に浸透させるバイパスであって，現場に対応することよりも中央政府に対する従順さが優先され，機動力や創造力は求められなかったと評価されている．そのため「教育行政の市民自治を実現するための制度設計としては国の個別補助金・負担金などを廃止し，政治的公選の自治体首長の統制下におくことであって，教育委員の公選や戦後改革期の教育委員会制度の理念をうたうことに意味はない」との見解である．

2つには，松下圭一による，社会教育行政を媒介とした「住民・行政関係」構造の見直しをせまる問題提起[14]である．松下の見解では，従来の社会教育

行政は「市民と行政の接点」において「これまで続いてきた行政主導によるムラとのナレアイ」を温存する「行政劣化の見本」ととらえられており，町内会・自治会制度など地縁的自治制度とともにその廃止が提唱されている．

　これら2つの見解は，前者が教育行政の経営体としての主体性や機動力の「弱さ」，後者が行政と住民との接点の「古さ」と，問題としている事象はそれぞれ異なるが，双方とも，地方分権社会を首長集権的に達成しようとしているという矛盾をはらむ点で共通している．このように，これらの問題提起では，新たな時代における教育自治のありよう，住民の行政参加のありようが厳しく問われている．

3　知識社会における地域教育システムを創造する課題

3-1　住民参加財としての公共施設経営論の実践的模索

　ここまで確認してきたように，今日の公共部門経営に行政外部からの参入余地が広げられたことで，公共部門の表面には現在，いわばグレーゾーンとでもいうべき不透明な領域が拡大している．一面では，そのなかに地域レベルの学習権保障を大きく拓く可能性を見いだすことができる．しかし半面ではそれとともに，教育サービスが市場化され，地域レベルでの問題解決が国家的要請のなかで企図され，自治体が経営効率追求を余儀なくされるなかで，市民的力量の高まりによって開拓されてきた公共性までもが，行政体質のなかで選別・統制・活用というプロセスをたどりながら搾取・侵食される危険性も同時に生みだされている．

　このような時代に必要なことは，強固なバリアをつくって新たなアクターによる侵食をくい止めることではない．行政と生活者との接点部分に様々なアクターが束ねられた「協働のテーブル」を多彩に創造し，「曖昧さ」のなかに「脆弱性」を補完しうる人間関係と，行政と住民の協働関係を豊かに創造することである．そのことによって，組織自体がつねに問われ，組織内部に硬直的・排他的体質が持ち込まれるのをくい止めるのが，新たな時代の「教育資本」（地域の学習拠点）のあり方である．この協働創造にむけた学習条件こそが教育自治の内実であることを認識すべき時期にきていると思われる．この地

方分権時代にむけての自治体再編の動きをみすえたうえで，今後の地域生涯学習保障をめぐる重要な論点として以下の諸点があげられよう．

第1に，地域教育施設の実質的な公私協働経営の探求である．地域レベルでの学習権保障として真にめざされるべきは，地域の教育財産が，あくまでその地域の暮らしの尺度のなかで管理・活用され，官僚的に管理されたり，市場的な評価で扱われないための，地域共同管理体制の創造・実現・保障である．

前節で触れたように，もともと政策技術としての社会教育部門の「委託」は，行政の内部的性格を越えた財政支出の削減，職員数削減といった「行政スリム化」の手段であって，「委託」とは名ばかりの，外部の意思が入りにくいシステムとしての活用が定着してきた．このように従来の社会教育行政の運営主体への外部のアクターの参入が閉ざされたなかにあって，清見潟大学塾（静岡県旧清水市のNPO）に端を発し各地に広がっている，学習事業が教え手と学び手で共同運営されている形態は，市民的結社によって社会教育事業が担われている先駆的ケースとして注目されよう．

社会教育事業の市民委託は，原理的には，政府の行動原理から距離をおきつつ，地域内の潜在・点在する学習資源を有機的につなぎ，当該地域独自の人びとの行動原理を呼び覚まし，その尺度にみあった生き方の追求を支援するといった，より積極的なソーシャル・キャピタルの掘り起こしを実現する可能性も少なくない．実際に上述の先駆的なケースからは，担い手の主体的力量の高まりやネットワークの広がりが確認できる．

そして近年，公共施設の管理運営のパラダイムシフトによって，宮崎市での図書館業務の一部委託など，社会教育事業・施設運営の行政外部へのアウトソーシング（外注）が本格的に始まろうとしている．近年に進められているこれらの外注の内容は，行政のもともとの守備範囲に限定された委託になりがちであること，あくまで行政経費削減がねらわれるなかでその導入がはかられていることなど，行政側の課題は少なくない．これからの時代に求められているのは，市民委託された公共施設が，参加と民主主義を実体化する「住民参加財」[16]になりうる筋道の実践的模索である．地方分権時代の教育施設の自治的力量の高さは，その運営をめぐって，行政と地域との緊張・協働関係がいかにあるかということと連動している．そしてその実現の要は，内発的で自律的で

創造的な公共創出の行動に参画し評価しうる住民と職員がともに育つ場の保障である．

そこで注目すべきは，すでに日本社会には，市民による先導的な動きから地域にソーシャル・キャピタルを蓄える仕掛けが生みだされていることである．さまざまな分野で活躍するボランティアが集う場として1976年以来続く「雑居まつり」のネットワークを母胎に創設し，ボランティア希望者への活動団体紹介や，福祉ショップ，冒険遊び場の運営など，世田谷エリアにこだわった手触りのある事業を展開する民間のボランティア活動支援機関「世田谷ボランティア協会」(1981年)はその具体例である．また，社会福祉法人青丘社による在日韓国・朝鮮人の人権保障運動を母胎に生まれ，外国人市民と日本人のふれあいと学びを紡きだす公設民営施設「川崎ふれあい館」(1988年)は，これからの時代にこそ貴重となる経験を先駆的に蓄積してきている．

3-2 自治体教育制度の再生

第2に，以上のような地域教育資本の共同管理を実現しうる装置としての自治体教育制度を，新時代に向けて再生するという課題である．このことは，「ナショナリズム」と「シティズンシップ」をめぐるせめぎあいを，制度設計への住民参加の質を高め，その緊張感のなかで止揚するという課題でもある．

昨今では，前述の教育委員会存廃論に対抗するかたちで，教育委員会を抜本的に活性化する論議も活発になっている[17]．実態としても，「地方分権」「規制緩和」「情報公開」「参加」をキーワードに，学校教育実践の改善と学校の自律的経営，そしてそれを支える市町村教育委員会のパワーアップにむけた実践的模索が各地で現れている．そこで問題になるのは，改革の主眼があくまで学校教育に特化され，そこでは教育委員会の使命を学校教育に絞ろうという判断が生まれやすいことにある．しかしそのことは，知識社会の存立基盤への公的責任を欠落させることにつながるのみならず，戦後教育行政のあり方の根幹にかかわる問題をはらんでいる．

1つには，人間の生涯の発達・形成をトータルにとらえる視点や，学齢期を越えて援助すべき教育弱者への公的責任の観点が欠落しているという問題である．2つには，子どもの発達環境を支える生活環境・地域環境への視点や接点

が弱まるという問題である．これからの教育行政にもとめられているのは，子どもの生活環境である地域の教育力を支え高める人材と「共に行動」し，人材が磨かれ，行政が磨かれ，地域が磨かれるというサイクルをつくりだすことである．3つには，地域レベルでの教育自治の意義の軽視である．前述のように近年では，自治体が機動性を発揮しようとすればするほど，教育委員会が否定的にとらえられ，社会教育施設・職員の首長部局への移管志向が強まっている．しかし本来，教育委員会制度は行政からの使い勝手の良さではなく，地元住民が教育資本を管理するための社会装置であり，今日こそその意義の現代的再生が求められている．

いまだ日本社会では，住民による教育自治を実現するだけの経験を積み重ねきれてはいない．しかしながら，自治体の自主裁量権の拡大の動きと連動して，立法・条例を重視するルール制定型への移行が進みつつある今，条例による教育自治追求の可能性が少なからず広がりはじめている[18]．教育委員会の再生にむけては，このような地域からの主体的な教育自治立法づくりと連動させることがきわめて重要であろう．

（石井山竜平）

1) 内橋克人『同時代への発言8　多元的経済社会のヴィジョン』(岩波書店，1999年).
2) 神野直彦『人間回復の経済学』(岩波新書，2002年).
3) 「NPO科研費調査報告書」，38頁.
4) 南里悦史「21世紀の社会教育と法」(日本教育法学会編『講座現代教育法1　教育法学の展開と21世紀の展望』三省堂，2001年).
5) 「NPO科研費調査報告書」，41頁.
6) 末本誠「社会教育の組織原理としてのボランティア問題」(日本社会教育学会編『ボランティア・ネットワーキング』東洋館出版社，1997年).
7) 高橋満「自由主義的改革・NPOと生涯学習」(『社会教育の現代的実践』創風社，2003年).
8) 川崎市行財政改革プランの内容と特徴については，辻琢也「行財政改革の理論と課題——『行財政改革プラン』にみる『これからの自治体経営』」(地方自治制度研究会『地方自治』No. 661，2002年) に詳しい.
9) 川崎市『川崎市行財政改革プラン「活力とうるおいある市民都市・川崎」をめざして——萌える大地と躍るこころ』(2002年).
10) 松田武雄「社会教育施設の一般行政への移行と行政組織の再編成に関する考察」

（日本社会教育学会編『社会教育関連法制の現代的検討』東洋館出版社，2003年）．
11) 福岡市の町世話人制度は1953年に発足．非常勤特別職職員として市長から委嘱され，1999年段階で2512人．役割は，町内居住者台帳の整備調査や市営だよりの各戸配布，災害報告など．約8割が自治会長を兼務している（石井幸孝・上山信一編著『自治体DNA革命――日本型組織を超えて』東洋経済新報社，2001年，より）．
12) 同，262, 264頁．
13) 新藤宗幸『概説 日本の公共政策』（東京大学出版会，2004年）．
14) 松下圭一『社会教育の終焉［新版］』（公人の友社，2003年）．
15) 田中雅文編著『社会を創る市民大学――生涯学習の新たなフロンティア』（玉川大学出版部，2000年）．
16) 成瀬龍夫「自治体における公私混合体形成」（宮本憲一編『現代の地方自治と公私混合体（第三セクター）』自治体研究社，1992年）．
17) 堀内孜ほか編『地方分権と教育委員会』（全3巻，ぎょうせい，2000-1年）など参照．
18) 姉崎洋一「社会教育・生涯学習を推進する条例・規則の動向と課題」（日本教育法学会編『講座現代教育法3　自治・分権と教育法』三省堂，2001年）．

第II部　NPOの教育力と参画型社会の学び

はじめに

　第Ⅱ部では，NPOの教育力とその社会的なインパクトについて，活動分野ごとに事例分析を交えながら実証的な考察を行う．主な視点は次の3点である．

　第1に，NPOが発揮する教育力の実態を浮き彫りにする．ここでは，スタッフが仕事をとおして身につけるさまざまな資質，教育事業として外部に提供される学習機会，人々がNPOの活動に参加することによって生起する「インシデンタルな学習」などを，多面的にとらえて分析する．

　第2に，学習を通じての社会変革・社会創造というプロセスに着目する．NPOでの学びはたんなる自己実現や社会参加を超えて，既存の社会や教育の構造変化にインパクトを与える点に特色がある．活動分野によって異なるそれらのプロセスを実証的にとらえ，NPOの教育力がもつ社会的な影響力を検討する．

　第3に，諸セクターとNPOとの関係性に焦点をあてる．公共機関とのパートナーシップ，多様なネットワークをとおした新しいソーシャル・キャピタルの形成など，活動分野のもつ固有の性格によってさまざまな形で胎動がみられる．第Ⅱ部では，こうした関係性とNPOの教育力が，参画型社会のなかでどのように結合するかに関心を置いている．

　以下，1章では，NPOの学習支援機能の実態と公的な社会教育に与えるインパクトを検討する．2章では，子どもNPOの教育力の特性分析を行い，市民的公共性の創出への可能性を展望する．3章では，国際NPOの教育活動の特色を考察し，グローバルな課題の学習におけるNPOの役割を検討する．4章では，まちづくり・環境学習におけるNPOの役割を，市民と行政とのパートナーシップという観点から考察する．

1章　社会教育に対するNPOのインパクト

1　学習支援組織としてのNPO

1-1　多様な学習支援機能

　M. ウェルトンは，新しい社会運動のプロセスには対話型学習，多様な学習イベント，新しい価値観の探究といったことが必然的に組み込まれていることに注目し，「学習の場としての新しい社会運動」という考え方を主張した[1]．この考え方を援用し，NPOが環境，福祉，人権，ジェンダーなどの領域における社会運動体であることをふまえると，NPOは活動をとおしてさまざまな学習の場を生み出しているとみることができる．

　実際，私たちの実施した「NPO組織調査」[2]の結果によれば，外部の人々に対して「とくに学習の場は提供していない」と回答したNPOは7.7％にすぎない．つまり，ほとんどのNPOは社会に向けて学習支援の活動（学習機会の提供やそれに類した活動）を行っている．調査結果から実施率の高い順にあげると，学習会（講座・講演・ワークショップ・セミナー）70.3％，情報提供・相談57.3％，イベント（テーマイベント・映画・演劇・フェスティバル・展示）46.2％，交流会（パーティ・親睦会）44.8％，発表会（シンポジウム・フォーラム・報告会）40.9％，施設提供（空間・居場所・フリースペース）24.1％，旅行もの（スタディツアー・ワークキャンプ）15.3％，通信・遠隔教育3.9％である．

　さらに，これらの学習支援を対象別にみると，一般市民74.9％，高齢者35.1％，青少年31.6％，障害者24.9％，職業人22.0％，女性21.4％，在日外

国人 7.7% など，多様な人々に学習支援を行っていることがわかる．目的別では，専門知識・技術の提供 48.3%，団体の使命の発信 46.1%，ネットワーク形成 44.4%，人材・ボランティアの養成 34.8% などが高い回答率である．ただ，新しい教育の創造 22.3%，政策提言・報告書の作成 14.6% といった，社会的なインパクトをねらった学習支援も 1-2 割程度の団体がそれぞれ提供している．

　以上のような調査結果をみると，NPO は実に多様な学習支援機能を発揮しているといっていいだろう．ウェルトンの言葉を借りるならば，「学習の場としての NPO 活動」である．

1-2　社会教育団体としての NPO

　次に，別の角度から NPO をみてみよう．調査時点（2002 年）では，NPO 法で規定される NPO の活動分野は 12 分野であった．この 12 分野を選択肢として，調査対象となった NPO に 2 つの側面から活動分野を答えてもらった．1 つは当該団体にとって最も中心となる分野を 1 つだけ答えてもらったもの，もう 1 つは活動分野に該当するものを複数回答方式によってすべて選んでもらったものである．ここでは，前者を「中心分野」，後者を「選択分野」と呼ぶ．本章のテーマである社会教育との関係から回答結果をみると，中心分野としての社会教育の回答率は 5.4%（79 団体）にすぎないのに対し，選択分野としては 40.4% にのぼる．これは，本来的には社会教育の団体ではないにもかかわらず，実質的に社会教育に相当する活動を行っている NPO が多いということを示している．

　さらに興味深いのは，中心分野として社会教育を回答した NPO の実態である．該当する 79 団体のうち，スタッフの力量向上を重視すると回答した団体だけを選び出し[3]，そこから福祉や環境など明らかに他の分野に該当すると思われるものを除くと，次のような NPO が抽出される．

　　北海道職人義塾大學校（北海道），FBC 事務所（福島），教育文化ネットワーク（千葉），神田雑学大学・ディジタルアーカイブシニア（東京），シニア SOHO 普及サロン・三鷹（東京），すみだ学習ガーデン（東京），知的生産

の技術研究会（東京），日本ミールソリューション研究会（東京），ハートリンクあゆみ（東京），消費者住宅フォーラム（神奈川），ワールドビューズチャンネル（静岡），根っ子ネットワーク（愛知），生涯教育学会ライフロングエデュケーションソサエティ（京都），ビットバレー高松（香川），いきいき沖縄ネットワーク（沖縄）

上記のうち，「北海道職人義塾大學校」は職人の養成，「シニアSOHO普及サロン・三鷹」はいわゆるSOHO（Small Office Home Office）をめざす人に対する学習支援，「日本ミールソリューション研究会」は食品産業の人材育成，「消費者住宅フォーラム」は消費者のための住宅市場の形成，「ビットバレー高松」は地域のITレベル向上に向けた教育活動を行っている．一言でいえば，地域課題や生活文化などの伝統的な社会教育活動というよりは，経済系・情報系の領域で学習支援を行う団体である．2003年5月の法改正によって情報化，科学技術，経済活動，職業能力，消費者保護といった分野がNPO法人の活動として認められるようになったが，調査時点では他に該当する分野がなかったため（しかも学習支援を主な活動とするために），これらのNPOは社会教育を中心分野として回答したと考えられる．

以上みてきたように，「NPO組織調査」の結果によれば，選択分野として社会教育を選ぶNPOは多く，また，社会教育が中心分野となっているNPOのなかにも伝統的な社会教育とは異なる活動を行うものが目立つ．こうした実態をふまえると，さまざまな分野から社会教育へのアプローチが活発化し，社会教育の概念そのものも見直されなければならないといえるであろう．

1–3　NPOの学習支援をとらえる視角

本章ではこのような現実を出発点とし，社会教育に相当する活動を行うNPOが発揮している学習支援の機能を浮き彫りにするとともに，それらの実態が社会教育という領域に与えようとしているインパクトを考察する．そのために，社会教育との関係に焦点化して，次のような視角からNPOの学習支援をとらえるものとする．

第1に，経済領域と学習支援の関係である．従来の公的社会教育や社会教育

関係団体は，市場や産業社会に関わる領域とあまり関係をもっていなかった．しかし，すでに述べたように，社会教育を中心とするNPOのなかにはこれらの領域と関係の深いものが目立つ．したがって，経済領域におけるNPOの学習支援がもつ意味を検討する必要がある．

　第2に，学習支援の広域性である．これについては，すでに公的社会教育においても，市民大学事業や生涯学習センターの活動のなかでとりくまれている．しかし，地域の枠にとらわれないNPOにこそ，広域的な学習支援の大きな可能性が開かれている．その実態をとらえることにより，社会教育の課題も見えてくるのではないかと思われる．

　第3に，諸セクターとの関係である．多様な領域で活動するNPOがそれぞれ学習支援を行っているということは，そのプロセスにおいて行政，企業，地域組織などとの間にさまざまな関係を結んでいると考えてよい．そこで，社会教育に関わりをもつNPOが諸セクターとどのような関係のもとに学習支援を進めているかを分析する．

　第4に，社会変革との関係である．既述のように，「NPO組織調査」によれば，新しい教育の創造や政策提言・報告書の作成という社会的なインパクトを目的とする学習支援も，1-2割程度の団体が行っているとしていた．そこで，NPOの学習支援と社会変革への志向との関係を分析する．

　以下では，これらの4つの視角のうち経済と広域性の問題を2節，諸セクターとの関係を3節，社会変革との関係を4節で考察する．

2　経済と広域性からみた学習支援

2-1　学習支援をとおした経済活性化

　産業社会が大きな転換期を迎えるにともない，市場の質的な向上や地域経済の再活性化を模索する動きが活発化している．コミュニティビジネスなど，従来の枠組みを打ち破ろうとする新しい概念も生まれている．そしてこれらの動向は，商品に対する消費者の評価能力の向上，あるいは新しい経済事業を担う人材の育成といった教育的アプローチによって支えられ，NPOの活動領域ともなっている．ここでは，そのような現実を具体的にイメージするために，職

人の世界の再活性化，地域のITレベルの向上，住宅市場の質的な向上といった課題に学習支援の立場からとりくんでいるNPOの事例を検討する（いずれも，本章の冒頭に列挙した事例であり，社会教育が中心分野であると回答したNPOである）．

(1) 「北海道職人義塾大學校」＝職人の世界の再活性化

　現代の産業社会においては，商品流通が変化して職人に仕事を発注する問屋が少なくなってしまった．このNPOは，そのような現状を打破して地域に活力を呼び戻すために，学習支援をとおして職人の世界を再活性化することをめざしている．中心的な活動は，若い職人の養成と親方教育である．後者については，主催事業として研修会を開催するほか，各種研修会・イベントの紹介，各地のコンペに対する応募の奨励といった学習支援を行っている．母体組織である「小樽職人の会」と「全国職人学会」は現在も存続しており，目的や方法に応じてこれらの活動と連携しながら多面的な事業を展開している．国・道・市，民間機関，高等教育機関との連携にも力を入れている．このほか，小中学校を中心に，子どもたちの体験学習（講話や工房などを用いた制作体験）にも積極的に協力している．

(2) 「ビットバレー高松」＝地域のITレベルの向上

　地域のITレベルの向上をめざし，営利事業体であるインターネットベンチャーの経営者たちが結集して非営利の事業体として立ち上げた．ネットベンチャー同士の交流会を運営するほか，一般住民や障害者・主婦・高齢者といった社会的弱者を対象とする学習支援事業を行っている．後者については，公民館や自治会との連携によるパソコン教室の開設，香川県との連携による「かがわSOHOサポートセンター」（このセンターは30代後半の女性をターゲットにしているものの，障害者の利用も多い）の設置などを行ってきた．以上のすべての事業をとおして，IT教育の側面から人々の就業支援や地域経済の活性化，ひいては地域全体の活力の向上を促進しようとするものである．

(3) 「消費者住宅フォーラム」＝住宅市場の質的な向上

　消費者にとって好ましい良質な住宅市場の構築をめざして創設された．とくに，消費者に対する情報提供や啓発の活動に力を入れている．具体的には，住宅建築に関する基礎知識や住宅関連の新しい制度の紹介などを中心とする講習会の開催，欠陥住宅の見分け方など住宅購入に役立つ情報や関連情報を盛り込んだホームページの開設などを行っている．業者側に対しても，消費者ニーズの現状を伝えるための講習会や各種の啓発的な情報提供を行っている．これらをとおして，最終的には工務店の「格付け」制度の構築をめざす．消費者教育と事業者研修をとおして，住宅市場の質的な向上を推進するNPOといえる．

2-2　地域性を超えた学びの創出

　次に，広域性に着目する．公民館のような社会教育施設を中心とする公的社会教育，そしてそれらの施設を拠点とする社会教育関係団体は，元来当然のことながら地域に密着し，地域住民の学習ニーズや地域の生活課題に対応した学習支援を主な役割としてきた．これに対し，カルチャーセンターや大学公開講座は，地域の枠を超えた広域的な学習ニーズに応えている．YMCAのような非営利の民間機関による国際的な視野に立つさまざまな学習機会も広がっている．こうした潮流を受けて，近年では公的社会教育でも市民大学や生涯学習センターなどをとおして，広域性の強い学習機会を充実させている．

　NPOが提供する学習の場もまた，地域の枠にこだわらない．従来から，公的社会教育，営利・非営利の民間組織，あるいは高等教育機関が提供してきた学習機会に類した学習の場を自由に生み出し，人々の学習選択の可能性をさらに広げようとしているのである．ここでは，市民大学，カルチャーセンター講座，総合的な国際理解教育といった領域で独自の事業を展開しているNPOの事例を検討する．

(1) 「神田雑学大学・ディジタルアーカイブシニア」＝都市型の市民大学

　ここでは，講師料・会場使用料・受講料のない「3タダ制」によって，市民大学講座を毎週開いている．参加者の多くは中高年である．講師は依頼するばかりでなく，自ら志願して講師に名乗り出る人も少なくない．千代田区の「ち

よだボランティアセンター」を会場とし，毎回の講義録をインターネットのホームページに掲載している．雑学大学では講師を外部の教育・学習機会にも派遣しており，これまでロータリークラブや読売文化センターなどの成人教育のほか，小中学校・高等学校における総合的な学習の時間で活用されている．さらに，職業生活をとおしてIT技術を習得している中高年が多く参加していることから，これらの人材を活用してシニアパソコン教室なども開いている．中高年の生きがい，社会参加，ネットワークの仕掛けをさまざまな形で実現する，総合的な社会教育事業体である．

(2) 「FBC事務所」（福島県）＝非営利の民間カルチャーセンター

洋裁・デザイン系の専門学校の開放事業として実施していた講座部門を，NPOとして独立させたものである．いわば，非営利の民間カルチャーセンターである．ITセミナーや健康生活の研究事業などを加え，時代即応的な総合教育機関として発展することをめざしている．これらをとおして，洋裁技術や多様なデザイン技術の普及，地域のITレベルの向上，健康に関する啓発に大きく寄与してきた．とくにITについては，「DCs地域情報化推進センター」[4]と連携することによって最新技術の導入につとめ，高齢者や子育て中の母親のなかからリーダー層を発掘・育成することも視野に入れている．

(3) 「ワールドビューズチャンネル」＝総合的な国際理解教育

ボーダレス時代に求められる異文化間コミュニケーション能力の基礎形成を，社会教育の力によって成し遂げようとしている．このコンセプトにもとづき，国の各省庁や地方自治体，さらには民間団体などから，多様な委託・助成を受けて活発な事業展開をはかっている．具体的なプロジェクトを例示すれば，社会教育領域の事業として高校生を対象とする読み聞かせボランティアの養成事業（異文化間コミュニケーション能力の基礎としての，日本文化の理解を促すため），学校教育（小中学校）との連携事業として地域参加型の外国語学習プログラムなどを実施している．いわば，国際理解教育に関する総合事業体である．

```
                              地域性
            ┌─────────────────┬─────────────────┐
            │  公的社会教育    │ ・北海道職人義塾大學校
            │  社会教育関係団体│ ・ビットバレー高松
非経済領域 ─┼─────────────────┼─────────────────  経済領域
            │ ・神田雑学大学・ディ│ ・消費者住宅フォーラム
            │  タルアーカイブシニア│
            │ ・FBC 事務所    │
            │ ・ワールドビューズ│
            │  チャンネル     │
                              広域性
```

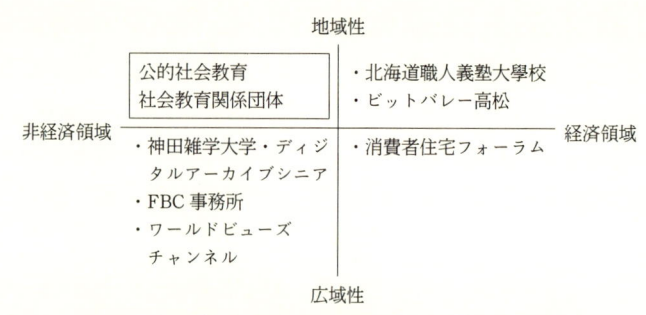

図1-1 経済と地域性・広域性からみた NPO の類型

2-3 経済と広域性からみた学習支援の意味

　以上みてきた6つの事例を「経済領域」対「非経済領域」,「地域性」対「広域性」,という2つの軸を用いて位置づけると,図1-1のようになる.公的社会教育が市民大学などの広域的な学習機会を拡充する傾向にあるとはいえ,総体としてみればやはり地域の社会教育施設を拠点とする学習支援が大きな比重を占めている.したがって,従来から根付いている公的社会教育や社会教育関係団体の多くは,図の「非経済領域／地域性」に位置づけることができる.これに対し,NPOの学習支援は,経済領域と広域性という新しい領域を広げようとしているといえるであろう.

　このように,社会教育を標榜するNPOの活動のある部分は経済領域における学習支援であり,新しい市場の形成や,地域経済の向上とそれをとおした地域全体の活性化といった目的のもとに行われているものが少なからず存在する.他方で,非経済領域のNPOの場合も,たんなる学習機会の提供ではなく,2-2でみたように新しいタイプの教育事業を次々と生み出す意欲に満ちている.いずれも,新しい教育事業の提案やそれらをとおした地域・社会の活性化の側面から社会変革をめざすものであり,社会的起業の推進体としての性格が色濃く表れている[5].そして,そのプロセスのなかで,諸セクターとの関係を多様に結んでいるのである.以下に続く2つの節では,この「諸セクターとの関係」および「社会変革」に焦点をあてる.

3 社会教育関係のNPOと諸セクターとの関係

3-1 行政との強い関係

前節の事例が示すように，NPOは多様な外部組織と関係を結びながら活動している．例えば，「ビットバレー高松」はベンチャー企業のネットワークに支えられ，具体的な諸事業は公民館，自治会，香川県などと連携しながら行っている．「神田雑学大学・ディジタルアーカイブシニア」も，千代田区，ロータリークラブ，読売文化センターなどと連携している．他の事例でも，それぞれの活動に応じて，さまざまな組織との関係をもっている．ここでは，「NPO組織調査」の結果を用いて，社会教育の分野で活動するNPOが外部組織とどのような関係をもっているかについて，数値的に全体像をとらえる．

社会を構成する主なセクターを述べるとき，近年では国家，市場，市民社会に分類することが多い．しかし，この分類では地域社会や地縁的な組織とグローバルに広がる市民ネットワークとの違いが消えてしまい，ややもすれば前者の存在が考察から抜けてしまう．これに対し，北欧の福祉社会を研究してきたペストフは，国家，市場，第3セクター，コミュニティ（家族・親族，地域の社会的ネットワーク）の4つに分類する[6]．そして，国家，市場，コミュニティという3つの極のそれぞれを補完したり，これら3極との関係で活動する（あるいは全く独自の活動を展開する），多様な民間非営利組織で構成される部分を第3セクターと呼ぶ．本書でNPOと呼んでいる組織は，もちろんこの第3セクターに含まれる．伝統的に地域共同体の役割が重要であった日本の実態を考えるためには，社会を構成するセクターを3つに分けるとらえ方よりも，コミュニティを含めたペストフの4分類のほうが適している．

本章の冒頭で述べたように，社会教育に関するNPOには社会教育を中心分野とするものと，選択分野とするものが含まれる．そこで，社会教育を中心分野とするものを「社会教育NPO」，選択分野として社会教育を選んだNPOのうち社会教育NPO以外を「準社会教育NPO」と呼ぶことにする．つまり，準社会教育NPOとは，社会教育が中心分野ではないが，活動の一環として社会教育に相当する活動を行っているNPOである．以下の部分では，この両者

表 1-1 社会教育関係の NPO と諸セクターとの関係

(単位:%)

	行政全体	うち社会教育行政	企業	地域組織
社会教育 NPO	45.2	26.0	18.7	6.8
準社会教育 NPO	38.3	16.7	9.1	12.3

注:1) 数字は,表側にあげた各NPOのうち,表頭の各セクターと「非常に関わりがある」と回答したNPOの割合.
2)「社会教育行政」には公民館を含んでいる.
3) 調査票では,行政関係機関を「社会教育行政(公民館を含む)」,「公共機関のNPO専門窓口」,「その他の行政・公共機関(学校教育機関を除く)」に分けており,本表で「行政全体」とはこれらの3つの機関のいずれかについて「非常に関わりがある」と回答したNPOの割合である.なお,「TV・ラジオ局,新聞社」は「企業」から除外している.

を総称して「社会教育関係の NPO」と呼ぶ.

それでは,社会教育関係の NPO は,他のセクターと日常どの程度関わりをもっているのだろうか.それを示したのが表 1-1 である(調査票では,国家を担う組織を「行政」,市場を担う組織を「企業」,コミュニティを担う組織を「地域組織」の用語で表現している).表から社会教育 NPO の状況をみると,社会教育行政と非常に関わりがある団体は 26.0% であるのに対し,行政全体では 45.2% と高い数値を示している.社会教育 NPO は,社会教育以外の行政とも強い関係を保っているといえるのである.このような傾向は準社会教育 NPO についても同様に表れている.なお,社会教育 NPO の約 2 割(18.7%)が企業と強い関係をもっていることにも注目してよい.それに対し,地域組織との関係をもつ社会教育 NPO は 6.8% と極めて低い.準社会教育 NPO の場合は,企業,地域組織とも 1 割程度である.

従来の社会教育関係団体では,社会教育行政と地域組織が連携相手として重要であった.しかし,調査結果からみた社会教育 NPO は一般行政とも関係が深く,地域組織との関係はむしろ弱い.本章の冒頭で例示した社会教育 NPO の多くが従来の社会教育関係団体と違う性格をもっていることをふまえれば,これも当然といえる.あるいは,地域組織という表現ではとらえきれない,新しいタイプの住民ネットワークとのつながりが生まれているのかもしれない.

3-2 支援・協力からみた行政との関係

ところで,NPO と行政との関係には,「(行政から)受けている支援」およ

表 1-2　社会教育関係のNPOと行政との関係　　（単位：%）

	対社会教育行政		対行政全体	
	社会教育NPO	準社会教育NPO	社会教育NPO	準社会教育NPO
受けている支援				
施設の借用	37.0	29.5	45.9	39.8
広報面での支援	17.8	16.4	36.1	34.9
委託事業	11.0	7.5	28.4	28.9
補助・助成金	4.1	2.9	12.7	26.2
助言・指導	15.1	9.3	38.9	45.7
こちらからの協力				
事業・政策への提言	15.3	16.4	38.0	43.1
事業等の広報への協力	16.7	14.3	40.9	32.4
教材・プログラム・講師の提供	25.0	20.4	39.1	31.7
ボランティアの派遣	22.2	14.9	24.6	27.5
審議会等に委員の派遣	11.1	13.8	29.4	40.1
助言・指導の提供	11.1	11.9	26.5	25.0

注：1）数字は，それぞれの型に属するNPOのうち，支援と協力の各項目に該当するNPOの割合.
　　2）「行政全体」の欄は，表1-1の場合と同様.

び「こちら（NPO側）からの協力」という2方向がある．それぞれの内容を尋ねた結果が表1-2である．

表1-2の結果を次の2つの側面から整理してみよう．

第1に，社会教育行政との関係である．社会教育NPOの場合，受けている支援としては「施設の借用」が37.0%と群を抜いて高く，こちらからの協力としては「教材・プログラム・講師の提供」25.0%，「ボランティアの派遣」22.2%が比較的高い．施設を借りる一方で，人材やノウハウを提供するという協力関係が成り立っているとみてよい．準社会教育NPOの場合も，これとほぼ似たような傾向となっている．

第2に，行政全体との関係である．社会教育NPOの場合，受けている支援としては「施設の借用」が45.9%と高い回答率となっている．しかし，「助言・指導」38.9%や「広報面での支援」36.1%も比較的高く，施設にかぎらずノウハウや広報における支援も受ける場合が多いとみられる．NPO側からの協力については，「事業等の広報への協力」40.9%，「教材・プログラム・講師の提供」39.1%，「事業・政策への提言」38.0%などが目立つ．支援・協力

の両面からみた上記の結果から，広報やノウハウに関してNPOと行政が相互に支援・協力を行っていること，行政に対するNPOの提言機能が重要となっていることが注目される．他方，準社会教育NPOでは，NPO側からの協力について「事業・政策への提言」43.1％，「審議会等に委員の派遣」40.1％が突出しており，NPOのもつ知恵が求められている様子が現れている．

　以上のことから，社会教育NPOや準社会教育NPOが社会教育行政と結んでいる関係は，施設借用と人材・ノウハウ提供が中心であり，一般の社会教育関係団体の傾向とそれほど異なる点はみられない．一方，行政全体との関係では，広報・ノウハウ面で相互に支援・協力を行っているほか，提言や委員派遣といった知恵の提供の側面からこれらのNPOが期待されている様子がみてとれる．多くのNPOが社会教育に参入するにともない，社会教育行政にかぎらず行政全体との関係のなかで多様なパートナーシップが生まれてくるだろう．

　最後に，施設の借用という項目について，少し掘り下げて考えてみよう．NPOが公共施設を用いて活動する場合，①文字どおり施設を借りて自主活動を行うほか，②公共施設とNPOが共同の企画運営で事業を開催するケース，③施設を行政が提供して活動内容はすべてNPOが企画運営するケースなどが考えられる．もっとも，②や③は施設の借用というよりは委託事業や補助・助成金に相当する場合もあり，他項目との境界領域になる．本章の冒頭で社会教育を中心とするNPOの例として列挙した団体のうち，「すみだ学習ガーデン」は③に相当する活動を行っている．同NPOは，墨田区から生涯学習関連の多様な事業を受託しており，その一環として区生涯学習センターを拠点とする区民大学講座「さくらカレッジ」の企画運営がある．もっとも，「すみだ学習ガーデン」はほとんどの資金が行政からの委託によって提供されており，実質的な意味での自律的なNPOとしては壮大な実験中とみてよい[7]．2003年6月に改正された「公民館の設置及び運営に関する基準」でも，講座の開設等における公民館とNPOとの共同が重要と明記されており，施設運営におけるNPOと行政との関係は今後ますます広がっていくものと思われる．

表 1-3 社会教育からみた NPO のタイプと学習支援の目的との関係

(単位:%)

学習支援の目的	社会教育からみた NPO のタイプ			検定
	社会教育 NPO	準社会教育 NPO	その他の NPO	
社会的な視野の提供	50.6	47.8	35.8	**
専門知識・技術の提供	55.8	53.8	52.4	—
団体の使命の発信	41.6	53.6	50.4	—
人材・ボランティアの養成	40.3	43.5	35.1	*
特定層への支援	28.6	28.3	22.2	*
文化・技術の伝承	35.1	27.5	13.3	**
ネットワーク形成	41.6	51.3	48.5	—
政策提言・報告書の作成	14.3	20.1	13.7	**
財政基盤の確保	26.0	18.9	14.0	**
新しい教育の創造	44.2	35.7	15.4	**

注:数字は, NPO を 3 つのタイプに分け,それぞれについて学習支援の目的として表側の各項目を選んだ NPO の割合を示したもの. なお, 学習支援の目的ごとに NPO タイプ間の回答実態についてカイ 2 乗検定を行い,1% 水準で有意の場合は **, 5% 水準で有意の場合は * を検定欄に記してある.

4 NPO の学習支援にみる変革志向

4-1 社会教育関係の NPO における傾向

本章の冒頭で紹介したように,NPO は多様な学習支援を行っている.しかも,「NPO 組織調査」の結果によれば,社会教育 NPO と準社会教育 NPO はその他の NPO に比べ,冒頭であげた学習会から通信・遠隔教育まで 8 つの学習支援のすべてに関して実施率が高い.社会教育を標榜するだけあって,学習支援の活動に意欲的にとりくんでいるとみられる.それでは,いったいどのような目的でこれらの学習支援を行っているのだろうか.NPO のタイプ別に学習支援の目的をみてみよう(表 1-3).それによって,社会教育関係の NPO における変革志向の傾向がみえてくると思われる.

表 1-3 によれば,多くの項目で社会教育 NPO と準社会教育 NPO はその他の NPO よりも回答率が高く,多様な目的で学習支援を行う傾向が強いものと思われる.

なかでも,社会教育 NPO が他の 2 つのタイプに比べて顕著に高い回答率を示す項目は,「文化・技術の伝承」35.1% と「新しい教育の創造」44.2% であ

る．社会教育を中心とする団体らしい回答結果といえる．とくに，「新しい教育の創造」には教育の革新という意味があり，社会変革に向けた社会教育 NPO にふさわしいとりくみといえるだろう．ただ，「財政基盤の確保」26.0% も相対的に高く，収益事業としての学習支援も重視されている．

一方，準社会教育 NPO が他の 2 つのタイプよりもとくに高い項目は，「政策提言・報告書の作成」20.1% である．自分たちが中心分野と考えている問題領域（例えば環境，まちづくりなど）での提言やアピールを提出する手段として，学習支援を行っているとみられる．

その他の項目のうち，「社会的な視野の提供」，「人材・ボランティアの養成」，「特定層への支援」については，社会教育 NPO と準社会教育 NPO がともに高い回答率となっている．なお，統計的には有意な差といえないながらも，「団体の使命の発信」と「ネットワーク形成」は，準社会教育 NPO とその他の NPO で回答率が高い．社会教育を中心とする NPO ではない場合，学習の場が自分たちの運動や仲間を広げるための手段となるようである．

以上の結果をまとめると，次のとおりである．第 1 に，社会教育 NPO は教育の革新をとおして，準社会教育 NPO は学習をとおした政策的なアピールによって，それぞれ社会変革に対して固有の役割を担っている．第 2 に，社会教育 NPO 以外の NPO（つまり準社会教育 NPO とその他の NPO）では，自分たちの運動や仲間を広げるための手段として，学習の場を提供する傾向がある．

4-2 NPO 類型からみた傾向

(1) NPO 類型の設定

NPO の法制化が議論されていた 1990 年代末，社会教育的な活動を行っている市民団体を対象に全国調査を行った[8]．そこでは，人々の学習活動を支援するために組織的・継続的に活動している市民団体を「学習支援 NPO」と呼び，32 団体の事例調査を実施した．その結果，学習支援 NPO には 2 つのタイプのあることが浮き彫りになった．1 つは，学習支援それ自体を目的とするもの，いま 1 つは何らかの地域・社会的な課題の解決を目的にしながらその手段として学習支援を行うものである．前者を学習志向，後者を運動志向と呼ぶことができる[9]．前者の典型は教養講座を提供する市民大学，後者の典型は学習会を

```
              運動志向
              (強い)
   ┌──────────┬──────────┐
   │ 先鋭運動型│ 協働変革型│
(弱い)─────────┼──────────(強い)
   │ 独立事業型│ 行政代替型│   行政との関係
   └──────────┴──────────┘
              (弱い)
```

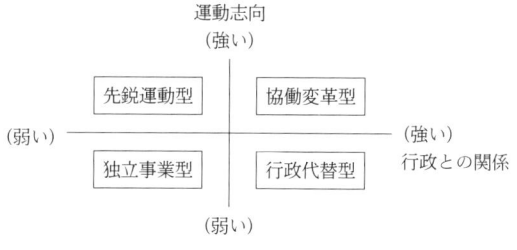

図 1-2　NPO の類型化

とおして政策提言書を取りまとめるようなまちづくり団体である．当然のことながら「運動志向」という表現には，社会変革や明日の社会を創るという意味が込められている．

このほか，社会変革や運動に着目したNPOの類型としては，津田が社会運動型と体制順応型[10]，高橋と櫻井が補完型・官僚主義（bureaucratic model），依存型・消費者主義（consumerist model），協働型・エンパワー（empowerment model），対抗型・運動体（movement model）[11]，という分類軸を提示している．さらに，地域づくりの成人教育を進めるための基礎として，ハミルトンは技術援助（technical assistance），自助努力（self-help），闘争（conflict）という3つの方法論を検討している[12]．

ところで，社会変革を検討するうえで，既成の社会体制を維持している公共セクター（行政）との関係を考慮することは重要である．筆者による前述の学習志向，運動志向という分類には，その視点が入っていない．津田，高橋，櫻井，ハミルトンの分類軸では考慮されているものの，いずれも協働やパートナーシップの観点が入っていない（高橋と櫻井の相互協働という観点はNPOと受益者との協働であり，NPOと行政との協働ではない）．

そこで本章では，行政との協働という観点を含めて社会変革への姿勢をとらえることができるよう，「運動志向」の強弱と「行政との関係」の強弱という2つの軸によって，図1-2に示すようなNPO類型を設定する．「協働変革型」と「先鋭運動型」はいずれも社会変革の推進に力を入れるNPOであり，前者は行政との協働によって，後者は行政とは独立に（あるいは強い批判性を土台に）それを進めようとするNPOを表す．「行政代替型」と「独立事業型」は専らサービス事業に力を入れるNPOであり，前者は行政との強い関係をもち

ながら，後者は行政とは一線を画する形で独立的に実践する NPO を表す．
　次に，「NPO 組織調査」の結果を用いて，この 4 類型に現実の NPO をあてはめてみよう．調査では，当該 NPO の主な活動を，①社会的なサービス事業の提供，②政策提言や社会的なキャンペーン，③上記の両方，④その他，の 4 カテゴリーから選択してもらった．このうち，②または③に回答した NPO を「運動志向が強い」，①に回答した NPO を「運動志向が弱い」ものと考える（④に回答した NPO は分析から除外）．一方，行政との関係では，①公共機関の NPO 専門窓口，②社会教育行政（公民館を含む），③その他の行政・公共機関（学校教育関係は除く）の 3 項目について，それぞれ「非常に関わりがある」から「まったく関わりがない」まで 4 カテゴリーで尋ねた．そこで，①-③のいずれかの機関について「非常に関わりがある」と答えた NPO を「行政との関係が強い」，その他の NPO を「行政との関係が弱い」と考える．
　このように調査結果をあてはめると，各類型に該当する NPO の数は協働変革型 156（12.6％），先鋭運動型 203（16.4％），行政代替型 303（24.5％），独立事業型 573（46.4％）となる（括弧内は除外・無回答サンプルを除いた構成比）．

(2) 学習支援との関係

　以上のように設定した NPO 類型と学習支援との関係をみたのが，表 1-4 である．学習支援の形態としてあげた 8 項目の具体的な内容は，本章の冒頭に単純集計の結果として述べた学習支援の各項目の内容と同じである．
　はじめに学習支援の形態との関係をみると，多くの項目について協働変革型と先鋭運動型の実施率が他の 2 つの類型より高く，しかも先鋭運動型よりも協働変革型のほうが若干ながら高くなっている．例えば学習会の場合，協働変革型 84.0％，先鋭運動型 82.8％，行政代替型 69.6％，独立事業型 64.7％ である．つまり，運動志向の高い NPO（協働変革型と先鋭運動型）ほど学習支援を活発に行っており，なかでも行政と強い関係をもっている協働変革型のほうがとくに学習支援に熱心である様子が表れている．
　次に，同じ表の下段から NPO 類型と学習支援の目的との関係をみてみよう．カイ 2 乗検定で有意な差がある項目に着目すると，「団体の使命の発信」およ

表 1-4 NPO 類型と学習支援の目的との関係 (単位：%)

	NPO 類型				検定
	協働変革型	先鋭運動型	行政代替型	独立事業型	
学習支援の形態					
学習会	84.0	82.8	69.6	64.7	**
発表会	64.7	57.1	39.1	30.5	**
イベント	57.1	54.2	47.8	42.3	**
交流会	58.3	51.7	44.5	40.7	**
旅行もの	21.2	15.8	13.0	15.1	―
通信・遠隔教育	3.2	3.4	3.7	4.7	―
情報提供・相談	76.3	67.5	58.9	52.5	**
施設の提供	31.4	19.2	25.4	25.4	―
学習支援の目的					
社会的な視野の提供	52.6	42.9	40.6	40.8	―
専門知識・技術の提供	53.9	54.1	56.9	52.2	―
団体の使命の発信	65.1	53.6	47.0	47.6	**
人材・ボランティアの養成	40.8	32.1	45.6	37.8	*
特定層への支援	27.6	24.5	27.0	26.8	―
文化・技術の伝承	21.1	22.4	21.0	17.8	―
ネットワーク形成	56.6	54.6	48.0	47.2	―
政策提言・報告書の作成	36.2	25.0	10.7	9.2	**
財政基盤の確保	21.1	16.3	17.1	16.2	―
新しい教育の創造	32.9	33.7	23.5	19.8	**

注：数字は，NPO の各類型ごとに，学習支援の目的として表側の各項目を選んだ NPO の割合を示したもの．なお，学習支援の目的ごとに NPO 類型間の回答実態についてカイ 2 乗検定を行い，1% 水準で有意の場合は **，5% 水準で有意の場合は * を検定欄に記してある．

び「政策提言・報告書の作成」では，協働変革型がそれぞれ 65.1% と 36.2% で最も高い回答率となっており，先鋭運動型の 53.6% と 25.0% がこれに続いている．「新しい教育の創造」では，協働変革型 32.9%，先鋭運動型 33.7% と拮抗している．これらの結果をみると，運動志向の強い NPO においては，明日の社会を切り開くために――社会変革を推進するために――学習の場を積極的に設けていこう，という姿勢が表れているように思われる．しかも，行政と強い関係をもちながら運動を進める協働変革型の NPO でその傾向が強いという点は，注目に値する．

　これらの項目に対し，「人材・ボランティアの養成」では行政代替型が 45.6% で最も高く，協働変革型の 40.8% がこれに次ぐ．行政との関係が強いこれらの 2 類型の回答率が高いことから，人材やボランティアの養成について

は行政との関係が重要であり，しかも協働変革型より行政代替型の方が高いことから，運動性の弱いことも条件となっているようである．

以上の結果をまとめると，次のとおりである．運動志向の強いNPOほど学習支援に熱心であり，学習支援をとおした社会変革への志向も強い．しかも，これらの傾向は行政との関係が弱い先鋭運動型よりも行政と強い関係をもつ協働変革型で顕著なものとなっている．人材やボランティアの養成についても行政との関係が影響しているものの，こちらは運動志向の弱い行政代替型で最も顕著な傾向となって表れている．

5 公的な社会教育に対するインパクト

これまでの分析から得た結果を整理すると，次のとおりである．第1に，NPOは経済領域と広域性の側面から社会教育に相当する活動を広げており，それらをとおして経済・地域・教育の変革をめざす社会的起業の推進体となっている．第2に，社会教育関係のNPOの分析から次のことが浮き彫りになった．これらのNPOは社会教育行政だけでなく一般行政とも強い関係をもっており，さまざまな支援・協力の試みがなされている．とくに，NPOが蓄積した知恵が期待されている様子がみてとれる．一方，学習支援の目的からみると，社会教育NPOは教育の革新，準社会教育NPOは学習をとおした政策アピールの役割を担う傾向が強い．第3に，運動志向と対行政関係から設定したNPO類型の分析では，運動志向の強いNPOほど学習支援に熱心で，学習支援をとおした社会変革への志向も強い．しかも，これらの傾向は，行政との関係が強い協働変革型で最も顕著である．

以上のことから，NPOの学習支援機能が社会教育に与えるインパクトとして，次の3点をあげることができる．

まず，経済領域や広域的な範囲で活動する社会教育NPOの活動，そして社会教育NPOの顕著な傾向である教育革新へのとりくみは，社会教育の対象・内容・方法などに刷新と広がりの契機を提供する．つまり，従来から定着している公的社会教育や社会教育関係団体を中心とする社会教育に対し，新しい風を吹き込む可能性をもっている．とくに，社会教育をとおした貢献活動，団体

情報の公開，非政治性・非宗教性といった基本的な性格において社会教育NPOと共通性の高い社会教育関係団体[13]の場合は，社会教育NPOの登場によって社会教育のとらえ方や機能が広がる契機となるかもしれない．ただし，社会教育NPOの側からみると，行政からの期待の高さゆえに，社会教育関係団体に対する補助金問題と同様に行政からのコントロールが問題化する可能性もある[14]．社会教育NPOが自律性を失わずに行政とのパートナーシップを実現することによって，むしろ社会教育関係団体に対する行政の「ノー・コントロール」の原則がより徹底する方向に進むことが課題といえる．

　次に，NPOが実践する「学習をとおした社会変革」のさまざまなとりくみは，地域づくりや社会づくりに対する社会教育の役割を増大させる．経済領域で学習支援にとりくむ社会教育NPOが経済・地域の活性化をめざし，準社会教育NPOが政策アピールにとりくみ，運動志向の強いNPOほど学習支援とそれをとおした社会変革に意欲的という結果が，それを裏付けている．例えば，地域づくりプロジェクトの推進において，セクター間の壁を取り払って議論や活動を促し，地域に存在するあらゆる人材や資源・ノウハウなどをそこに結集させる方式を「地域プラットフォーム」と呼ぶことがある．そこでは，NPOが中心となったさまざまな学習会や研究会が開かれており，地域プラットフォームは地域づくりのための総合的な社会教育プロジェクトでもある[15]．NPOが中心となってこのような芽を各地で膨らませることは，社会教育が地域づくり・社会づくりにとって不可欠の要素となる可能性をもたらすであろう．

　最後に，本章のデータ分析によれば，社会教育行政にかぎらず一般行政とも連携する社会教育関係のNPOが多く，しかも，そこではNPOにおいて蓄積された知恵が期待されていた．さらに，学習支援をとおした社会変革に最も意欲的なのは，（行政との関係が強い）協働変革型のNPOであった．これらをふまえると，社会教育にとりくむ団体と行政各部局のパートナーシップが今後大きく進展する可能性とともに，パートナーシップ型の――つまり，行政と連携した市民団体による――社会運動や社会変革を推進する役割が社会教育に期待される可能性をみてとることができる．ただし，近年の「行政改革」では，NPOを民間企業とともに事業供給主体として位置づける傾向も強く[16]，行政との連携がたんなる委託先としてのNPOという立場を固めていくおそれもあ

る．変革を志向する社会教育関係の NPO が，行政と連携しながらも自律性を失わないことが大きな課題である（第Ⅰ部 3 章参照）．

　今後とも，NPO は社会教育に対して新たなフロンティアの芽を次々と提供していくであろう．そのような状況のなかで，公的社会教育は常にその役割を刷新していくことが求められる．NPO の動向を取り込んで社会教育が大きく発展するには，社会教育行政を中心とする公的社会教育の柔軟な対応能力と自己改革能力が必要である．

（田中雅文）

1)　Michael Welton, "Social Revolutionary Learning : The New Social Movements as Learning Sites," *Adult Education Quarterly*, 43-3, 1993, pp. 156-160.
2)　調査の概要は本書 viii 頁参照．
3)　具体的には，「研修や学習会などスタッフの力量向上策が組織の発展のためにどの程度重要か」という質問に対し，「かなり重要」と回答した NPO がこれにあたる．
4)　正式には NPO 法人「デジタルコミュニティーズ地域情報化推進センター」という．情報格差によって生活上の便益に差が出ないよう，産学官や市民，NPO との連携にもとづき，生活者起点の発想で地域主導の情報化社会をつくることを目指す活動を行っている．
5)　社会的起業とは，医療，福祉，教育，環境，文化などの社会サービスを事業として行うことである（町田洋次『社会起業家――「よい社会」をつくる人たち』PHP 研究所，2000 年，18 頁）．
6)　ビクター・A・ペストフ（藤田暁男ほか訳）『福祉社会と市民民主主義――協同組合と社会的企業の役割』（日本経済評論社，2000 年，48-49 頁）．
7)　森本清一「NPO 法人すみだ学習ガーデンの経験」（『社会教育』6 月号，全日本社会教育連合会，2002 年）．
8)　調査の詳細は，生涯学習 NPO 研究会編『社会教育の推進と NPO――支援の方向性を探る』（平成 9 年度文部省委嘱事業，1998 年）参照．
9)　学習志向と運動志向の説明についての詳細は，田中雅文編著『社会を創る市民大学――生涯学習の新たなフロンティア』（玉川大学出版部，2000 年，167-170 頁）．ただし，そこでは学習支援の方向性に着目する立場から「学習指向」，「運動指向」と表現している．それに対し，たんなる方向性よりは NPO の意思や 志 を重視する観点から，本書では「志向」と書き換えた．
10)　津田英二「NPO における参加型学習の展開」（佐藤一子編著『NPO と参画型社会の学び――21 世紀の社会教育』エイデル研究所，2001 年，141-143 頁）．
11)　高橋満『社会教育の現代的実践――学びをつくるコラボレーション』（創風社，2003 年，101 頁），櫻井常矢「NPO におけるエンパワーメントと学び――『市民的

専門性』をめぐって」(『日本社会教育学会紀要』No. 36, 日本社会教育学会, 2000 年, 60-61 頁).
12) E. ハミルトン (田中雅文・笹井宏益・廣瀬隆人訳)『成人教育は社会を変える』(玉川大学出版部, 2003 年, 175-178 頁).
13) 廣瀬隆人「NPO がつくる学習支援のネットワーキング」(白石克己・田中雅文・廣瀬隆人編『「民」が広げる学習世界』ぎょうせい, 2001 年, 30-34 頁).
14) 朝岡幸彦「NPO と社会教育法制度」(佐藤一子編著, 前掲, 164-165 頁).
15) 田中雅文「生涯学習による地域プラットフォームに向けて」(NPO サポートセンター『行政と NPO 等との連携による地域プラットフォームの発展に向けて──生涯学習推進のための地域政策調査研究報告書』平成 14 年度文部科学省委託調査, 2003 年).
16) 平塚眞樹「『市民による教育事業』と教育の公共性──『行政改革』下における教育 NPO の形成に着目して」(『社会志林』第 49 巻第 4 号, 2003 年, 51 頁).

2章　子どもNPOと参加型活動の促進

1　地域社会と子どもNPO

　地域の教育力の再生に期待と注目がされるなか，地域社会では地縁的共同体と新たに台頭するNPOの教育力が混在するとともに，地域の教育力再生への新たな実践がセクター間を超えた多様な主体により始動している．

　NPOは，米国の非営利組織（Non-profit Organization）の略語の輸入とされ，米国では非営利セクターの核として社会のシステムに組み込まれているが，今や政府，企業と並び社会を構成する第3のセクターを形成し，社会的経済的に大きな影響力をもっている．コミュニティの観点から米国の子どもNPOを観察するならば，米国の教育システムにおける子どもNPO[1]の存在は，自発的で主体的な学びを通して市民が社会変革性を体得する地域参加型の民主主義発展の核となっており，チャータースクールなどの展開にみられる「市民立」の子どもの主体的な学びの保障，サービス・ラーニングやコミュニティ・サービスにおける問題解決能力の育成や子どものコミュニティ参加の機会創出，レジリエンシー（回復力）を基調とした子どもの自立支援，CBO（Community-based Organization）等を中心とした子育て支援ネットワークなど豊富な資源を内包し，コミュニティの教育力創造の源泉となっている．

　日本においても，高度成長期以降，学校中心的な価値観の主導のもとで培養された文化的政治的土壌を有している地域社会が，現在，その再構造化の過程で市民社会化しつつある．この状況は，「教育の公共性」の新たな問い直しの過程として捉えることができる．公益の増進を目的とし，地域社会で子育て・

子育ちにかかわる事業・活動を展開するNPOがいかなる教育力を発揮し，また公共性への参画において社会的位置，経済的位置の確立を果たしつつあるかを把握することは，重要な今日的課題であると思われる．

本章では，日本の子どもNPOの教育力の位相と学習過程の客観的な位置を明らかにするために，実証的かつ計量的な分析とともに，子どもNPOの教育力の特質の解明を行い，子どもと大人の地域参加を促進する子どもNPOの意義について論じていくこととする．

2 子どもNPOの教育力の位相

「NPO科研費調査報告書」によれば，調査に協力した全NPOのうち，定款に記載しているか否かにかかわらず「子どもの健全育成活動」を活動の一分野（複数選択）と答えたNPOは41.0%，活動の中心分野（1つだけ選択）と回答したNPO（以下，子どもNPO）は9.6%である．子どもNPOはスタッフ数が平均23.6人と他の分野と比較して圧倒的に多く，総収入平均は保健福祉分野についで2番目の1748万円であり，約半数の団体が1000万円以上の規模をもつ．収入構成は，会費31.9%，事業収入41.5%，委託金4.7%，補助・助成金15.2%，寄付・その他14.1%となっており，他の分野と比較して事業収入の割合が若干高く，委託金が低い．活動開始時期に関してみると，子どもNPOの31.2%が昭和以前に活動を開始しており，特定非営利活動促進法の施行後に活動を始動した団体は32.6%である．NPO全体でみると45.4%が同法の発足後に活動をはじめていること，昭和以前に活動を開始している団体が18.6%であることから，子どもNPOは，任意団体として比較的古くから活動している団体が多いと推察される．また，地域社会とのネットワークに関しては，子どもNPOのうち62.9%が「社会教育の推進」を活動分野としてあげているなど，他分野のNPOと比較すると社会教育行政や学校とのつながりが多いことが特徴となっている．

しかし子どもNPOは，従来の社会教育関係団体とは異なった特質をもっている．例えば，学習機会の提供の観点から見るならば，学習会81.2%，施設提供41.3%と提供率が高いものの，それらの学習機会の目的としては，「団体

の使命を『外部』に発信」すること,「特定の層に対する居場所づくり」を行うこと,「新しい教育の場を創造」などがあげられている．このことから，子どもNPOは，地域子ども会，スポーツ少年団，ボーイ・スカウトやガール・スカウト等の年齢段階に伴った参加形態を中心とした活動とは異質の活動性格をもっていると推測される[2]．

3　子どもNPOの教育力と学習過程

3-1　活動分野からみた子どもNPOの類型化

子どもNPOの類型化については，佐藤一子や平塚眞樹による活動分野に即した事例調査による類型化の試みがある[3]．本章では，子どもNPOの活動分野に関する自己認識がどのような構造になっているかを計量的に分析し，事例調査による子どもNPOの類型との比較を行うことにしたい．

図2-1は子どもNPOの活動分野における主成分分析の結果[4]であるが，I軸，II軸に沿って大きく2つの構成成分に分けられる．これら2つの構成成分は，子どもNPOの認識の中にある枠組み，すなわち，子どもNPO自身が自分たちの活動を認識するときの枠組みとなっていると推定できる．

I軸は，地域安全，男女共同，人権・平和といった子どもの生存権・生活権，教育権・学習権に関わる性格を表しており，「子育て」を共同・協同で行い[5]地域の子育て環境の整備にむけて活動をしている「子育て」支援型NPOと，不登校，ひきこもり，児童虐待，学習障害児，途上国の子ども支援など特定ニーズ対応型の「子育ち」支援型NPOの多くを識別することができる．ここでは成分Iを「子育て支援・教育協同型」構成成分と名づける．図2-1に現れているように「子育て支援・教育協同型」構成群は，比較的凝集的であり，特に保健・医療・福祉，男女共同参画，人権・平和変数が凝集的であることは，子育て支援あるいは育児と就業の両立支援といった少子化関連政策と関係づけた事業内容を多く展開する子育て支援型NPOの動向からみても，妥当な成分表示であるといえよう．

子どもの生存権・生活権，教育権・学習権に関わる性格をもつ「子育て支援・教育協同」型を子育て支援型と教育協同型に分けてとらえると，両者は公

成分Ⅱ　文化協同・創造空間型

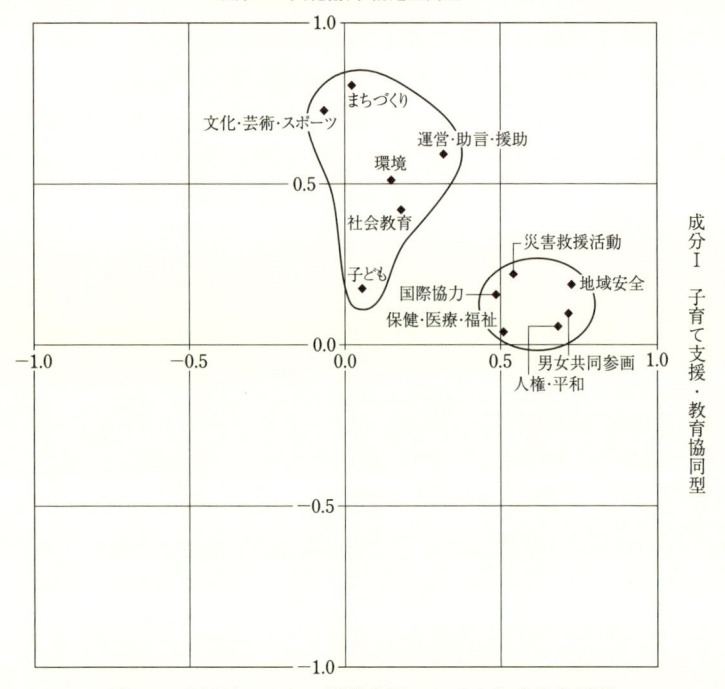

(図：主成分分析図。縦軸 成分Ⅱ 文化協同・創造空間型、横軸 成分Ⅰ 子育て支援・教育協同型。プロット項目：まちづくり、文化・芸術・スポーツ、運営・助言・援助、環境、社会教育、子ども、国際協力、保健・医療・福祉、災害救援活動、地域安全、男女共同参画、人権・平和)

図 2-1　子ども NPO の活動分野における主成分分析図

益性の点で異なる傾向をもつと思われる．子育て支援型は，地域社会において共同の子育てを行いながら子育て資源の豊富化をはかり，子育てに関する専門的技能の育成や資格取得にむけた学習機会を提供し，また経済的領域と関連しながら新しい労働の場の提供にむけた活動も活発になっている．公的支援を受けやすく委託件数も増えてきており，行政との新しいパートナーシップのありかたを模索する段階に入っている子育て支援 NPO も少なくない．NPM (New Public Management) 理論にもとづいて進められている第3次地方行革大綱・実施計画のなかでは，学童保育クラブの委託やファミリーサポートセンターの委託，保育所設置主体制限の撤廃による保育所の NPO による運営など，公共事業の外部化が進んでいることもあり，子育て支援型の NPO をつうじて各地で創出されつつある市民的公共性にも注目すべきであろう．

一方，教育協同型には，不登校，ひきこもり，児童虐待，学習障害児，途上

国の子ども支援など国内・海外における子どもの特定ニーズに対応すべく活動しているNPOが含まれる．これらのNPOの事業としては，学校外における自立支援事業やオルタナティブな教育機会提供，居場所づくり，障害者の自立支援施設や職業訓練施設，総合的な学習等における学校支援プログラムの提供，在日外国人の子どもたちの学習支援などがあげられる．1980年代前半以降の不登校・登校拒否の子どもたち，90年代以降の学習障害（LD）等をもつ子どもたちや，児童虐待の被害をうけた子どもたち，ひきこもりと呼ばれる青年たちに関する社会的認知がまだ十分になされておらず公的支援体制も未整備であるだけに，社会運動体的性格をもつ子どもNPOが多い．

　II軸は子どもの文化権を表す軸であり，不特定多数の人々への文化やレクリエーション，環境教育や自然体験等のオルタナティブな学習機会の提供，居場所づくりにとりくんでいる．子どもNPOの多くがこの軸によって識別できる．これらのNPOの活動内容を例示すると，全国的な子ども文化ネットワークをもっている「子ども劇場・おやこ劇場連絡会」，自然体験学習のプログラム提供を学校や地域において推進する団体，地域スポーツ施設や学校施設を活用しながらスポーツ振興にとりくむ団体，市民グループによる図書館や美術館などの文化活動の市民立の公共空間の運営や，児童文化センターといった公的社会教育施設の委託，公園における遊び場づくりといった子どもの創造空間を創出するものなどがあげられる．ここでは成分IIを，「文化協同・創造空間型」構成成分と名づける．「子育て支援・教育協同型」構成群と比較すると，「文化協同・創造空間型」構成群はやや分散的である．

　成分IとIIの内容は以上のとおりである．ただし，図2-1に示した12の活動分野は複数選択方式の回答をえたものであるため，「子育て支援・教育協同型」と「文化協同・創造空間型」の双方にまたがるNPOが存在することに留意しなければならない．これは，NPOが多様な分野で活動していることのあかしであり，また近年において文化協同型の子どもNPOが子育て支援事業をも積極的に展開している事例も見られるように，双方の類型にまたがる活動の拡がりによる影響があることが推測される．

表 2-1 スタッフの資質と外部に提供する学習機会提供の目的

外部に提供する学習機会の目的	スタッフが有する資質	有意確率
社会的な視野の学び	社会的ニーズ把握力	0.012
社会的な視野の学び	創出力	0.005
専門性	専門性	0.002
社会的ミッション	コーディネート力	0.049
社会的ミッション	交渉力	0.033
ボランティア養成	創出力	0.006
ネットワーキング力	ネットワーキング力	0.003
新しい教育の場の創造	創出力	0.032

注：カイ2乗検定（有意水準0.05）による帰無仮説「内部教育力形成変数と外部教育力形成変数は，無関係」が棄却されたものだけを集約して示したものである．

3-2 子どもNPOの教育力の特徴

(1) 子どもNPOの内的発展

NPOが提供する学習機会とスタッフの能力との間には，何らかの関係があるのだろうか．あるとすれば，どのような関係なのだろうか．ここでは，スタッフが有する資質と対外的に提供している学習機会の目的との関連性を分析し，子どもNPOの内的な発展の可能性をみていくこととする．

表2-1は，スタッフが有する資質と対外的に提供している学習機会の目的との関連性をみたものである．これによれば，スタッフの資質と学習機会の目的との間には相関があることがわかる．この表自体は2種類の変数間にある相関の強さを表したものであり，両者の因果関係まで説明することはできないが，スタッフの資質が学習機会の性格に影響するという因果の方向を仮定するならば，次のような仮説を提示することができる．

「社会的な視野の提供」を目的とした学びの働きかけを対外的に進めるには，「社会的なニーズを的確にとらえる力」と「新しい事業・活動を生み出す力」を，「専門知識・技術の提供」を目的とした学習機会をつくりだすには，スタッフ自身も「活動分野に関する専門的な技術・知識」に関する資質を，「人材・ボランティアの養成」や「新しい教育の創造」においては，「新しい事業・活動を生み出す力」を，また「ネットワーク形成」においては，「他組織とのネットワークを広げる力」を，「団体の使命の発信」においては，「多様な人材をコーディネートする力」「外部に対する交渉力・説得力」といった資質をスタッフは有する傾向がある．このことから，スタッフ個人が持っている能

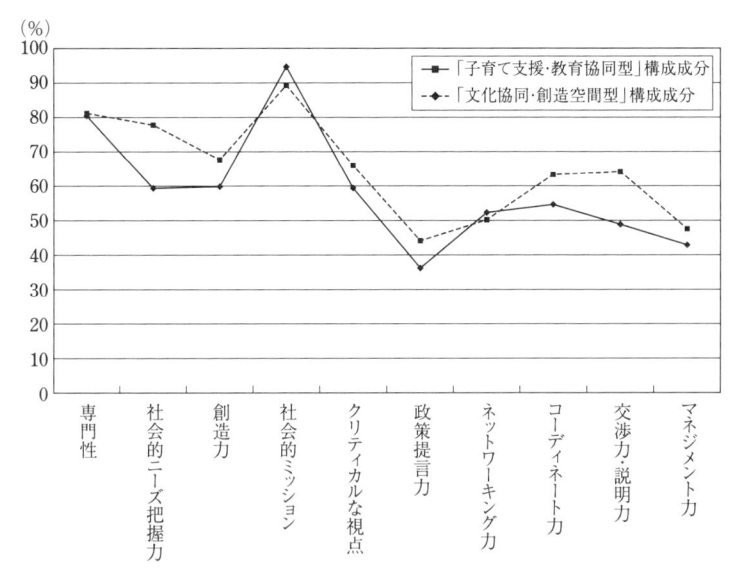

図 2-2 子ども NPO 構成成分によるスタッフの有する資質に関する教育力傾向

力が子ども NPO の組織における集団の知を形成し，学習機会の提供といった事業を通して社会に働きかけていく過程があるものと推察できる．上記にあげた諸資質は，意思決定の公共空間における多元性の追求という観点から，具体的にステイクホルダー（利害関係者）の多様化を目指した実践を重ねるにあたって重要な資質である．特に，新しい事業・活動としてボランティア活動を推進するための教育力や，多様な人材をコーディネートし外部に対して交渉や説得を行いながら団体の使命を発信することを習得させるための教育力は注目される．このような教育力により，子ども NPO は，NPO の特性であるボランティア・ネットワーキングやミッションを基調とした活動を広げていく途上にあると推測できる．

図 2-2 は，子ども NPO のスタッフが有する資質を大まかな活動分野による類型に基づいて示したものである．

全体的な傾向としては，「子育て支援・教育協同型」構成成分と「文化協同・創造空間型」構成成分は，類似した波形となっており，「社会的使命感と情熱」や「新しい事業・活動を生み出す力」「社会的なニーズを的確にとらえ

表 2-2　子ども NPO 構成成分と社会的ニーズ把握力

社会的ニーズ把握力	主成分		
	子育て・教育	文化・創造	計
あり	45　(59.2)	46　(78.0)	91　(67.4)
中間	28　(36.8)	8　(13.6)	36　(26.7)
なし	3　(3.9)	5　(8.5)	8　(5.9)
計	76　(100.0)	59　(100.0)	135　(100.0)

注：数字は実数，（　）内は構成比を示す．主成分の内容については図 2-1 を参照．

る力」「活動分野に関する専門的な技術・知識」といった価値形成型の教育力が相対的に高く，「組織運営・マネジメントの能力」「外部に対する交渉力・説得力」「多様な人材をコーディネートする力」といった事業経営型教育力，「他組織とのネットワークを広げる力」などに示されるネットワーキング型教育力は相対的に低い傾向にある．ネットワーキング型教育力はソーシャル・キャピタルの涵養に影響力をもつ教育力である．しかし，多くの子ども NPO は自らの団体の組織運営の基盤強化に力点を置いているため，他団体との協力・協調関係構築，子どもセクター総体としての資源の質的量的拡大を目指しての共同・協働事業展開に積極的に着手できる段階でないものと思われる．ネットワーキングを広げる過程にありながらも，他団体との具体的な共同・協働事業に発展する段階まで組織内資源の蓄積がなされていないことが推測される．

　また，「子育て支援・教育協同型」構成成分と「文化協同・創造空間型」構成成分は，「社会的なニーズを的確にとらえる力」と関連性があり（表 2-2 参照），双方の構成成分の 9 割以上が「社会的なニーズを的確にとらえる力」をスタッフの資質として有している．これは非常に高い水準といえよう．

　以上のことから，子ども NPO のスタッフが有する資質は，活動分野を問わず全体的な傾向として価値形成型の教育力が高く，ミッションを基調とした活動の展開であることが確認される．質の高い学びを社会に提供していくための「社会的なニーズを的確にとらえる力」に関しては，スタッフの資質は非常に高い水準にあることが明らかとなった．個人的な能力が子ども NPO の組織に反映され，学習を通しての組織そのものの内的発展が促されており，それによって社会への働きかけを行い，働きかけの成果を組織にもち帰り共有し，再び

組織の内的発展を促す学習につなげるという循環的な学習過程が進行しているといえるであろう．

(2) 子どもNPOの社会変革機能

NPOの先進国といわれる米国においては，NPOが有する社会変革機能は，従来の社会運動や労働運動といったコンフリクトを基本とした運動展開とは異なり，サービス提供機能や資金調達を含めたアドボカシー機能による課題の社会化と実効性のある課題解決が行われている．市民的性格の伝統が脆弱な日本の土壌においても，地域参加型の民主主義の発展にともなって，子どもNPOが社会変革を促す主体として期待されるところは大きい．ここでは，NPOの特性とされる社会変革機能について，その現状と課題を子どもNPOの活動の目的指向性とスタッフが有する資質との関連性から掘り下げていくこととする．

「NPO組織調査」において，NPOの活動の目的指向性として社会的サービス提供型か，政策提言型か，あるいは社会的サービス提供型兼政策提言型かを尋ねたところ，子どもNPOのうち社会的サービス提供型が69.4％，政策提言型が3.0％，社会的サービス提供型兼政策提言型が18.7％であり，社会的サービス提供型がもっとも多かった．一方，スタッフが有する資質として「社会の現状に対する批判的な視点」を重要とする子どもNPOは，58.8％に達する．この数値を目的指向性別にみると，社会的サービス提供型と社会的サービス提供型兼政策提言型の子どもNPOではさらに高くなり，前者では64.4％，後者では70.8％という高い回答率となる．つまり，子どもNPOの多くは社会に対する批判的な視点を重視しており，しかも政策提言のみを目的とする子どもNPOよりも，社会的サービスのみか，あるいは社会的サービスと政策提言の両方を目的とするNPOのほうが，そうした傾向をさらに強くもっていることがわかる．こうした事実から，子どもNPOの社会変革機能に関して，次のようなことがいえると思われる．

まず，子どもNPOの58.2％が「社会の現状に対する批判的な視点」を持ちつつ，社会的なニーズを満たすためにサービスを迅速かつ柔軟性をもって効果的に提供したり，政策を提言する活動を展開していることから，子どもNPOのアドボカシー機能は実効性をもち，今後も子どもNPOの組織の基盤

強化とともにアドボカシー力も高まっていくと思われる．子どもNPOの活動をつうじての社会変革とは，子どもと親にサービスを提供し，そのことによって地域社会の子育て・子育ち環境を向上させ，また受益者である子ども，親もサービスを受けることをとおしてNPOの社会的な役割を知ることができ，当事者性を高め，主体的に地域に参加をし，参加する過程でアドボカシー力を高めていくことである．子どもNPOが価値形成型の教育力を有し，ミッションを基調とする特性をもつことはすでに述べた．ミッションを具現化するための適切なサービスを提供する学習活動を展開している現実は，社会変革への力動性をもった学習が子どもNPOにおいて発展しているということができよう．

公益法人全体の見直しが進行中の現在，学習活動を市民の手による統治につなげていくためには，子どもNPOの資金調達をとおした社会変革性の環境整備としての税制優遇制度の前進は大きな課題である．こうした課題解決を目指すためのアドボカシー機能を内包する政策提言能力にむけた学習支援体制の構築が検討されなければならないだろう．ここでは，社会変革性という視角からの具体的事例として，「草加子育てさぽうとネットさくらんぼ」，「子ども文化コミュニティ」，「高知こどもの図書館」をとりあげる．

「草加子育てさぽうとネットさくらんぼ」

「草加子育てさぽうとネットさくらんぼ」は，2003年4月から草加市より保育ステーションおよびファミリーサポートセンターの受託をしており，NPOならではの自発性，個別性，多様性，選択性，迅速性，先駆性，柔軟性，総合性といった特質を発揮する子育てサービスを提供している．「育児に関する家族機能の変容」や「社会的活動と女性の労働の統合」を促進する事業，地域社会における「ジェンダー・フリーの浸透」と「父親のエンパワーメント」を目的とした父親の育児参加支援に社会変革性がみられる．

2001年から，父親の育児参加と地域の子育て支援を目的とする「お～い父ちゃん集合！」事業が展開され，3年間で市内6ヵ所の公民館等において延べ約700人の父親が参加している．これは，①父親の子育て参加意識を喚起することにより，家庭における母親の孤立感を軽減すること，②両親が参加するバランスのとれた子育て環境を創出し，子どもへの虐待等の予防や子育ての楽しさを広げていくこと，③地域（町会・学校・子ども会等）との連携をはかりな

がら父親の育児参加を理解し，地域で子育て支援の輪を広げていくことを目的としたものである．

　父親の育児参加プログラムやまちづくりイベント運営プログラムをとおして，父親同士の育児に関する情報交換や学習の場，育児参加の心理的コスト低減にむけた学習の場となっているとともに，地域社会における子育ての領域からの能動的な市民性の育成に貢献している．特に，職業生活外での父親の新たなネットワーク形成により，父親が関与していた既存の地縁組織等の資源との結合が可能となっており，ソーシャル・キャピタルがよりインフォーマルな橋渡し型になっていると思われる．

「子ども文化コミュニティ」

　前身は，「福岡南部子ども劇場」である．事務局職員は配置しておらず，常任理事7名とボランティアスタッフ2名で事業を行っている．福岡市南区，城南区の23学校区に設置した19のサークルを基軸として学習活動をしており，子どもの権利条約に基づいた子ども参加の実践に社会変革性が見られる．子どもに対して「問題解決型」の地域参加を促していくために，「子どもから子どもへの（Child-to-Child）アプローチ」を採り入れた調査活動，すなわち「子どもがどのような声をもっているか」を子ども自身が調査する活動を推進している．このような方式によって子どもが抱える課題の分析と特定を試みたところ，家庭における子どもと親とのコミュニケーションの困難性，子どもの社会参加を可能とする機会創出の必要性，虐待など子どもの生存と発達の権利の保護等に関する課題が浮きぼりになった．これらの結果をふまえ，現在では具体的な問題解決にむけた行動をおこしていくための子ども参加のプログラムづくりにとりくんでいる．

　一方，会員の地域参加の状況をみると，約47％の会員（母親）は，積極的に子ども会等地域活動に参加している．これは「ソーシャル・キャピタルの培養と市民活動の課題に関する調査報告」[6]にある「地縁的活動により積極的に活動したい」と回答した市民は13.2％であることと比較しても，学習活動の成果として市民意識の醸成，社会への自発的な参加の実現が達成されていることのあかしとみることができよう．

「高知こどもの図書館」

「高知こどもの図書館」は，高知県が旧県消費生活センターの建物を提供し，さらに図書館への改造に伴う費用を負担して，NPO運営のもと開設された図書館である．子どもが読書に関する一次的体験を豊かにもてるよう，そのための機会創出に積極的にとりくみ，子どもたちへの直接的なサービスを多様なプログラムによって推進している．

学習機会の具体的な創出アプローチに社会変革性がみられる．子どもを対象とした学習機会の創出として，参加型のお話し会，ブックトークを中心としたプログラムを幼稚園，小学校，中学校等で実施している．小学校・中学校に関しては高知県教育委員会地域教育主事との強い連携のもとで協働が発展し，2002年度は56件延べ77人の講師を派遣している．また大人を対象とする学習機会の創出としては，高知大学における司書教諭過程集中講義の担当，地域における読み聞かせボランティア養成を行っており，2002年度は39件延べ50人の講師を派遣している．2003年度においては，子どもの読書活動の推進に携わるボランティアスタッフを養成することを目的とした「子どもの読書ボランティア養成事業」を高知県より受託し（新規事業），現在県内3カ所において講座を開催している．

子どもの権利条約の第31条「休息・余暇，遊び，文化的・芸術的生活への参加」，第13条「子どもの表現への自由の権利」，第17条C項「子ども用図書の製作および普及を奨励すること」，第12条「子どもの意見表明権」における子どもの権利を保障するための能動的な市民のネットワーキングの拡大，人的資源の豊富化において，「高知こどもの図書館」が有する可能性は非常に大きい．子どものニーズを満たす読書空間の創造，読書環境における子どものニーズを満たす専門性は，「高知こどもの図書館」のもつ市民的専門性の強さとして評価できる．この市民的専門性は，今後子どもの読書活動推進法を推進し，実体化する主体として，また地域における子どもの読書環境の豊富化と高次化を推進する主体として発展していくことが期待されるのである．「高知こどもの図書館」は，会費型子どもNPOとしての組織基盤を強化すべく，新たな事業戦略への挑戦を始めている．

4 米国の子ども NPO の教育力と市民的性格の伝統

近年米国では，コミュニティに対する義務を強調する，市民共和主義的市民権への関心が高まっている．このことは，米国憲法における個人の権利に対する自由主義的な強調が過度に行われている一方で，コミュニティへの義務と感情が低下するといった問題に直面していることへの対応といえよう．そのため，ソーシャル・キャピタルの概念と連動する形で，社会問題解決にむけたコミュニティ意識の強化やコミュニティへの貢献責任の強化が必要とされ，米国の市民社会の伝統の再発見がみられるようになった．青少年のボランティア活動への参加率が高くなる一方で社会や学習への関心が著しく低くなる，青少年の社会参加のパラドックスの懸念が米国では非常に高くなっている[7]．

米国においてはサービスを通じた市民的関与の土壌の醸成，特に青少年にむけたサービス政策が 1930 年代から展開されている．ここでいうサービス政策とは，ナショナル・アイデンティティを支える国民意識の形成とともに，公共的秩序を自主的につくりあげていく市民としての資質を育む政策である．トクヴィルによって観察された自発的結社を創出する伝統が強い米国の土壌は，サービス政策推進の条件となっているものの，そこにおける公共性はナショナリズムによって定義されるものではなく，公共性の担い手としての社会的連帯の感覚を，サービスを通じて培養する公的市民としてのアイデンティティによって裏付けられるものである．そのような公共性の考え方は，近年になって日本でも強調されている．しかし公共性を共同体の延長においた国民共同体としての理解による公共性の議論[8]と，それに伴う奉仕・体験活動やボランティア活動を強調・奨励するような政治レベルでの論理とは異質のものである．サービスが地域参加民主主義の創造性を担保する機動力は米国の子ども NPO の教育力にも大きな影響を与えており[9]，コミュニティにおける NPO を核としたボランタリーコミュニティは，子育て・子育ち資源の最適配分の可能性を大きくし，子どもと大人の地域参加を基礎としたコミュニティ全体の課題解決型志向を促進している．米国の子ども NPO は，公共の支援のもとで共同性を基盤として能動的な大人と子どもの育成を成し遂げているといえよう．

一方，米国非営利セクターの財政資源，経済的競争，効率性，正統性の領域に関わる危機的状況も近年サラモンにより指摘されている[10]．今後，日本においても地域の教育力の再生にむけて，子ども NPO の教育力の発展を可能とする土壌を形成していくために，米国の子ども NPO の経験に学ぶことが必要であろう．

5　子ども NPO の教育力と市民的公共性

「NPO 組織調査」による計量的分析から，子ども NPO には活動分野の類型において一定の認識の構造があり，それは事例調査による類型ともおおよそ符合することが明らかとなった．そこにおけるスタッフが有する資質からみた内部教育力は，全体的な傾向として価値形成型教育力とみてよい．活動の目的指向性としては，社会的なニーズを的確にとらえた社会的サービス提供型の子ども NPO が多いという傾向がみられるが，これは NPO の特性であるサービス提供による社会変革性の存在を実証するものである．

米国におけるソーシャル・キャピタル培養の核としての子ども NPO とそれに伴う子ども・大人の地域参加の進展状況が示唆しているように，開かれた民主主義社会への主体的参加をコミュニティにおいて可能とするためには，子ども NPO の教育力を一層強化していくことが求められる．現在，NPO と行政とのパートナーシップの実態については，NPO 側が行政に依存する傾向がある．今後，子ども NPO も行政との協働への移行期に入る中で，自立，主体性，遵法精神，権利意識，連帯意識，責任，義務，参加，自治といった市民的特性を[11] 地域社会の土壌においていかに培養し浸透させていくか，受動的シティズンシップから民主的シティズンシップへの移行をいかに実現するかが重要となってくるだろう．能動的で活力のある市民社会にむけ，子ども NPO の教育力の位相が公共性の複数の次元でいかに連動し，市民的公共性創出にむけた力動性を発揮していくか，今後もさらに理論的，実証的な接近が必要といえる．

(吉田里江)

1) 米国における子ども NPO は，Youth Development の他，Human Services の

YMCA, Children's and Youth Services, Child Day Care, Arts, Culture, and Humanities の Children Museums 等がある.
2) 「NPO 科研費調査報告書」19-75, 120-125 頁.
3) 佐藤一子は, 不特定多数に文化・レクリエーション的な機会提供をしている「文化協同・創造空間型」NPO, 子育てを共同でおこないつつ地域の子育て環境整備を目的としている「共同の子育て・子育て支援型」NPO, 学校教育の補完やオルタナティブな教育機会提供を目的としている「教育協同・学校補完型」NPO の 3 つに類型化している (佐藤一子『子どもが育つ地域社会──学校五日制と大人・子どもの共同』東京大学出版会, 2002 年, 104-110 頁). また平塚眞樹は, 子育て支援活動をおこなうもの, 子ども文化活動をおこなうもの, 制度的教育から疎外・離脱した子ども・家族の支援をおこなうもの, 子どもの「生きる力」の形成を意識した活動をおこなうもの, 特定の分野での教育事業や学校支援活動をおこなうものの 5 つに類型化している (平塚眞樹「『市民による教育事業』と教育の公共性──『行政改革』下における教育 NPO の形成に着目して」『社会志林』第 49 巻第 4 号, 2003 年 3 月, 37-39 頁).
4) 「NPO 組織調査」をもとに分析をおこなった. 定款に子ども NPO が記載する活動分野, あるいは定款に記載していなくとも現在展開している活動分野間の相関を算出し, 相関値の行列において相関値の高いもの同士が一定の群をなし, それを説明する変数を主成分分析によって抽出することができる. 抽出された成分で分類される諸変数は, 変数の高低はともかく同じように変動する変数群であり, そこに一定の共通する成分, つまり一定の認識の構造が被調査側にあることが推定される. 主成分分析については, 三宅一郎ほか『SPSS 統計パッケージ II　解析編』(東洋経済新聞社, 1977 年, 29-155 頁).
5) 佐藤一子は, 「共同」を「一緒に力を合わせる」「目的や価値を共有する」包括的な共生・協力関係という意味で, また「協同」は, 意味の重複はあるものの, 「事業や活動に共にとりくむ」「共同事業体」などの意味で用いている (佐藤, 前掲, 11 頁).
6) 日本総合研究所『平成 14 年度内閣府委託調査「ソーシャル・キャピタル」の培養と市民活動の課題に関する調査報告書』(2003 年, 149 頁).
7) 吉田里江「アメリカにおける青少年ボランティア活動の新しい動向──サービス・ラーニングが育む市民性」(『ボランティア白書 2003』編集委員会『ボランティア白書 2003──個がおりなすボランタリー社会』社団法人日本青年奉仕協会, 2003 年, 74-75 頁).
8) 齋藤純一『公共性』(岩波書店, 2000 年, 2-3 頁).
9) 近年注目されるサービス・ラーニングにおいても, 子ども NPO がその展開主体, 媒体として深く関与しているが, 学力向上のほか, クリティカルな思考や課題解決能力の育成など青少年の市民性の涵養に資するものであること, サービス体験による知識・技術・価値の獲得プロセスが市民的態度・行動に直接的効果を与えることが確認されている. Ivor A. Pritchard, "Community Service Learning and Ser-

vice-Learning in America: The State of the Art," Andrew Furco and Shelly H. Billig, eds., *Service-Learning: The Essence of the Pedagogy*, Information Age Publishing Inc., 2002, pp. 9-13. Terry L. Pickeral and Judy Bray, "Service Learning in an Age of Standards," *The School Administrator*, Vol. 57, pp. 6-11. フィラデルフィア学校区サービス・ラーニングディレクター Kenneth Holdsman からのヒアリング（2001年2月）など参照.

10) Lester M. Salamon, "America's Nonprofit Sector at a Crossroads: Trends, Issues, and Implications,"（国際交流基金日米センター編『シビル・ソサエティ──新しい日米知的交流の課題』国際交流基金日米センター, 1999年, 124-132頁).

11) 千葉眞「市民社会・市民・公共性」（佐々木毅・金泰昌編『公共哲学5 国家と人間と公共性』東京大学出版会, 2002年, 129-130頁).

3章　国際NPOがひらく平和と共生の社会

1　国際NPOとは

1-1　「平和の世紀」へ向けて

「戦争の世紀」といわれた20世紀が終わり，21世紀を迎えて数年が経過した．「平和の世紀」を望む声は高く，世界的な連帯行動がみられる一方で，テロや国際紛争のニュースはあとを絶たない．さらにグローバル経済の進行は，南北国家間の経済格差と一国内での貧困問題を，ますます深刻にしている．

こうした事態に直面し，わたしたちは今，何度でも，世界人権宣言の精神，そしてそれを踏まえてUNESCOが提唱した国際（理解）教育の必要性を確認しなければならない．国際状況の複雑化と教育研究・実践の発展により，いまや国際（理解）教育概念は様々な視点を取り入れて拡張し，あるいは新たな教育概念への分節化を経験している．外国はもとより国内にも存在する異文化への理解，持続可能な開発を実現する生活の構築，そして参加型の学びの重要性などが，確認されてきたといえよう．

本章で検討する「国際NPO」とは，NPO法別表にある「国際協力の活動」を主たる活動分野とするNPOをさす．一般には，援助物資の寄付や友好親善に資する組織とイメージされるが，ここでは国際理解と国際平和に向けた学習機会提供主体としての国際NPOの活動に焦点をあて，その教育力について論じることにする．

1-2 国際NPOの諸類型

「NPO科研費調査報告書」によれば，国際NPOの特徴を他分野NPOとの比較において捉えた場合，NPO法制定以前から任意団体などとして長い活動歴をもつ組織が多く，また事業収入や会費収入よりも寄付によって活動資金を維持しているという特徴が指摘された[1]．

この所見は，国際NPOの全体傾向を示すデータとして注目されるが，しかし当然のことながら，各国際NPOの実情をみれば，その組織状況も活動状況も多様であることが認められる．「国際協力の活動」といっても，現実にはとりくむ課題や組織の使命には幅がある．ここで便宜的に整理すれば，国際NPOには，「海外支援型」「国内支援・交流型」「国際親善型」の3つの類型が存在するといえよう．

「海外支援型」NPOとは，外国，特に発展途上国援助を目的とする組織である．一方「国内支援・交流型」NPOとは，国内に居住する外国人や民族的少数者への支援と共生社会づくりを目的とする．そして「国際親善型」NPOとは，交換留学や留学生をうけいれるホストファミリーの普及，文化・芸術・スポーツ交流などをおこなうNPOである．「海外支援型」と「国内支援・交流型」が，程度の差はあれ，日本と諸外国との経済的・政治的問題を内に抱えて活動するのに対し，「国際親善型」の場合はそうした問題を扱わない傾向があるといえる．

「国際親善型」NPOによる文化交流が，諸外国への関心を高め，また日本文化を他国に紹介することで，市民レベルでの異文化理解・友好関係構築に一役買っていることは重要である．そうした草の根交流が，政治的対立や異文化への不寛容に抵抗を示す心理的基盤を形成することもあろう．こうした「国際親善型」NPOの意義は検討に値するが，しかし以下では，特に「海外支援型」と「国内支援・交流型」のNPOについて，その教育力を考察していくことにする．それは，不平等な国家関係性の上に成り立つ支援型NPOが，その関係性の克服を志向する営みの中にこそ，国際NPOの本質的な教育力の発露が見出せるであろうという，筆者の問題意識によるものである．

2 「海外支援型」NPO の教育活動

2-1 NGO における普及・啓発活動の展開

「海外支援型」NPO の主な問題意識は，南北国家間の経済格差や開発問題，一国内での貧富の拡大，国際的な人権問題等にある．具体的には，主に発展途上国におけるインフラ整備などの農村開発，貧窮者の自立援助，教育援助など，さまざまな援助がおこなわれている．従来からの資金・物資援助も続けられているが，近年では人間中心開発論の視点から，現地住民の参画による自律的な活動へ向けた支援が目指される傾向にある[2]．

こうした「海外支援型」NPO は，一般的には「NGO」(Non-Governmental Organization) と呼ばれることが多い．貧困問題や人権問題などに関し，国境を越えた啓発・支援活動をおこなってきた NGO は，いわば国際社会を舞台とし，国家の枠組みに規定されない国際的公共性の構築に努めてきたともいえる．こうした NGO の系譜は，本来，ここで直接の検討対象とする（日本の NPO 法の文脈でいう）NPO の展開とは，相対的に独立して存在する（序章参照）．しかし NPO 法制定の背景にはこうした国際的な NGO 活動への社会的認知があり，また NGO 側からも，対外的信用確保の条件としての法人格取得が求められていた．実際，法制定後は国内で NPO 法人格を取得する動きがすすみ，国際的な活動を蓄積してきた NGO が，日本国内での社会的承認を受け，国内での活動にも積極的に乗り出す傾向が見られる．

そもそも，こうした NGO は国際的支援活動に従事する一方で，日本国内での啓発活動にも熱心であった．中本啓子は，「海外協力 NGO は海外での活動だけでなく，自国の市民に対する意識改革としての教育＝開発教育を活動の重要な柱として位置づけてきた」とし，NGO における教育活動の現状を整理している[3]．まず，「JANIC」[4] が収集したデータに基づく調査によれば，調査対象全 247 団体のうち，約半数が一般市民対象の教育活動をおこなっていることが確認された．さらに中本は，OECD が加盟各国の NGO に対しておこなったアンケート調査で収集された日本の 188 団体のデータから，NGO の普及・啓発活動のテーマ別集計をおこなっている[5]．

表 3-1 NGO の普及・啓発活動のテーマ

順位	テーマ	団体数	順位	テーマ	団体数
1	教育・識字	90	11	エコロジー・環境・生物多様性	47
2	子供・青少年・家族	86	12	文化・伝統・宗教	36
3	健康・衛生・水	85	13	都市開発・住居	35
	国際関係・協力・開発援助	85	14	人権・民主主義・政治	32
5	貧困・生活環境	71	15	平和・紛争・軍縮	26
6	農業開発・農業	69	16	国際経済関係・貿易・債務・金融	18
7	緊急救援・人道援助・難民支援	57		雇用・失業	18
8	難民・強制移住・少数民族	54	18	人種主義・外国人排斥	16
9	食料・飢餓	52		その他	16
	ジェンダー・女性	52	20	人口・家族計画・人口学	15

注：注3) 75頁より転載．複数回答．なお，出典文献においては回答団体数が同数のテーマに順位付けがなされているが，ここでは同順位とみなす表記をした．

表3-1は，OECDのアンケートに示された19のテーマについて普及・啓発活動をおこなっていると回答した団体数の集計である．「教育・識字」がもっとも多く，「子供・青少年・家族」「健康・衛生・水」「国際関係・協力・開発援助」と続く．この結果から，NGOが教育普及に高い関心を持つこととともに，自らの活動現場の具体的問題状況に即した普及・啓発活動をおこなっている姿がうかがえる．

こうしたNGOの啓発活動には，寄付を獲得するための広報戦略の一環という性格も備わっていよう．物質的に満たされた日本の状況とギャップの大きい被援助国の困難な状況を示す啓発活動が，市民の目を開かせ，援助活動への共感と支援を得る手段ともなってきたのである．

しかしその一方で，複数のNGOのネットワークにより，一般市民対象の開発教育プログラムや，NGOスタッフ養成プログラムなども実施されるようになっている．1982年に開発教育に関心を持つNGOや青少年団体などの関係者によって発足し，長年にわたり日本における開発教育の推進に寄与してきた任意団体「開発教育協議会」は，2002年に「開発教育協会」と改称し，2003年にはNPO法人格を取得した．また1994年から開始された「地球市民アカデミア」は，「開発教育協会」を含むNGOのネットワークにより毎年実施されている．現在，こうした開発教育プログラムが全国各地で提供されており，開発問題への理解とNGO活動の普及を促進している．

2–2 「気づきから行動へ」を支える

かつて,「恵まれない子どもたちに愛の手を」というフレーズが巷に流行した．病気にさらされ，食料や医療物資が不足し，小さな体で家計を支える子どもたちの状況は，今も世界各地に存在する．そうした子どもや大人の窮状を援助することが，「海外支援型」NPO の第 1 ミッションであることは間違いない．

その一方で，現地の子どもたちの屈託のない笑顔，学校へ行きたくてたまらない子どもたちとそれを阻む大人の現実など，援助の現場は日本人の側に，日本という国の常識を覆し，自らの価値観を揺さぶらずにはおかない，気づきのインパクトを与える．発展途上国と日本の生活ギャップと，それにもかかわらず人間としての尊厳や喜怒哀楽の共通性を実感することは，物のない時代を生きた年長の人々や，画一的な生活スタイルしか知らない若者に圧倒的なメッセージ性をもち，学びへの強い動機づけとなっている．そしてこの気づきのインパクトを，どのようにして援助者自身の生き方の変革にまでつなげていくのかというプロセスの問題が，今問われているといえよう．

北海道札幌市に拠点を置く「飛んでけ！ 車いすの会」は，日本国内で不要になった車いすを発展途上国の障害を持つ人々に届ける活動をおこなっている．一般旅行者が車いすを手荷物扱いで海外へ持ち出し，さらに現地の病院や福祉団体まで旅行者が直接運搬するというユニークなシステムをとっており，車いすの輸送費を大きく軽減している．またこのプロセスは，「旅行に行くついでに車いすを運ぶ」気安さで参加する旅行者たちが，意外な気づきと感動を得るきっかけともなっている．

そしてこの会で特徴的なのは，会の運営の大部分を大学生から 20 代の若者たちが担っている点である．車いすを運んだことをきっかけに会の活動に継続的にかかわる人も多いというが，そうした若者たちが，海外団体との交渉や会報作成，各種メディアのインタビューへの回答を担い，また総合的な学習の時間や大学などにも外部講師として出向いている．これら一連の活動が若者にとっての貴重な学びの機会となっているのであるが，事務局長の Y さんはこうした日々の NPO 活動をスタッフの自己形成の場として捉え，「若者たちが今までとは違う価値観をもち，長いものに巻かれず，新しい働き方を発見してほしい」と，その意図を語った[6]．

この事例が示唆しているのは，NPO が，気づきを促し，問題意識の芽を育て，価値観の転換と継続的な行動へつなげる，学びの場と時間を保障しているということであろう．NPO は，様々な学習提供主体と並ぶ1つの学習提供主体としてあるだけでなく，その学びにおける気づきを深め，行動につなげるまでの長いプロセスを支える場としての重要な機能を担っている．

こうした学びのありようは，近年，「インシデンタルな学習」という概念で説明されている．「インシデンタルな学習」とは，「参加の目的が学習であったか否かにかかわらず，そこに関わった人々がその課題解決のために必要な能力を獲得するための学習を自発的に行ったり，そこでの出会いや活動を通して，結果的に様々な知識や技能を習得する」学びの形態である[7]．国際 NPO が投げかける社会的課題は，すぐに答えの出るような種類の課題ではない．自分自身の生き方を問い直す「インシデンタルな学習」のプロセスは，NPO 活動自体に自分の役割を得て，参加型の学びを継続することでこそ実現できるのであろう．

2-3 地域社会への着地

東京都新宿区に事務局を置く「地球の友と歩む会／LIFE」は，1970年代から井戸建設の NGO 活動を開始していた「アジア協会アジア友の会」の東京事務所として1986年に開設され，98年に活動の発展とともに組織を改編し「地球の友と歩む会／LIFE」（以下，LIFE）として再出発した．インドやインドネシアでの給水，教育，環境改善等の援助活動をおこなってきた NGO であり，99年に NPO 法人格を取得している．

海外援助の一方で LIFE では日本国内の一般市民向けの教育活動にも力を入れてきた．1990年以降，インドやインドネシアへのスタディーツアーやワークキャンプに600人ほどが参加している．援助現場に身を置き，現地の人々と触れ合うことで，参加者たちは日本という国のありかたや，自分自身のアイデンティティへの問題意識を芽生えさせており，帰国後は LIFE のボランティアとして継続的に活動にかかわることも多く，また国際理解教育教材の開発や販売，修学旅行生を受け入れての NGO 活動紹介などもおこなっている．

LIFE が国内での国際理解教育に力を入れる背景には，「海外援助の現場で

感じた問題意識を日本国内でどのように行動に結び付けていくか」という問題意識がある．事務局次長のYさんによれば，海外援助そのものの方法論や支援のありかたが問われる中，今日本でやるべきことは，国際理解教育や開発教育の普及を通じた日本国内での「社会を変える力」の形成であるという．そのためには，地域社会に学びの場をいかにつくり，またそのプロセスに参加するシステムをいかにつくっていくのかを考えなければならないと，今後の課題が語られた[8]．

LIFEの事例は，「海外支援型」NPOにおける教育活動の今後の方向性を象徴的に示していると思われる．NGOの教育活動は，発展途上国の窮状や地球規模での問題をテーマとして扱う傾向があったが，近年では，足元の地域社会への関与を高め，援助現場で培ったスキルや問題構造へのアプローチを，日本の地域の現状の中で発揮しようという傾向が見られるのである．

その背景には，開発援助論における住民参画の重要性の認識があるように思われる．NGOにとって，援助の現場は当該「国家」ではなく，人々の暮らす具体的な「地域」であることが多い．援助物資がどのように草の根の人々に配分されるのか，また援助を一過性のものに終わらせないために現地の人々がどのように開発に参画していくのかといった，地域のダイナミズムの中での援助活動が必要となっている．こうした住民参画の議論と実践の高まりの中で，NGO自身が日本社会にいかに参画し，また日本市民の社会参画にいかに寄与できるのかという問題意識が共有されるようになってきているのだといえよう．

海外援助現場のリアリティと，圧倒的なメッセージ性が「海外支援型」NPOの教育力の核ともいえるが，そうしたインパクトを，日本国内の地域社会の網の目にいかにつなぎあわせ，参加と民主主義の教育へ関与していくのかが，今後の新しい方向性として，模索されている．

3 「国内支援・交流型」NPOの教育活動

3-1 「国内支援・交流型」NPOの出現

「国内支援・交流型」NPOとは先述のように，日本に居住する外国人や民族的少数者（以下，外国人住民）への支援と共生社会づくりを目的とするNPO

である．ここで「支援・交流」とするのは，これらの NPO では，日本人住民から外国人住民への一方的な援助がおこなわれるわけではなく，同じ地域住民としての相互交流を基礎にした支えあい志向の活動がみられるためである．

　こうした活動は，1980年代後半以降，インドシナ定住難民や中国帰国者，農村部の「外国人花嫁」，外国人労働者などが多数居住する地域でみられるようになり，その後全国に広がってきた[9]．「国内支援・交流型」NPO の事業例としては，日本語教室，国際交流イベント，生活相談，生活情報の多言語化などが比較的多くみられるが，活動目的や事業展開は一様ではなく，地域の事情や各 NPO の問題意識が反映されている．現在，外国人住民の国籍や来日動機が多様化しているとはいえ，実際には，在日韓国・朝鮮人の民族運動の歴史が存在する関西やその他の地域，アジアからの花嫁を自治体政策として受け入れた東北農村部，インドシナ難民や中国帰国者の定住促進センターが存在した各周辺地域，労働目的の日系南米人が集住する東海地域など，国籍構成や生活状況に偏りが存在する．さらに，オーバーステイの人々や経済的な生活援助を必要とする人々を，NPO 活動の中でいかに位置づけるかという問題も存在する．こうした中で，活動を日本語支援や交流プログラムなどに限定する NPO から，具体的な生活援助に踏み込む NPO まで，そのミッションには幅がみられる．外国人住民の存在を，同じ日本市民として承認していく社会的プロセスに「国内支援・交流型」NPO がいかに寄与していくべきかが，問われているといえよう．

3-2　日本語教室からの飛躍

　「国内支援・交流型」NPO の多くは，日本語ボランティアグループとしての前身をもつ．移民受け入れを国策としてきた欧米諸国とは異なり，外国人のための日本語教育制度が整備されていない日本においては，在日外国人の生活支援のもっとも明白なニーズが，日本語指導にあったためである．

　東京都品川区の「IWC／IAC 国際市民の会」（以下，IWC／IAC）もその一例であるが，この NPO は日本語ボランティアの専門性を重視しつつ，活動を発展させてきた．1982年，東京都港区で在日外国人の生活相談と日本語教室の場として発足し，翌年，ボランティア組織として「IWC 国際婦人クラブ」

を設立．86年に品川区に移転した．93年に勤労者（男性）と学生のための国際ボランティア団体「IAC国際理解の会」が発足し，98年にIWCとIACが統合，99年に法人格を取得した．

　IWC／IACで注目されるのは，小・中学校に通う日本語理解が不十分な外国人の子どもたちを対象にした日本語教育を，品川区教育委員会からの委託により実施している点である．「JSL」（Japanese as Second Language）と呼ばれるこの事業は，月〜金曜日は区内の公共施設で，土曜日にはIWC／IACの拠点で，それぞれ午前10–12時まで指導がおこなわれており，子どもは朝自分の通う学校へ登校し，その後移動して日本語指導を受け，給食までに学校に戻る形をとっている．

　さらにIWC／IACでは，日本語が話せるようになっても授業についていけない子どもたちのために，週2回，元教師や大学生らによる「SSA」（School Study Assistance）と呼ばれる学習支援事業や，大人向けの日本語教室も実施されている．そしてこれら一連の活動に共通しているのは，日本語・学習指導ボランティアに，その分野における専門性を期待していることである．例えばボランティアの入会の際には，自分に何ができるのかを入会申込書に明記してもらい，目的の不明確な志願者には入会を遠慮してもらうこともあるという．また，日本語指導力養成講座を実施し，講座修了者が日本語ボランティアとして登録できるシステムをとっている．大人向けの日本語教室でも，各生徒について毎回の学習記録をとるなど体系的な指導をおこなっており，日本語検定1級合格者を多数輩出している[10]．

　必要な予算立てをしたうえでNPOに外国人の子どもの日本語教育を全面的に委託している品川区の事例は，外国人の子どものための施策が圧倒的に遅れている日本の公教育とNPOのパートナーシップのありかたとして，積極的に検討されるべきである．この委託に至るまでの経緯は長く，その制度化の発端は，1990年にIWCが区教育委員会と学校に対して在日外国人子弟の日本語教育の必要性について提案を重ね，毎週土曜日の午後，教育委員会とIWCの共催の形で「取り出し日本語教育」が区内2カ所でスタートした時点までさかのぼる．その後，ボランティアに対し交通費も支給されない状況から，現在の年間予算措置獲得へと教育委員会の理解を得るまでには，毎日1人ずつ学習の記

録を報告する誠実なとりくみと，体系的な日本語教育の必要性を訴える粘り強い交渉が必要であった．

IWC／IAC における外国人の学習機会制度化へ向けたとりくみの展開は，合理的で洗練された運営方針に支えられており，任意のボランティア日本語教室から，専門性や事業性を重視する NPO へと発展した事例として，注目される．

3-3 共生をもたらす相互教育性

一方，埼玉県富士見市に拠点を置く「ふじみの国際交流センター」(以下，「ふじみの」) は，外国人支援事業を推進する一方で，地域の共同性に根ざした相互教育と，気軽に立ち寄れる交流・たまり場機能を重視する NPO である．

「ふじみの」は外国人住民の日常的な支援と交流の場として 1997 年にオープンし，上福岡市・富士見市・大井町・三芳町の2市2町の日本語教室ボランティア，カトリック教会に通うフィリピン人女性の生活相談を受けていた人々，退職し地域貢献を模索していた人々などが集まり，任意団体として発足した．2000 年に法人格を取得し，さらに 2003 年には認定特定非営利活動法人格を取得している．

「ふじみの」が設立当初からとりくんだ生活情報の多言語化事業は，その後行政の理解を得るまでに発展し，多言語情報誌『インフォメーションふじみの』が各市町の外国人登録窓口や公民館，図書館などに設置されているほか，近年では上福岡市市報の多言語発行事業，富士見市生活ガイドブックの多言語化事業なども委託されている．また，やはり当初からとりくんできた外国人住民のための生活相談事業も，現在，2市2町から事業委託されるまでに制度化された．

そのほか，地域の学校での出張国際理解講座や，総合的な学習の時間などでのボランティア体験受け入れなども頻繁におこなっており，地域に密着した活動を展開している．さらに各種語学教室や様々な国際交流イベントなど，一般住民向けの学習機会も多数提供している．

特徴的なのは，そうした国際理解教育の機会に，外国人住民が活動に主体的に参加し，活躍しているという点である．「ふじみの」では，生活に困ってい

る外国人には仕事や言語の面で「支援」をおこなう一方，外国人住民にも同じ地域住民として活動に関わってもらうよう働きかけている．各国の文化紹介や生活相談にボランティアとして関わることで，日本の地域社会に居場所を見出し，自己実現を果たす外国人住民も多い．また，外国人であるという希少性が資源のすべてではなく，多様な経験や能力をもつひとりの人間であるという，同じ地域住民としての対等性を重視した活動が志向されている[11]．

こうした傾向は，「国内支援・交流型」NPO の多くに共通してみられるものであろう．「海外支援型」NPO においても，現地住民との交流の中で，同じ人間としての共通性に支えられた対等な関係意識が芽生えるが，「国内支援・交流型」の場合は特に日常生活レベルでの付き合いが継続されるため，一方的な支援関係ではない，対等な関係性への移行が顕著にみられるのである．互いに支えあい，互いに学びあう，相互教育的な関係性を基盤にして，外国人住民の生きにくさや社会制度の不備を意識化しながら，共生社会づくりへの行動を継続していく力が，生み出されているのである．

4　国際 NPO の教育力

4-1　関係をひらく学び

津田英二は障害者支援の NPO を例に，障害者の生活を援助する健常者が「その行為の不遜さと自己欺瞞に気づく」という「出会いを媒介にした信念と関係性のゆらぎ」が学習の契機となり，「その行為を媒介としてそれぞれの自己革新をめざす」共同的な関係形成がみられることを指摘した[12]．

国際 NPO もまた，「発展途上国と先進国」や「外国人と日本人」という対立的構図の中に存立する．それは，発展途上国の人々と先進国の住民である自分との，生まれ落ちた場や属性による資源配分における構造的な不平等と，そうした構造の中で発展途上国の人々や外国人住民のエンパワーメントを先進国側の日本人が支援していくという，ゆがみを抱えた構図である．さらに，依然として国家政府が第一決定権者である国際政治の現状において，NPO のできることとは何か，その可能性と限界も問われていよう．

たしかに，南北間の経済格差や国際紛争の原因は，NGO や NPO の支援活

動と教育活動のみで解決できる問題ではないだろう．それは，国際NPOのスタッフ自身がもっとも痛切に感じていることかもしれない．構造的な不平等の中に身を置き，その根本的解決への道のりの遠さと自己の非力さを思い知らされながら，それでも教育活動を含む事業展開を通して，対立的な関係性を，公正な関係性へとひらこうと奮闘しているのが，国際NPOの現実である．

しかし，こうした錯綜する関係性の中での学びには，知識人が無知な大衆へ，文明化された人間が非文明状態にある人々へといった，一方的な「啓蒙」教育からの価値の転換が内包されているといえるのではないか．お互いの「存在としての対等性」への確信に支えられ，自分たちのできること，他者とつながりあいながらできることを探し，継続していく参加型の学びのプロセスそのものが，ゆがんだ関係をひらくプロセスとなっていく．先進国やマジョリティ側の人間のパターナリスティックなおごりではなく，他者から学び，ともによりよい社会を目指す相互教育の理念と実践が，国際NPOの教育力を日々高めていくのである．

4-2　グローバルな課題を実現する力

最後にあらためて，国際NPOの教育機能について，一般市民に対する学習機会の提供という側面と，活動に参加することによる「インシデンタルな学習」という側面の両者を視野に入れて，整理してみたい．

これまでみてきたように，国際NPOでは，南北問題や外国人住民の置かれた状況に対する日本人全体の関心を高めるため，あるいは異文化理解の促進のために，様々な学習機会が提供されている．「海外支援型」NPOにおいては，発展途上国へのスタディーツアーなどが代表的であるが，国内においても，海外の現状についての講演会や開発教育ワークショップ，国際理解教育教材の開発などを通じて，市民へのメッセージを発信している．「国内支援・交流型」NPOにおいては，まず日本語教育と生活情報の多言語化という，言語問題へのアプローチが大きな柱となることが多い．こうした問題は，まずは行政が住民サービスの一環として整備すべき問題であるが，現状として対応が難しい場合に，NPOが事業委託を受けたり，何らかの形で両者の協働をはかったりしながら，進められることが多い．また日本語教育の延長で，学校に通う外国人

児童・生徒の日本語指導（適応指導）への協力をおこなうことも多い．そのほか，様々な形で日本人住民と外国人住民の交流イベントや定期的なサロン活動などがおこなわれている．また「国際親善型」NPOにおいても，文化・芸術公演やイベントの開催など，国際理解をはかる機会が設けられることが多い．

さらに近年は学校の「総合的な学習の時間」などでの国際理解教育の場面が増え，国際NPOが外部講師として招かれることも多くなった．また，特に若い世代が活動や学習の場に参加することが多く，国際NPOは若者にとっての異文化理解と南北問題等への意識啓発と行動の場として，重要な役割を担いつつあるといえる．

以上を踏まえ，国際NPOの教育機能を概念図に示したものが図3-1である．中心の円が国際NPOを表しており，周囲に置かれた4つの教育概念を推進していくことを示している．以下，これらの教育概念を説明しながら，それぞれの領域において国際NPOに求められる課題を述べてみたい[13]．

(1) 開発教育

開発教育とは，地球規模の南北問題や環境問題の現状と原因を理解し，その解決に向けた態度・能力・感性を養う教育を意味する．1960年代後半に欧米諸国の国際協力NGOによって提唱され，日本では80年代からNGOなどにより普及が始まった．

当初の開発教育は，発展途上国の貧困問題，衛生問題，教育問題など，「恵まれない」状況を一般に広く啓発することに重点が置かれていた．しかしその後，国際的な開発・環境問題への関心の高まりと議論の深まりを反映し，発展途上国の現状に対する先進国側の責任，貿易経済における相互依存性などの視点が重視されるようになった．現在，開発問題は先進国に暮らす人間自身の問題として，また地域社会づくりの問題として捉えられるようになってきている[14]．開発教育の学習機会に触れて行動へのプロセスに踏み込んだ人々や国際NPOスタッフたちは，経済格差に絡め取られた「存在としての矛盾」を抱え込んだ人間であることを自覚しつつ，しかしそうした問題性を広く人々に問いかけながら，ともに解決の道を探そうとしているのである．

2002年に国連総会が採択した「持続可能な開発のための教育の10年」が

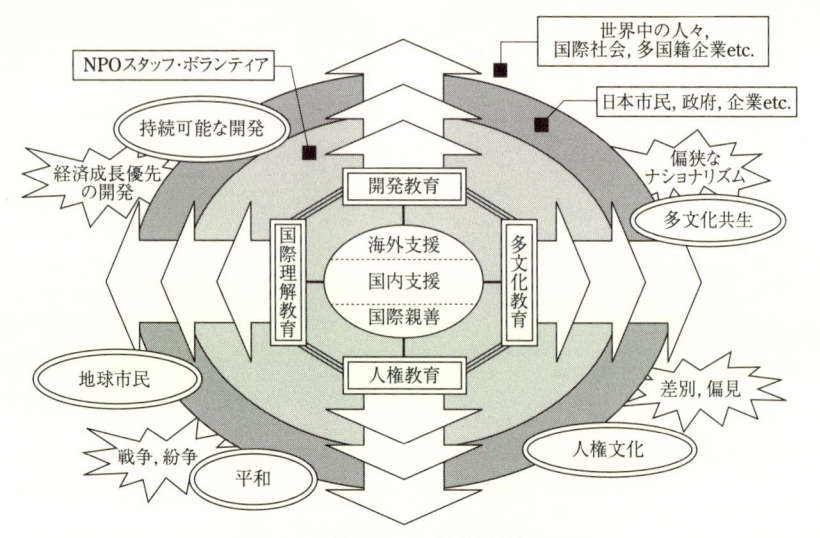

図 3-1 国際 NPO の教育機能概念図
注：筆者作成．

2005年から開始されようとしている今，そのプロセスを具体化し，実現可能なものとするイニシアティブが，環境NPOとの協働のもと，国際NPOに求められている．

(2) **国際理解教育**

　国際理解教育とは，外国人との交流などを通じて他国の文化や価値観を学び，異文化への寛容の精神を育成する教育を意味する．第2次世界大戦後，UNESCOの活動理念として普及したこの教育概念は，UNESCO国際憲章（1951年）にその問題意識が端的に述べられている．いわく，「戦争は人の心の中で生れるものであるから，人の心の中に平和のとりでを築かなければならない．相互の風習と生活を知らないことは，人類の歴史を通じて世界の諸人民の間に疑惑と不信をおこした共通の原因であり，この疑惑と不信のために，諸人民の不一致があまりにもしばしば戦争となった」．こうした第2次世界大戦への反省が，国際理解教育の必要性を導き出したのである．

　元来，国際理解教育の主眼は，国民国家を基礎とした諸国家間・諸国民間における文化相互理解にあった．しかし現在では，国内に居住する外国人との共

生の問題を視野に入れ，後述の多文化教育との接点を持つようになっている．一方，日本の学校における国際理解教育がしばしば英語教育にとどまっているという現実があり，本来の教育目的が見失われる傾向もみられる．

　国際 NPO は，諸外国での活動を通して異文化を体験し，また日本に居住する人々も含めて外国人や民族的他者の異文化に触れている．そうした経験を資源として，NPO 内外に向けて異文化理解を促進させるとともに，その中から人間として共通の喜怒哀楽や平和を望む心を見出すことによって，国境や国益にとらわれない「地球市民」としてのありかたを模索しているのである[15]．

(3) 多文化教育

　多文化教育とは，国内のマイノリティ集団のエスニシティ（文化的特質・民族的アイデンティティ）を尊重し，違いを認めあい，多様性が社会の豊かさをもたらすことを理解しあう教育を意味する．国際理解教育が諸国家間の相互理解を目指して発展したのに対し，多文化教育は一国内に存在する異文化・異民族との相互理解と社会変革を目指して発展してきた．

　多文化教育も多様な方向性をもつが，重要なことは，「国家の優勢文化＝標準（国民）文化」とする国民教育の前提を批判し，多様な人間の多様な文化によって国家が成り立っていることを認め，そうした人々の存在を尊重した公教育のありかたを目指す点である[16]．つまり，多文化教育という概念には，ヘンリー・レビンのいう「公教育への要請を民主主義社会を構成するための寛容な精神の育成に求め，背景を異にする人々の共同の学習の場として位置づけるという公教育の再定義」[17] という問題への挑戦が内包されているのである．

　国際 NPO は，外国人住民に対する日本語教育や，母文化・母言語維持のための学びなど，日本の公教育システムによって切り捨てられている学びの保障を担う側面がある．しかし，こうした機能は，本来行政セクターによって担われるべき領域であり，しかるべき議論なしに NPO がその肩代わりをすることは，正当とはいえない．こうした問題を社会に問いかけ，誰もが暮らしやすい公正な「多文化共生」社会づくりへむけた議論と行動が，国際 NPO に期待される．

(4) 人権教育

　最後に，人権教育とは，他者の人権を守り，自分を大切にすることの意義をも学ぶ教育を意味する．人権教育の視点は，上記3つの教育実践のいずれにおいても，その基底に位置づけられるべきである．

　日本においては，同和教育の実践が長年にわたり蓄積されてきたが，1990年代以降，イギリスを中心とした人権教育（human rights education）の理念と方法論が紹介され，日本の人権教育実践に大きな影響を与えた[18]．参加型学習の手法が導入され，また，自分自身をかけがえのない存在として認識することの重要性も認識されるようになっている．さらに今後は，条約や法律に規定された人権の意義を知る，法的人権教育の重要性も，議論されるべきであろう．

　1995年以降，国連により「人権文化」の構築が提唱され，日本でも自治体レベルで施策がとりくまれてきた．しかしいまだその社会的定着には至っておらず，草の根の実践とアドボカシーの継続が必要とされている．国際NPOには，自らの活動が関係者の人権を尊重したものになっているかどうかを絶えず確認しながら，人権NPOとともに，人権尊重のメッセージを広く社会に伝えていく活動が求められていよう．

　以上のように，国際NPOは「持続可能な開発」「多文化共生」「人権文化」「地球市民」「平和」などの今日的課題の実現に向けて，「開発教育」「国際理解教育」「多文化教育」「人権教育」を展開するという，社会的機能を担っている．そして，国際NPOの教育力とは，そのスタッフやボランティアに，また日本に暮らす一般市民，政府，企業などに，さらには世界中の人々，国際社会，多国籍企業などに対して，これらのグローバルな課題を啓発し，ともに考え，ともに学ぶ教育実践を普及していく力であるといえよう．

　もともと関連していた上記の4つの教育概念は，その領域をますます相互浸透させる傾向にある．各NPOも，単体としての関心と強みを活かしながらも互いに連携しあうことで，国際NPO全体としての教育力を強めている．さらにそのネットワークは，国内はもとより国際的な広がりをもって影響力を高めており，その将来性は，いまだ未知数である．

（成 玖美）

1) 田中雅文「組織調査に関する報告」(「NPO 科研費調査報告書」) 参照.
2) 開発論の価値転換を論じた代表的著作として, アマルティア・セン (石塚雅彦訳)『自由と経済開発』(日本経済新聞社, 2000 年).
3) 中本啓子「データからみた NGO の教育活動の現状」(未来のための教育推進協議会「NGO の教育力調査」『国際教育研究紀要』第 4 号, 東和大学国際教育研究所, 1999 年 12 月).
4) 当時の名称は「NGO 活動推進センター」. 2001 年に NPO 法人化し, 名称を「国際協力 NGO センター」に変更.
5) 中本自身も指摘しているように, ここでの普及・啓発活動は「教育・学習」活動と同義であるとはいえず, たとえば普及・啓発活動の方法として, 「募金」「ロビイング・アドボカシー」などの項目が含まれている.
6) 以上は, 筆者が 2002 年 10 月におこなった Y さんへのインタビューと関係資料による.
7) 中本啓子・大島英樹・福田紀子・三宅隆史・笹川孝一「NGO の教育力調査」(未来のための教育推進協議会, 前掲, 67 頁).
8) 以上は, 筆者が 2002 年 11 月におこなった LIFE の Y さんへのインタビューと関係資料による.
9) 社会教育分野における先駆的とりくみは, 月刊社会教育編集部編『日本で暮らす外国人の学習権』(国土社, 1993 年) に詳しい.
10) 以上は, 筆者が 2002 年 11 月におこなった IWC／IAC の I さんへのインタビューと関係資料による.
11) ふじみの国際交流センターの事例に関しては, 成玖美「地域多文化教育の展開」(佐藤一子編『生涯学習がつくる公共空間』柏書房, 2003 年) を参照いただきたい.
12) 津田英二「NPO における参加型学習の展開」(佐藤一子編著『NPO と参画型社会の学び——21 世紀の社会教育』エイデル研究所, 2001 年, 145 頁).
13) ここに挙げた 4 つの教育概念の定義については幅がみられ, 相互に重なり合う部分が大きい. ここではあえて, それぞれの教育目的の違いを鮮明にしながら各教育概念を説明している.
14) 田中治彦「開発教育——これまでの 20 年とこれからの課題」(『開発教育』第 47 号, 開発教育協議会, 2003 年 2 月, 3-7 頁).
15) 帝塚山学院大学国際理解研究所編『「地球市民」が変える——「国民国家」社会から「地球共生」社会へ』(アカデミア出版会, 2002 年) 参照.
16) アメリカ合衆国における概念整理については, カール・A・グラント, グロリア・ラドソン＝ビリング編著 (中島智子・太田晴雄・倉石一郎監訳)『多文化教育事典』(明石書店, 2002 年) 参照. 特に, 「多文化教育」「多文化教育——いくつかのアプローチ」(233-240 頁) を参照.
17) 黒崎勲「多元化社会の公教育——新しいタイプの公立学校の創設と教育の公共性」(日本教育行政学会第 37 回大会実行委員会編『多元化社会の公教育』同時代社, 2003 年, 15 頁).

18) 例えば，グラハム・パイク，ディヴィッド・セルビー（中川喜代子監訳，平岡昌樹訳）『ヒューマン・ライツ——たのしい活動事例集』(明石書店，1993年). また，日本における人権教育の理念や手法を他国の状況と比較した文献として，阿久澤麻理子『人はなぜ「権利」を学ぶのか——人権教育の目的・内容・方法をめぐる議論とその実際』(1999-2000年度科学研究費補助金（奨励研究A）調査研究報告書，2001年）を参照.

4章　環境 NPO におけるパートナーシップ

1　NPO におけるパートナーシップの視点

　NPO 法の制定以後，NPO 法人が新たな社会的セクターとして期待されている役割はますます大きくなっている．しかし，NPO 法の制定が「地方分権の推進を図るための関係法律の整備等に関する法律」（地方分権推進関連一括法，1999 年 7 月）と連動して国や地方自治体の行政改革（民活）の手段として利用される可能性をもつものであることも無視できない．市場主義的政策のもとで NPO 法人が公的セクターや営利セクターと競争関係にある場合，公的部門の下請けや手頃な民活先として使われる傾向がある．そこで問題となるのは，NPO 法人が市民や行政，企業との間にどのようなパートナーシップを確立するのかという問題である（第 I 部 1 章参照）．

　環境保全 NPO やまちづくり NPO [1] が対象とするのは，これまで行政が事業化し，民間事業者への公共事業の発注に直接影響を与える可能性のある分野であるため，とりわけ行政とのパートナーシップのありかたが NPO 法人の性格に大きな影響を与える．こうした傾向をうらづけるものとして，自然再生推進法（2002 年 12 月）と環境教育推進法（2003 年 7 月）の成立をあげることができる．諫早湾の水門開門調査や田中康夫長野県知事をはじめとしたダム建設中止の流れを受けて制定された自然再生推進法は，開発で失われた干潟や里山などの自然環境を公共事業で再生することを目的に，当時の与党 3 党と民主党が議員立法として提案したものである．しかし，この法律については多くの環境団体から「従来型の公共事業の隠れ蓑に使われかねない」「懸念をもつ団体

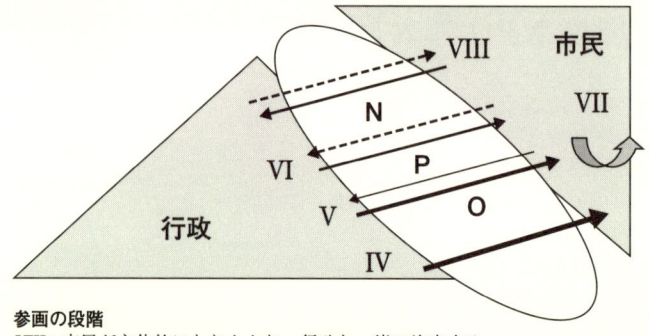

参画の段階
VIII：市民が主体的にとりかかり，行政と一緒に決定する
VII：市民が主体的にとりかかり，市民が指揮する
VI：行政がしかけ，市民と一緒に決定する
V：市民が行政から意見を求められ，情報も与えられる
IV：市民は仕事を割り当てられ，情報を与えられる（社会的動員）

図 4-1　市民と行政のパートナーシップ・モデル

からもっと意見を聞くべきだ」などの批判があった[2]．また，「環境の保全のための意欲の増進及び環境教育の推進に関する法律」（環境教育推進法）も，中央環境審議会の中間答申（2002年12月）で提起された環境保全活動の推進を立法化しようとする動きを，環境教育の推進のための法律を作ろうとする一部議員の動きと組み合わせて国会上程からわずか4日間で成立させるなど，環境教育関係者の意見を十分に反映したものとなっているとはいえない[3]．

とりわけ，NPO法人と行政のパートナーシップのありかたを考えるうえで，市民・住民が自治体運営（ガバナンス）にどのような形で参画するのか，市民・住民‐行政‐企業の各セクター間のパートナーシップの構築にNPO法人が第三者機関としてどのような役割をはたすのか[4] という視点が重要である．ロジャー・ハートが『子どもの参画』で提起した「参画のはしご」を市民と行政のパートナーシップ・モデルとして考えれば（図4-1），「非参画」にあたる「I 操り参画」「II お飾り参画」「III 形だけの参画」を乗り越えることはもとより，「参画」の段階として「IV 市民は仕事を割り当てられ，情報を与えられる（社会的動員）」「V 市民が行政から意見を求められ，情報も与えられる」「VI 行政がしかけ，市民と一緒に決定する」「VII 市民が主体的に取りかかり，市民が指揮する」「VIII 市民が主体的に取りかかり，行政と一緒に決定する」

のどのレベルが必要なのかを，市民と行政に提示する役割がNPO法人には求められている．ここで注意しなければならないことは，①「参画」の段階がより高位であればよいということではなく，状況にあわせた多様な「参画」の形態を組み合わせて提起しなければならないということ，②市民と行政のパートナーシップを仲介する存在としてNPOがどの段階でも一定の役割を果たす必要があるということである．まさにNPOの教育力は，こうした参画の組み合わせと市民と行政の仲介者としての役割の中で発揮されると考えることができる．そこでまず，環境保全・まちづくりNPOにおける教育力とパートナーシップのありかたについて，「NPO科研費調査」[5] から特徴を明らかにする．

2 環境NPOの教育力とパートナーシップ

2-1 環境保全・まちづくりNPOの特徴

NPO法における旧12の活動分野のうち，ここで取り上げるのは「まちづくりの推進を図る活動」もしくは「環境の保全を図る活動」を中心分野として選択した環境系NPO法人の調査結果[6] である．悉皆調査の結果，環境保全を中心分野とするNPO法人は11.0%，選択分野に加えた法人は中心とするものもふくめて29.4%であり，まちづくりを中心分野として選択したNPO法人は8.5%，選択分野に加えた法人は同じく43.3%であった．ここでは，「環境の保全を図る活動」を中心分野としたNPO法人（161法人）と「まちづくりの推進を図る活動」を中心分野としたNPO法人（124法人）を比較しながら，環境保全NPOとまちづくりNPOの特性を明らかにする．

「環境の保全を図る活動」を活動分野として選択したNPO法人（環境保全NPO）のうち，37.4%が中心分野として位置づけている．保健福祉NPOの72.7%を別格とすると，かなり特化がすすんでいるNPOの活動領域であるといえる．また，「まちづくりの推進を図る活動」を活動分野として選択したNPO法人（まちづくりNPO）のうち，19.6%が中心分野として位置づけている．環境保全NPOが選択している他の活動領域は，まちづくり52.8%，子ども42.9%，社会教育34.2%が多く，人権平和3.7%，地域安全8.1%，災害救援8.7%，男女共同参画9.3%が少ない．他方でまちづくりNPOが選択

している他の活動領域で多いものは，環境保全 57.3%，社会教育 44.4%，文化スポーツ 41.1%，子ども 38.7%，NPO 支援 37.9%，保健福祉 32.3% と続いており，環境保全活動が中心的な位置を占めつつも，まちづくりが環境保全 NPO 以上に教育・文化・福祉領域との幅広い接点をもっていることを示している．

NPO 法人全体の平均値に比べて大きなちがいを見せているのが，NPO の主な活動範囲である．環境保全 NPO の活動範囲でもっとも多い複数の区市町村 37.3% に次いで，複数の都道府県 32.3% が平均（20.9%）より 10% 以上多いことは，この領域の活動が広域的なものになりやすいことを示している．他方で，まちづくり NPO は複数の市町村にまたがるものが 46.7% と平均（42.1%）より高い反面，複数の都道府県にまたがるものが 27.9% となっており，都道府県内を中心に市町村の枠組みを越える範囲で活動していることがわかる．

環境保全 NPO やまちづくり NPO の事務所が所在する市町村の種類や認証を受けた区分は，NPO 法人全体の平均にほぼ一致する．スタッフ数は 7.7 人（環境）- 8.0 人（まち）で平均値よりわずかに少なめになっている．年間給与 100 万円以上の正規スタッフ数も 0.57 人（環境）- 0.68 人（まち）で，3 分の 2 以上が正規スタッフを抱えていない．しかし，これはスタッフが若いからではなく，働き盛りの「男性が多い」59.0% - 55.5%（平均値 31.4%）ことによる．また，会員制度を 93.2%（環境）- 97.5%（まち）の法人がもっており，個人会員数が 131.5 人 - 135.4 人，団体・法人会員数が 26.0 団体 - 32.5 団体と比較的に多い．

環境保全 NPO の平均総収入は 706 万円で，会費収入 16.2%，事業収入 39.9%，委託金 14.8%，補助・助成 17.4%，寄付・その他 11.7% と，事業収入が約 4 割を占めている以外は多様な収入源に依存していることがわかる．他方で，まちづくり NPO の平均総収入は 833 万円で，会費収入 14.7%，事業収入 37.7%，委託金 32.2%，補助・助成 8.8%，寄付・その他 7.7% と，事業収入が約 4 割，委託金が約 3 割を占めている．この委託金の多さが，まちづくり NPO の特徴といえる．団体の性格も，政策提言 21.7%（環境）- 22.7%（まち）（平均値 7.9%）や政策提言及び社会的サービス提供 34.2% - 33.6%

(17.7%）の割合が平均より著しく高く，政策提言型NPOが多いといえる．

また，スタッフ（事務局やNPO法人の仕事を恒常的にする人）の属性としてもっとも多いのが「調査・研究などの分野の学識経験者」46.6%（環境）-44.7%（まち）（平均値29.9%）と「技術や資格をもった専門家」46.6%-55.3%（56.4%）であり，「学校教育の関係者や経験者」38.5%-33.3%（37.6%），「行政機関の職員や退職者」37.9%-38.2%（28.7%），「社会教育の関係者や経験者」23.0-28.5%（23.8%）と続いている．環境保全NPOやまちづくりNPOにおける学識経験者と専門家の役割の大きさ，行政関係者の関与の多さが目立つ．

2-2 環境保全・まちづくりNPOの教育力

スタッフに求められる資質を中央値0として計算すると（表4-1，図4-2），環境保全NPOでは社会的な使命感1.49，マネジメント能力1.36，専門的な技術・知識1.32，交渉力1.32，新事業創出力1.31，社会的ニーズ把握1.26，コーディネート力1.22，政策提言力1.12が1を超えている．NPO法人全体の平均値に比べて，政策提言力（+0.21）と専門的な技術・知識（-0.1）で0.1以上の開きがある．まちづくりNPOの場合には多少の順位の違いが見られ，社会的な使命感1.66，社会的ニーズ把握1.57，マネジメント能力1.56，交渉力1.48，専門的な技術・知識1.44，新事業創出力1.42，コーディネート力1.39，政策提言力1.23，ネットワーク力1.22が1を超えている．スタッフの力量向上のために実際に行っていることとしては，「スタッフ同士の学習会の開催」53.4%（環境）-47.5%（まち）（平均値56.3%），「外部の研修機関への派遣」39.8%-32.8%（48.9%），「NPO関連の情報誌・文献の購入」36.0%-34.4%（40.9%），「独自の研修プログラムの実施」24.2%-19.7%（31.0%），「資格取得の促進」19.9%-14.8%（29.0%）の順で多いが，そのいずれもが平均値を下回っているという特徴がある．外部研修機関への派遣や資格取得の促進のように10%前後も低いものがある．

では，どのようなものがスタッフの力量向上に結びつくと考えられているのだろうか．環境保全NPOでは「活動上の困難な問題を乗り切る」1.17（平均値1.26），「専門家と共に活動する」1.12（0.98），「団体の設立目的を十分理

表 4-1　運営スタッフに求められる資質

資質	資質	環境保全	まちづくり	平均
活動分野に関する専門的な技術・知識	A	1.32	1.44	1.42
社会的ニーズを的確にとらえる力	B	1.26	1.57	1.33
新しい事業・活動を生み出す力	C	1.31	1.42	1.31
社会的な使命感と情熱	D	1.49	1.66	1.56
社会の現状に対する批判的な視点	E	0.64	0.66	0.61
社会に対して政策提言を打ち出す力	F	1.12	1.23	0.91
他組織とのネットワークを広げる力	G	0.93	1.22	0.97
多様な人材をコーディネートする力	H	1.22	1.39	1.26
外部に対する交渉力・説得力	I	1.32	1.48	1.3
組織運営・マネジメントの能力	J	1.36	1.56	1.44

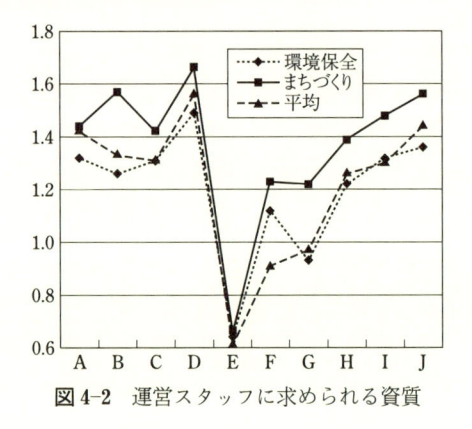

図 4-2　運営スタッフに求められる資質

解する」1.10（1.17），「組織内の人間関係をまとめる」1.02（1.10）が1を超えている．まちづくりNPOではさらに「活動上の困難な問題を乗り切る」1.34，「専門家と共に活動する」1.31，「スタッフ同士で自由に討論する」1.18，「団体の設立目的を十分理解する」1.15，「組織内の人間関係をまとめる」1.13，「ニーズ分析や事業評価を行う」1.13，「政策提言やキャンペーンの文書をつくる」1.01，「他の組織・機関と連携事業を行う」1.00など幅広い活動が1を超えている．また，NPO外の人びとに対する学習機会の提供として，学習会78.3％（環境）－82.3％（まち）（平均値70.3％），情報提供・相談60.2％－61.3％（57.3％），イベント55.9％－51.6％（46.2％），発表会48.4％－64.5％（40.9％），交流会46.6％－48.4％（44.8％）が上位を占めており，そ

のいずれでも平均値より大きな割合を占めていることに注目する必要がある．

これらのことから，環境保全 NPO とまちづくり NPO を教育力という視点からみた場合，スタッフに求められる資質として他の NPO と同様な資質が求められつつも，「社会に対して政策提言を打ち出す力」がより強く求められていること，スタッフの力量向上のために行われている研修等が相対的に少ないものの，「専門家と共に活動する」ことが重要な要素と考えられているという特徴がある．また，NPO 外の人びとに対する学習機会の提供も活発であるといえる．ここに，市民と行政のパートナーシップを専門的・技術的な立場から仲介するという環境保全・まちづくり NPO の性格が明確に表現されている．

2–3 環境保全・まちづくり NPO とパートナーシップ

NPO と諸機関・諸団体との関係を活動分野別に法人格取得前後で比較すると，民間企業との関係がまちづくり NPO（70.0％）や環境保全 NPO（43.3％）では深く，環境保全 NPO は地域組織との関係でも深い（64.0％）ばかりか，法人格取得前後での関係の伸び率も最大（＋16.6）となっている．これをさらに詳細に，「非常に関わりがある」＝＋2，「ある程度関わりがある」＝＋1，「あまり関わりがない」＝－1，「まったく関わりがない」＝－2 で計算して各組織ごとに比較すると（表 4-2，図 4-3），現在（法人格取得後）関わりが深い組織は環境保全 NPO で「(NPO 専門窓口及び社会教育以外の) 行政・公共機関」0.58，「NPO，その他の任意団体」0.50，「地域組織」0.29，「公共機関の NPO 専門窓口」0.20 であり，まちづくり NPO で「(NPO 専門窓口及び社会教育以外の) 行政・公共機関」0.64，「NPO，その他の任意団体」0.56，「その他の民間企業」0.45，「地域組織」0.34，「公共機関の NPO 専門窓口」0.26，「TV・ラジオ局，新聞社」0.20 となっている．この結果は，環境保全・まちづくり NPO が行政機関の中でも環境関係部局や地域振興関係部局などの専門部局との関係が深いことを表しているとともに，その他の市民団体と協力して事業を行うネットワーク型の活動スタイルをもっていることが予測される．

また，法人格取得前後での各組織との関係の変化をみると，ともに 1.22 ポイント増えている「公共機関の NPO 専門窓口」との関わりを除くと，環境保全 NPO の平均で 0.54 ポイント，まちづくり NPO の平均で 0.56 ポイント各

表4-2 各組織と日ごろからどの程度の関わりがあるか

資質	資質	環境保全	まちづくり
公共機関のNPO専門窓口	A	0.2	0.26
社会教育行政（公民館等を含む）	B	-0.18	-0.07
小・中・高等学校（所管行政を含む）	C	-0.09	-0.09
大学・短大・専門学校	D	-0.23	-0.29
上記以外の行政・公共機関	E	0.58	0.64
NPO, その他の任意団体	F	0.5	0.56
地域組織	G	0.29	0.34
TV・ラジオ局, 新聞社	H	0.06	0.2
その他の民間企業	I	0.06	0.45

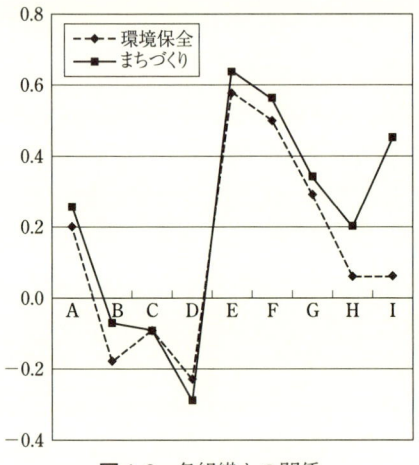

図4-3 各組織との関係

組織との関係が深まっている．とくに，「NPO，その他の任意団体」との関係は，環境保全NPOで0.68ポイント，まちづくりNPOで0.86ポイントと大きく増加している．他方で，環境保全NPOと「小・中・高等学校」との関係は0.68ポイントの増加を示しているものの，法人格取得後の関係そのものは-0.09と関わりが薄い状況に大きな変化は見られない．このように全般的に法人格の取得によって各組織との関係は深まっているものの，「社会教育行政（公民館など）」「小・中・高等学校」「大学・短大・専門学校」との関係は依然として少ないといえる．

諸機関・諸団体からのNPOへの支援内容を活動分野別に比較すると，一般

行政からの事業委託が環境保全 NPO で高く（25.0%），民間企業からの補助・助成がまちづくり NPO（22.6%），環境保全 NPO（22.3%）でともに高いという特徴が指摘できる．これをさらに詳細に各組織ごとに比較すると，20% を超えている支援内容は，環境保全 NPO で「公共機関の NPO 専門窓口」からの助言・指導（27.3%），「大学・短大・専門学校」からの指導・助言（23.6%），「(NPO 専門窓口及び社会教育以外の) 行政・公共機関」からの委託事業（23.6%），「NPO，その他の任意団体」からの助言・指導（27.3%），「TV・ラジオ局，新聞社」による広報面での支援（41.0%），「その他の民間企業」からの補助・助成金（20.5%）となっている．

また，まちづくり NPO では「公共機関の NPO 専門窓口」からの助言・指導（25.8%），「社会教育行政（公民館など）」からの施設の借用（23.4%），「大学・短大・専門学校」からの指導・助言（21.8%），「(NPO 専門窓口及び社会教育以外の) 行政・公共機関」からの助言・指導（20.2%），「NPO，その他の任意団体」からの助言・指導（26.6%），「TV・ラジオ局，新聞社」による広報面での支援（40.3%），「その他の民間企業」からの補助・助成金（21.0%）となっている．

環境保全 NPO とまちづくり NPO はほぼ似た傾向を示しているものの，環境保全 NPO では一般行政からの委託事業，まちづくり NPO では社会教育行政からの施設借用，一般行政からの助言・指導という点で特徴が見られる．

環境保全・まちづくり NPO から諸機関・諸団体への主な支援内容を組織別に見ると，「公共機関の NPO 専門窓口」への事業・政策の提言（環境 19.3%，まち 21.0%），「(NPO 専門窓口及び社会教育以外の) 行政・公共機関」への事業・政策の提言（環境 33.5%，まち 37.9%），委員会・審議会への委員派遣（環境 24.8%，まち 27.4%），「NPO，その他の任意団体」への広報協力（環境 19.9%，まち 25.0%），助言・指導（環境 21.1%，まち 29.8%），「地域組織」への助言・指導（環境 21.7%，まち 31.5%），「TV・ラジオ局，新聞社」への広報協力（環境 27.3%，まち 29.8%），「その他の民間企業」への広報協力（環境 17.4%，まち 20.2%），助言・指導（環境 21.7%，まち 20.2%）が共通して多くなっている．

他方で，環境保全 NPO のみに多くみられるのは「小・中・高等学校」への

教材・プログラム・講師の提供（26.1%）であり，まちづくりNPOのみに多いのは「(NPO専門窓口及び社会教育以外の) 行政・公共機関」への広報協力（22.6%），「地域組織」への事業・政策の提言（25.0%），広報協力（21.0%）となっている．

3　環境保全NPOにみるパートナーシップの構造

3-1　環境保全NPOの2つのタイプ

　NPO法人の多くが「まちづくり」を活動領域として選択しているのに対して，それを中心分野とする法人は驚くほど少ない．それは，「まちづくり」という分野が地域で活動するNPOにとって避けて通れない問題であるとともに，それがもつ総合性・計画性が中心分野としにくい特性をもつからである．したがって，ここでは選択分野と中心分野との開きの少ない（特化のすすんでいる）環境保全NPOの事例をもとに特徴をみる．環境保全NPOの特徴として，特化率の高さ（37.4%），活動範囲の広域性（複数都道府県32.3%），調査・研究などの学識経験者への依存（スタッフの46.6%）などが明らかとなった．環境問題の中でも特定の分野に特化しながら，その専門性を生かして全国的な展開をしている「全国展開型NPO」が，そうした環境保全NPOの1つの典型であるといえる[7]．

　一定の専門性を背景として全国的な展開をしているとはいえ，NPO法人の事業規模には大きなちがいがある．「日本オーガニック＆ナチュラルフーズ協会」（JONA）のように有機農産物・加工品の認定業務を中心に年収1億円以上の規模になっているNPOがある一方で，「自然環境復元協会」のように会費収入を軸に学校ビオトープ事業などを支援する比較的規模の小さいNPOがあり，「循環型地球環境保全機構」のようにケナフ製品の開発・普及を行う企業活動の一部をNPO化してパートタイム・スタッフだけで活動するNPOもある．

　こうしたNPOのちがいは，主にNPOの目的や事業内容に起因すると思われる．約10年にわたって「自然環境復元研究会」として活動を続けてきた「自然環境復元協会」は，「自然環境復元学会」を併設して研究・調査活動を基

礎とした事業の展開を行っている．他方で，IFOAM（オーガニック農業運動国際連盟）のメンバーで JAS 法（農林物資の規格化及び品質表示の適正化に関する法律）に基づく農水省の登録認定機関として活動する JONA は，認定対象となる事業者等を会員とするほか，認定業務にかかわる専門家の養成を資格制度と結びつけて幅広い活動基盤を確保している．また，ケナフ協議会や非木材紙普及協会，日本ケナフ開発機構などのケナフの栽培・普及をすすめる団体がある中で活動する「循環型地球環境保全機構」は，（株）ユニパアクス，(有)ユニ出版の企業活動の延長として各地の「ケナフの会」などと協力しながらネットワーク活動を重視している．

また，沖縄県という独自性の強い地域を基盤に活動している 2 つの NPO は，地域活動を重視する「地域活動型 NPO」の典型を示している．しかしながら，この 2 つの NPO はともに地域性を強くもちつつもまったく異なる志向性をもつ団体であるといえる[8]．

「琉球インフォメーションセンター」は，「ホース・ライディング」を核にエコツアーによる地域資源の発掘とネットワーク化で事業をすすめている．スタッフも比較的若く，それぞれが自ら新規事業を開発・実践することで収入（給与）を確保しようとしている．事業そのものは地域と深くかかわっているものの，事業の手法は全国的に展開できる可能性のあるものとなっている．事実，この NPO 法人は事務所を沖縄県内に有しながらも，事業の核となる牧場を埼玉県や北海道にも確保している．将来的には，内閣府の認定を受けて複数の都道府県に事務所をもつ全国展開型になることを志向している．

反対に「沖縄海と渚保全会」は，理事長夫妻の個人資産を基礎に地域でのボランタリーな活動を重視した事業を行っている．会員に対して会費を求めず，寄付等も活動に必要な資材で受け入れるという徹底した手弁当主義には，法人の目的（写真集と CD-ROM の作成・寄贈）を絞り込み，それが達成された時点以降の活動を考えないという，一種の割り切り（使命の明確さ）がある．NPO 法人の事業の継続性を目的とせず，具体的な使命の達成を優先するという考え方は 1 つの NPO 観を提起している．

3-2 市民・行政・企業のパートナーシップを仲介する NPO

環境保全とまちづくりの両方に関わりを持つパートナーシップ型NPO法人として，(財)日本グラウンドワーク協会が認定をすすめようとしている「グラウンドワーク・トラスト」をあげることができる．1981年にオペレーション・グラウンドワークとして英国で発足したグラウンドワーク運動は，1995年に財団法人として日本グラウンドワーク協会（現在，農水省・環境省・国交省・総務省を主務官庁とする）が設立されたことで，日本のまちづくり運動の新しい潮流としてパートナーシップ型NPOを定着させようとしている．

「グラウンドワーク・トラスト」認定申請の手引きによれば，「グラウンドワーク・トラスト」とはグラウンドワークの手法を実践する組織（トラスト）であり，①身近な地域（グラウンド）において共同して行う環境改善活動（ワーク）である「グラウンドワーク」の目的は「共同して行う環境改善を通じて，持続可能なコミュニティ（生活共同体）を構築すること」であり，②その手法の中核をなすのが「パートナーシップ」という運動理念で，各地で設立されたトラストが地域住民・企業・行政とのパートナーシップをはかりならが各プロジェクトを実践し，③トラストは法人格を有することを要件とし，この申請手続きにおいてはNPO法によるNPO法人を想定している．

また，グラウンドワークの「活動のひろがり」（概念の範囲的基準）として，①コミュニティ再生（荒廃した公共空間の価値ある地域資産への再生），②土地再開発（再利用についての自治体との合意形成），③雇用促進（職業訓練，就業機会及びボランティア参加機会の創造），④教育（課外活動としての地域環境改善活動への参加），⑤企業活性（地域での企業イメージの向上，新製品の市場提供），⑥都市農山漁村交流（都市との共生ライフサイクルの確立）をあげている．したがって，NPO法人の目的として，①社会教育の推進を図る活動，②まちづくりの推進を図る活動，③環境の保全を図る活動，④子供の健全育成を図る活動，⑤経済活動の活性化を図る活動，の5分野がとくに関連ある項目であるととらえられている．

こうした要件を満たして「グラウンドワーク・トラスト」（商標登録済）に認定されたNPO法人は，「この商標を冠にして，各地で次々にプロジェクトを連続展開していくことにより，有機的なネットワークの基礎を形成すること

ができ，グラウンドワークに統一性と信頼性をもたせることができ，制度としての社会的認知を高める」とされる．そして，このトラスト活動の特性や原則は，①トラスト活動として全国規模の資金を活用する，②協会の人材バンクの活用による多様な人材の派遣，技術的支援を受ける，③多様な資金を利用し地域のニーズを事業化し，実施する，④全国ネットワークによるノウハウの蓄積及び活動の充実・向上を図る，⑤都市農山漁村交流の促進を図る，ことである．

全国に17のトラスト候補があるなかで，「十勝グラウンドワーク」「グラウンドワーク東海」「グラウンドワーク福岡」など5組織がNPO法人等の法人格をすでに有している．また，トラスト認定を受けないものの日本で最初に英国のグラウンドワーク手法を導入して環境再生やまちづくりに一定の成果を上げているNPO法人が「グラウンドワーク三島」[9]（1999年認証）であり，より広域的な活動を展開しているNPO法人「富士山クラブ」とともにパートナーシップ型NPO法人として注目すべき活動を展開している．

3-3　公民館における"学び"とNPO

行政によるNPO支援の方法を考えるうえで，東京都福生市公民館白梅分館における「自然たんけん隊」「自然観察会」の事業とそこから生まれたNPO法人「自然環境アカデミー」との関係は注目に値するものである[10]．公民館の環境教育事業の内容は，公民館でもNPOでも同じ活動を行いうるものである．福生市公民館事業としてとりくまれつつ，環境教育事業に関連してそれぞれの事業を運営するスタッフ組織があり，それをNPO化したものが「自然環境アカデミー」であるといえる．

しかし，「自然たんけん隊」と「自然観察会」などの環境教育事業を公民館が行う場合と，NPO法人が行う場合とでは長期的なビジョンをもって事業が行えるかどうかという点で大きな違いが生まれる．公民館事業としてとりくまれる場合には，スタッフ・ミーティングを行うために公民館という「場」の提供が可能であった．環境教育事業を担当していた専門職員が夜間まで公民館に残っていたということもあり，会社帰りなどに気軽に公民館に寄り，相談してから帰宅するということも可能であった．また，ミーティングの際にも時間的なゆとりがあるため，多様な年齢層が集まって話し合い，意見を練り上げてい

くことができた．公的な事業として余裕をもってとりくむ中で，「人を育てる」という視点がもてたのである．だが，NPO法人として事業化することで，目の前にある仕事をこなしていかねばならず，経験のある者をどんどん事業に送り込んでいかねばならない．NPO法人「自然環境アカデミー」の活動の中には，公民館の環境教育事業を引き継いだものもあるが，それを支える基盤がまったく異なっている．

　公民館における「自然たんけん隊」事業は，参加者である子どもたちが異年齢の子どもたちと遊ぶことを通して，自分が住むまちについて考え，行動ができる人を育てようというねらいから始まった．その中でまちの自然に関心を持ったり，活動自体に興味を持った子どもたちが，スタッフとして「自然たんけん隊」の実践に関わりながら成長した．参加する子どもから見れば，スタッフとして参加する高校生・大学生・社会人と関わり，「専門家」と呼ばれる先生に接する機会でもある．「たんけん隊」を卒業してスタッフとして参加するようになれば，スタッフ・ミーティングの場はいろいろな職業を持った大人と真剣で深い話ができる場であり，いろいろな経験を共有できる場である．このように自然たんけん隊の実践は，子どもから大人にかけて長い時間をかけて生まれ育ったまちを考えることができる市民を育成していく．

　一方，「自然観察会」では市民が主体的に観察会を行い，その中の常連が「福生自然観察グループ」を結成した．公民館事業の一つであった自然観察会が，長い時間をかけてとりくまれることで，参加者の専門性も向上し観察会や調査の成果が認められ，「河川生態学術研究多摩川グループ」として多摩川で調査を行う専門家集団に認められるレベルになった．公民館事業を通して，地域を知り，考えることができる専門性を持った人材を育成することができた．しかし，人材を育成するだけにとどまらず，そこで得られた知識や専門性を地域づくりに生かしていく場が必要となる．この公民館事業と地域づくりを繋ぐ掛け橋となる可能性があるのがNPO法人である．

　福生市公民館白梅分館の環境教育事業の運営組織が独立してNPO法人化したものが，「自然環境アカデミー」である．公民館での環境教育事業はNPO法人「自然環境アカデミー」に受け継がれて行われている．しかし，NPOは環境教育事業を行い，子どもたちに環境教育の場を提供することはできるもの

の，環境教育を担うことができる人材を育てる余裕がない．公民館では参加者が成長し，スタッフや指導者になっていくという流れがあったが，NPO の活動の中では難しいといわれている．福生市公民館では，主催講座と同じ内容の事業を NPO に委託しないと決めている．NPO で環境教育事業を行い，公民館では環境教育の指導者育成の事業を行えば，両者のすみわけも可能である．このことは公民館と NPO の新しい提携の可能性を秘めている．また「自然環境アカデミー」では，「環境創造支援」活動を行っている．「環境創造支援」活動は「生物多様性を考慮したまちづくりを支援する活動」である．まちづくりを視野に入れるということで，「自然環境アカデミー」の活動と行政が連携して事業を行っていくということが十分に考えられる．

4 パートナーシップ型 NPO の可能性

環境保全・まちづくり NPO の役割として，市民による行政への「参画」を仲介し，それを専門的・技術的な立場から支援することが重要であり，多様な「参画」の組み合わせと仲介者としての役割のなかに教育力が発揮される．「NPO 組織調査」の結果からスタッフに求められる資質として「社会に対して政策提言を打ち出す力」が強く求められ，専門家を多く抱えて「専門家と共に活動する」ことが教育力の源となっていることがわかった．また，NPO としてのパートナーシップのありかたも，行政機関の中の専門部局とのかかわりが深く，その他の市民団体と協力して事業を行うネットワーク型の活動スタイルをもっていることが予測された．

実際に環境保全 NPO の事例に即して検討した場合にも，まちづくり NPO と重複しやすい地域活動型 NPO の中に市民と行政のパートナーシップを仲介する「パートナーシップ型 NPO」の特徴を多く見出すことができた．そして，この NPO が担うべき公共性を考えるうえで，「公共性をめぐる三つ巴的論争状況」における公共性論（堀尾輝久）[11] は重要な意味をもつ．そこでは「国権論的公共性論」と「新自由主義と教育の私事化論」が対立しつつも複線的学校制度論を媒介として相互補完的に機能するのに対して，「人権論的，民衆的（市民的）公共性論」がこの双方と対立するものとして提起されている．それ

は「精神の自由を根幹とする教育は人権の根幹をなすものであり，国家が介入すべきではないという意味において私事である．同時に，学習と教育への権利は，1人ひとりの人権であるとともにみんなの共同のものとして組織され，私事は公事へ，つまり，Common and Public なものとして開かれていく」と説明される．すなわち，NPOが依拠する公共性とはまさに「人権論的，民衆的（市民的）公共性」であり，国家の介入を排除しつつ個人から出発してすべてのものの共同として組織されるものでなければならない．

市民と行政のパートナーシップを仲介する「パートナーシップ型 NPO」はまさにこうした意味において公共性をもつものであり，行政の補助金や受託事業に NPO が依存することで行政によるコントロールの危険性を高めることも無視できない．社会教育関係団体に対する補助金問題や団体登録主義がそうであったように，行政によるサポートがコントロールと表裏のものであることをみる必要がある．むしろ NPO に対する行政支援の基本方向を環境醸成（公民館の無料使用や施設・機器の無償利用など）に設定し，公教育原理の延長上に位置づけることが求められている．

（朝岡幸彦）

1) 環境保全 NPO とは「環境の保全を図る活動」を中心的な活動分野とする NPO 法人であり，まちづくり NPO とは「まちづくりの推進を図る活動」を中心的な活動分野とする NPO 法人をさす．
2) 日本子どもを守る会編『子ども白書 2003』（草土文化，2003 年，220-221 頁）．
3) 林浩二「環境保全・環境教育推進法の成立」（『月刊社会教育』2003 年 9 月号，国土社，80-81 頁）．
4) ロジャー・ハート（IPA 日本支部訳）『子どもの参画』（萌文社，2000 年，41-48 頁）．
5) 「NPO 科研費調査報告書」による．
6) 同，106-108 頁．
7) 同，110-115 頁．
8) 同，116-119 頁．
9) NPO 法人グラウンドワーク三島『パッションで前進』（NPO 法人グラウンドワーク三島，2002 年）．
10) 松村幹子「地域をフィールドとした環境教育実践の比較研究」（東京農工大学農学部 2001 年度卒業論文）に詳しい．
11) 堀尾輝久「『公共・公共性』をめぐる争点」（日本子どもを守る会編，前掲，10-14 頁）．

第 III 部　NPO における人材養成と社会的環境整備

はじめに

　第III部のねらいは，NPOでの働き方とそれを支援する組織のありかたを検討し，人材養成や職業能力開発という観点から，NPOの教育力を考察することである．また，そのようなNPOの教育力に注目することによって，職業教育に貢献する生涯学習のありかたを考えることも課題としている．

　そのために，第1に，NPOが社会的にサービスを提供する際の労働の質を検討する．そこでは，人と人との関係性が重要であることを明らかにし，「市民性」による「専門性」のとらえ直しやケアの質が課題となる．第2にNPOの事業性と雇用創出の可能性を検討する．NPOが地域ネットワークのなかに位置づき，行政とも協働して事業展開し，雇用を創出すると同時に，共同的な新しい働き方を提案している状況を明らかにする．第3に，このようなサービス提供と新しい働き方を生み出すための，NPO内部での民主的な関係づくりについて検討する．活動に参加する立場の異なる人々が，使命を共有しながら組織の活性化をはかっていくための課題を考える．第4に，このようなNPOを支援する組織の教育力を検討する．サービス提供，地域や行政との共同的関係，人が育ちあう組織づくり，というNPOの課題に対して，その支援のありかたを考察する．

　このような問題意識をもちながら，1章では，現状で最もNPOが活躍している対人援助関連分野において，どのような新しい専門性が形成されてきているかを明らかにする．2章では，新しい働き方としてNPOでの労働に注目し，そこで求められるスタッフの力量形成について考える．3章では，NPOでの労働を支える支援センターの教育機能とネットワークのありかたを，事業内容および地域的な存立基盤に注目して考察する．

1章　対人援助関連 NPO と新たな専門性の形成

1　課題の設定

　日本に広がる各種 NPO のなかでも最大の割合を占めるのが，保健福祉・子ども支援など「対人援助関連 NPO」である．本章は，収入構造上サービス事業を主軸にするため，公的システムへの画一化とミッション維持の間で揺れる対人援助関連 NPO において，専門性をめぐるジレンマが生じるとともにオルタナティブな専門性が形成されつつあるとの仮説から，その基盤や既存の専門性への影響について論じようとするものである．

　もともと「専門職」（professions）とは，聖職者・医師・法律家に代表されるように，長期の教育訓練を経て習得した学問的知識と技術をもち，高い社会的地位と権益を持ち合わせる人々とされる[1]．その後の社会の複雑化，職業の多岐にわたる分化に伴って，医療分野においても看護・介護をはじめ多様な職種が専門職としての位置を獲得し，専門職という用語の意味するもの自体が広がっている．こうした専門職種の広がりや量的拡大は，問題解決の方法・技術を蓄積するとともに，資格制度や専門教育などを介して専門職としての位置づけを社会的になりたたせてきた．しかしそうした制度は同時に職種間における権威性や行動様式の閉鎖性をももたらし，専門職の仕事と解決すべき問題実態を乖離させるという，ある種のジレンマをひきおこしてきたといえる．

　そうしたなかで，新たな公共性を創出しつつあるとみなされる NPO の登場は，新たな専門性への模索においても少なからぬ意味をもつように思える．たとえば市民の目線でなされてきた福祉 NPO の仕事は行政サービスの基準を押

し上げるとともに，暮らしへのまなざしを失った既存の専門職の専門性によって見落とされてきた課題を提起しているのではなかろうか．

こうした新たな専門性の形成は，既存の仕事の枠組みをこえたところに生じるだけに，その実態は，個別具体的なケースの内実に求めざるをえないと思われる．以下では，まず対人援助分野の専門職の専門性形成における課題を主に調査データの範囲でみたうえで，対人援助の議論やケアの議論に学びながら，制度外にひろがる新たな専門性をとらえる視点を整理し，それをもとに個別ケースから福祉NPOにおけるオルタナティブな専門性の模索の実際を明らかにしたい．

2 「専門性」形成をめぐるジレンマ

2-1 福祉分野における専門職形成の現状
―― 専門職の量的拡大と力量形成への選択肢の縮小

福祉分野における専門性形成の状況は，ひとことでいえば，専門職の量的拡大と力量形成への選択肢の縮小といえる．

現在，対人援助の「専門職」をめぐっては，社会福祉，教育，心理，医療看護などのジャンルごとに，多岐にわたる資格制度や専門教育が存在している．「保健福祉」分野の場合，既存の医師・看護士資格などに加えて介護の分野においても資格化が急速な進展をみせているが，近年地域で問題意識が高まりつつある「子ども支援」分野においては，資格を必要としない私塾が「子ども支援」への大きな役割を果たしてきたように，資格の整備はほとんどすすんでいない．

さらに保健福祉分野における専門職をめぐる状況をみてみよう．国の調査によれば，保健福祉分野の社会福祉従事者総数は 1998 年で約 116 万人とされている．1988 年には 65.9 万人で，10 年間に倍増した[2]．この急増の背景には，以下に述べる 1987 年の社会福祉の専門職制度確立の影響がある．1999 年までに介護福祉士が 16.7 万人，社会福祉士が 1.8 万人誕生した．

「社会福祉士及び介護福祉士法」(1987 年) の成立に力を注いだ一番ケ瀬康子は，「『介護福祉士』という資格をつくらなければ，日本の高齢社会はダメに

なると思いました．それまではホームヘルパーは『家庭奉仕員』という名でした．ただパートで働いているおばさんで家政婦的な仕事だけだったのです．これではダメだと」[3]と語っている．こうした現場や有識者の尽力，さらに高齢社会対策をはじめとする政策動向も背景にして，専門職の制度化は進んだ．前述の法の提案理由にも「誰もが安心して，老人，身体障害者に対する福祉に関する相談や介護を依頼することができる専門的能力を有する人材を養成・確保して在宅介護の充実強化を図る」とあり，高齢社会への対応が大きく意識されている[4]．

また各プラン整備目標で注目されるホームヘルパーについては，資格ではない職種向けの研修制度が広く行われるようになった．このホームヘルパー養成研修は，自治体が委託または民間業者を指定するかたちで行われており，介護保険導入以降，介護保険制度・市町村の各種ホームヘルプ事業に従事するヘルパーは，養成研修修了が義務づけられるようになった．以前は市民の「介護学習」的側面を持っていた同研修も，介護保険開始以後は職業教育的意味合いが強くなったといえる．福祉関連 NPO にとってみれば，以前は自治体ごとに研修受講に団体優先枠や研修費用補助が設けられる一方で，団体独自の研修を生かすために研修制度は用いないといった選択肢があったが，現在ではスタッフの力量形成について，団体の意思が生かされる幅は狭くなったといえるだろう．

2-2　対人援助 NPO と「専門性」

(1) プロフィール

では「NPO 科研費調査報告書」のなかの「NPO 組織調査」より，NPO における「専門性」をめぐる動向と課題をさぐってみたい．同報告書では調査設計した 2001 年度当時の 12 分野をもとに分野を設定しているが，本章では「対人援助」分野として，「保健福祉」「子ども育成」の 2 分野に注目してみる[5]．

両分野の特徴を抜粋すると，まず，「保健福祉」「子ども育成」ともにサービス志向が強く，事業規模・スタッフ数とも他分野に比べると群を抜いて大きい．収入構成は基本的にはどちらも事業収入によるところが大きく，およそ総収入の 50% 前後を占めている[6]．次に主たる分野に当該分野を掲げる率は「保健福祉」が 72.9%，「子ども育成」が 23.4% と対照的である．保健福祉の場合，

子育て支援などに幅を広げる団体がでてきたが,活動が介護保険の枠に規定されがちな団体も多い.一方子ども育成は,自治体委託で子育て家庭にワーカーを派遣するなど事業中心にとりくむ団体もあるが,子どもの文化支援・虐待など特定ニーズ対応・中間支援などと,かなりのバリエーションがみられる.

(2) 公的システム形成の動向と「専門性」形成のジレンマ

こうした両分野の特徴に大きな影響を与えているものとして,そのジャンルについての公的システムが形成される段階・時期の問題があるのではないかと考えられる.

事務局長相当のアンケート記入者が,団体のスタッフにどのような資質を求めるかを問うた項目をみると,「保健福祉」では専門的技術・組織運営マネジメント能力・社会的使命感などを望む傾向が強く,一方「子ども育成」では社会的使命感・外部に対する交渉力および説得力・多様な人材をコーディネートする力など,組織運営の能力よりは活動開拓的能力をのぞむ傾向が強くみられる[7].

調査を行った 2002 年 1 月の時点では,公的介護保険が導入されてすでに 1 年 9 カ月が経過している.介護保険に参入した保健福祉 NPO は,同じく参入した企業系や行政系,法人系の組織と同じ土俵で競争することになった.外部評価への対応が迫られる中で,利用者に直接目につくスタッフの技術・知識への意識が高まったことが推測される.

一方,「行政主導に慣れ親しんできた日本社会では,親の主体性を育てる『子育て支援』は至難のわざ」「今ひろがってきた公的支援(民間の保育園や支援センターなども含む)が欠けているのはこのような地域を変え,社会を変えていこうという視点」[8]であると指摘されるように,「子ども支援」分野は,制度的にも実践的にも,創造期としての特徴がでている.団体による政策提言の有効性が実感されやすい時期であるといえるであろう.

(3) データにみるオルタナティブな力量の追求

各団体はスタッフの資質向上を,実際どのようにおこなおうとしているのだろうか.

図1-1 力量向上のための方策

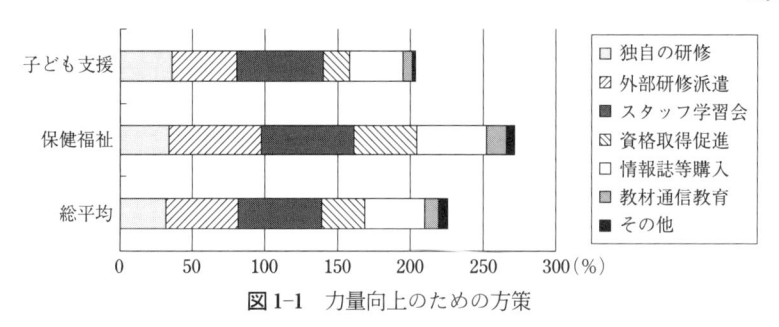

NPO団体が資質向上策としてどのようなとりくみを行っているかという質問に対して，NPO全体では，学習会の開催（57.3％），外部への研修派遣（49.8％），情報誌や文献の購入（41.5％）が上位3位を占めているのにたいして，保健福祉NPOについては，外部研修への派遣が63.5％（全分野中1位），資格取得の促進が43.9％（他分野では10-20％台にとどまる），さらにスタッフ同士の学習会も63％（全分野中1位）と全体に高い数値を見せている（図1-1）．

他分野に比べて外部研修への派遣・資格取得促進へのとりくみが突出している現状をみても，今日の公的システムで必要とされる専門知識や資格をスタッフに求める保健福祉NPOが多いということがいえる．

しかし見方を変えれば，これだけケアシステム形成がすすむなかで，半数弱の団体しか資格取得を求めていないともいえる．ここで注目したいのが，「独自の研修プログラム開発」という項目である．既存の介護保険や介護保険を中心とするケアシステムへの批判意識，ニーズに即したスタッフ技術の自覚など，介護の動向に対して一定の独自の考えをもつNPOが，独自にスタッフの力量形成をすすめている様子がうかがえるからである．

保健福祉分野のNPOで独自の研修プログラム開発を行っている団体は34.4％（全分野中3位），子ども支援が36.0％（全分野中2位）である．第1位のサポート組織（42.0％）が研修機会の提供を基本的役割とすることを考えると，高い数値であるとみてよいだろう．

こうした現場から形成される創造的力量を，当事者たちはどのように考えているのだろうか．「スタッフの力量向上にかなり結びつくと思われること」と

図 1-2 仕事を通した力量向上

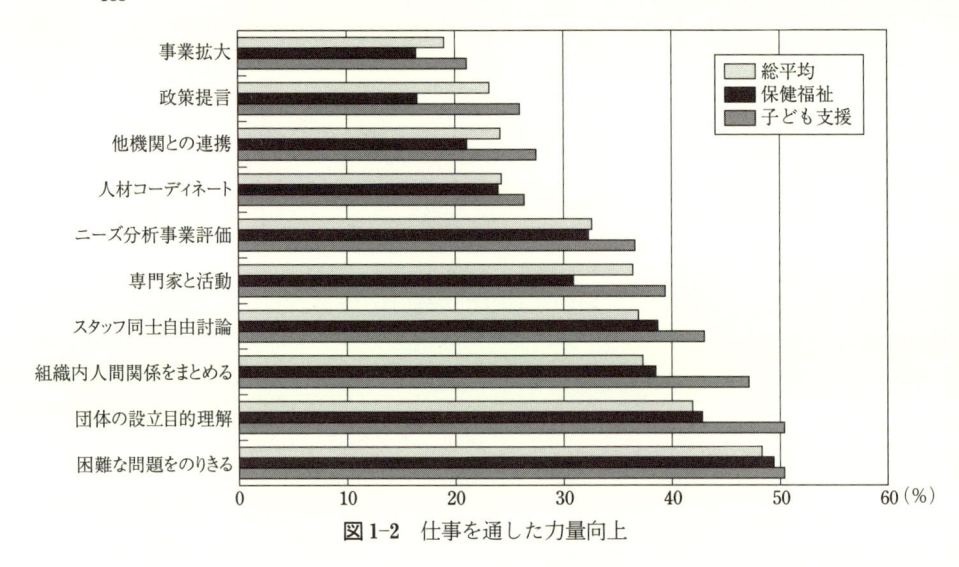

（縦軸項目・上から）事業拡大／政策提言／他機関との連携／人材コーディネート／ニーズ分析事業評価／専門家と活動／スタッフ同士自由討論／組織内人間関係をまとめる／団体の設立目的理解／困難な問題をのりきる

凡例：総平均／保健福祉／子ども支援

いう項目から，「保健福祉」を中心にみてみたい（図1-2）．

「保健福祉」としては「活動上の困難な問題をのりきる」が最も高い数値を示しており，サポート組織をのぞいて全分野中ほぼ同数2位の49.4％となっている．「組織内の人間関係をまとめる」（38.5％），「団体の設立目的を十分理解する」（42.8％）も高い数値を示しており，分野比においても子ども支援等に次ぐ高数値となっている．人間関係の問題解決と団体ミッションの共有が上位にきているといえる．一方政策提言や他機関との連携については比較的低い数値を示している．保健福祉NPOにおいては，スタッフが要援護者・家族とじかに向き合うところから培われる力量，および組織として動くことにかかわる力量に注目が集まっていることがうかがえる．

これらの結果から，対人援助NPOにおいては，社会的な「資格」に対応しうるスタッフ・組織へ転換していく必要性を感じている団体が多い一方，スタッフの仕事や力量向上策に独自の考えをもつNPO団体もまた多いといえる．個々のケースにかかわるトラブルなどを乗り越えながらよりよいケアを求めると同時に，足下の組織に向き合い，組織の質を高めていく努力にたずさわることがある種のオルタナティブな力量につながる．こうした自覚が少なくない団

体で高まりつつあるのではないだろうか．

　また本調査とほぼ同じ時期に安立清史らが「介護系 NPO」約 200 団体から回答をえて行った調査では，介護保険サービスとは別に，独自のふれあい・たすけあい活動を行っている団体が 85% にのぼるという結果もでている．システムへの対応をめぐる両極化の傾向がみられるが，単純にシステムに追従する団体は多くない．大半の団体が資格化をみすえつつも，独自の模索を行っているといえるであろう[9]．

3　対人援助論における専門性の模索

3-1　「対人援助」のとらえなおし——ケアの視点から

　こうしたなかで，「対人援助」に携わることの意味に改めて注目してみたい．ここであえて「対人援助」という概念のもとに考えてみようとするのは，医療・福祉・教育・心理……，と職種や制度で細分化されてきた対人援助職の現実を，この仕事に固有な「人と人とがかかわる」という原点から考えなおそうとすることにほかならない．こうした対人援助職の問い直しにかかわって，近年，「ケア」をめぐる議論が盛んである．ここでは臨床的関心を持つものに広くうけいれられた，鷲田清一の『「聴く」ことの力』に注目してみたい．

　鷲田は生産性合理性の観点からは無意味とも扱われかねない〈聴く〉という行為に，積極的な意味をくみとる．〈聴く〉ことによりどころをおく彼の目線は，対話や他者と向き合う態度を忘れた哲学の現在を，そして沈黙や「間」といった緩衝地帯を失い，ことばおよび役割や利害の前に存在そのものを交わすことを忘れた日常の自他のやりとりを突き刺す．「他者のいるその場所に特別の条件なしにともにいるということ，この条件なしの co-presence［その場にともに居合わせること］が，あるいは『他者の苦痛に無関心では居られない』ということが，他者の存在にとってどのような力となりうるか」[10]．

　ここでいうケアの「力」とは，ある種の概説書を読んだり誰かに一方的に教えられることで身につくものではない．人と人とが不器用なかかわりあいの過程をたどり，次第に他者も自らをも相互に深くうけとめあいながら，自然に身についてくるようなものといえるであろう．

対人援助を，こうした"co-presence"の地平にたちかえってみようとすることは，決して既存の対人援助専門職を否定するものではない．むしろ，職業化された対人援助がこれまで生み出してきた抑圧的関係や価値観を，対等な関係・新たな価値観へと転換していくための模索にほかならない．

こうした抑圧をこえる関係や存在をうけとめあう状況は，どのような構造をもって可能になるのだろうか．ここでは職業的反省から導き出されるケア論と，現代社会における人間関係・存在への思索から導き出されるより広義のケア論から，さらにケア的な関係のよりどころを考えてみたい．

3-2 対人援助専門職の成立と抑圧的関係からの転換
(1) 援助論からのアプローチ

職業としてのケアは，対人援助職がかかえる問題を意識しつつ形成されてきた．古川孝順は社会福祉学の立場から，「職業」としてのケアの成立過程をたどることによって，援助活動は近代化・科学化し，今日では生活モデルに達しているという．さらに古川は生活モデルへの反省のよりどころとなる医療モデルを，医療の初期の段階を示し心理学理論ともかかわり深い「診断派モデル」，ついで利用者の医師や力への信頼をもとにする「機能派モデル」を経ていくと整理しながら，社会福祉問題を人と環境の相互作用において理解し援助しようとする「生活モデル」へ展開してきたと述べている[11]．

しかし，利用者の自立や責任に重きをおくこうした生活モデルを政策レベルに導入する際に，社会が一律に強いてしまうならば，自立や選択ができる人・できない人の格差をひろげることにもつながりかねない．利用者・援助者そして社会が，いかに対人援助の実践の積み重ねのなかで自立観を深めうるか，そしてそうした援助のための環境を整えるかが問われることになる．

対人援助職の専門職性を論じている村田久行は，「患者・クライエントの苦しみを緩和・軽減し，あるいは解消させる」ものとしての対人援助において，「キュア」と「ケア」は，相対立するというよりは，構造的に要援護者を支えるものであるとする．要援護者の「苦しみの構造」に焦点をあてたうえで，客観的状況に働きかけるものとしてのキュアと主観的な思いや価値観に働きかけるものとしてのケア，これらそれぞれの必要性を見極め，バランスのよい援助

を構成するところに，対人援助職の専門職性をみている[12]．

　対人援助のシステムが「自己責任」の体制へと大きく転換しつつある今日，援助モデルを単に対人援助の現場の問題としてのみならず，社会の政策決定やそれを支える価値観と深くかかわるものとしてとらえていくことが必要であると思われる．

(2) 関係論からのアプローチ

　現場と政策をつなぐ視点にたつとき，広井良典の議論は示唆的である．広井は『ケア学』によって「時間」をキー概念とするケアの体系的議論を試み，政策的視点から各分野領域のクロスオーバーを促す提言をしている．その背景には，バラバラになっていく「個人」という存在を再び結びつけ支えるものとして，対人援助の仕事を広くとらえる発想がある．

　近代社会以降の家族・共同体の外部化とケアという職業領域の成立は，一方で提供する側の論理でケアにかかわる分野・制度の分断をも促進した．だから今一度，たとえ重なり合ったとしても各職種・領域のクロスオーバーを求め，隙間をつくることをさけることが必要になっているのだという．広井は自らの考えるケアの本質を「つまりケアということのもっとも本質的な意味は，『外部化』してしまった個としての人間を，もう一度共同体あるいは自然のほうへ『内部化』あるいは『一体化』するというところにあるのではないだろうか」[13]と語る．そこにあるのは，第三者の援助による，要援護者（個）と客観的状況（社会）の関係の再構築，としての対人援助像であるといえるだろう．

　「ケアの関係論」ともいえるこうした視点を，さらに対人援助の社会的解釈・意味づけの文脈にたちいって論じているものとして，木下康仁の議論に着目したい．関係性の問題を単なる援助技法の問題にとどめおかないことが，今重要だと思われるからである．

　木下は，たとえば豊かな老いの実現にあたって，「残された時間をその人らしく生きていくために，いかなるケア的人間関係の世界が求められているかという問題」[14]をたてる．ここではどう援助するか以前に，援助者が社会常識をこえたところで当事者にとっての必然性・テーマに迫る人間理解を行うこと，さらにそうした理解を通して，問題事象に出会わせた個人の存在から社会文化

的意味を創りだしていくことが提案されている．

　ケアは個人の心身への援助を目的とするが，本質的にはそれは目的の半分であり，その行為の社会的意味づけを通して，次世代や社会がいかに時代や歴史を引き継ぐのかというところに，もう半分の目的があるという．とすれば，個と社会をつなぎあわせるものは，ある具体的な援助のなかというより，その援助を介して個人の存在に社会文化的な意味づけを行っていくところに存在すると考えられるだろう．

　対人援助職の意味と可能性とは，生活と労働が渾然一体となっていた時代の営みから機能的分業化にもとづいて成立してきた職業の概念を超えられるはずのものであり，結論的には「機能的な意味に，共生のための他者への使命感を付加した，より人間性豊かなものとして考えられる」というのである[15]．

3-3　対人援助 NPO の模索をどうみるか
　　　——福祉の運動から暮らし創造の運動へ

　このように，ケアの視点から「対人援助」をとらえ直したとき，対人援助 NPO の模索は，対人援助職をめぐる職業的反省や暮らしの新たな関係性への模索に根ざした，既存の専門性に対する問題提起をはらんでいるのではないだろうか．

　草の根福祉 NPO の組織化に携わってきた田中尚輝は，草分け的な介護系 NPO には親方事業体的組織が多く，こうした場合システムとしては不十分で人材養成は難しいという指摘を行っている[16]．多くの草分け的 NPO が，介護保険以前から行政基準をもこえたサービスの質を提起し，オルタナティブな専門性への模索を行ってきたとすれば，そうした既存の専門性への模索がシステム的確立につながる可能性についての困難が語られているといえるだろう．

　それでも，対人援助 NPO の仕事がシステムや既存の専門性に与える影響について，未知数ながらも豊かな可能性を持つと考えられる．実際，NPO の営みが，専門性の「知」の転換ともいえるものをひきおこしているのではないかという問題意識が NPO 研究のなかから生まれつつあるように思えるのである．

　阪神・淡路大震災後，神戸の NPO・NGO とのかかわりを継続しながら NPO 固有の問題解決能力としての「市民的専門性」の構想を提起している藤

井敦史は，市民社会を基盤とした「市民事業組織」[17]の活動にみられる，市民の連帯的性格や運動的側面に積極的意義をみいだし，それを可能にする条件として，組織内部に蓄積される知識や技術に注目している．

　藤井は，公共性に結びつく社会的使命を志向する「市民的」なものは，元来「古典的専門職」には職能倫理を介して含まれていたが，科学技術が高度化するなかでの組織労働者である「現代的専門職」においては，クライエントとの目に見える人格的な関係の後退によって失われていったと指摘する．そして〈市民的専門性〉の中核に，対象との相互作用を行い，その行為について考察・反省していくような現場の具体的な問題からのフィードバックにもとづく知と，そこで不完全さを認識するがゆえに形成される他の専門職もふくめた社会的連帯の2点を位置づけている[18]．この藤井の議論を重要な先行研究としながら，NPOにおける学びの様相を社会教育の観点から論じたものとして，櫻井常矢の論考[19]もある．櫻井は「NPOにおける専門性の形成」を主たる論点としながら，制度的な専門職もふくめ，どう必要な知識を獲得していくのかを，自己教育の過程・学びの中身にかかわる問題として提起している．

　では，NPOのもつオルタナティブな専門性の内実は，どう論じられているだろうか．先に「市民的専門性」を論じた藤井は，その知のありようを，①ビジョンとしてのコミュニティワーク，②具体的内容（資源や制度に関する知識・「共感」能力・現場からのフィードバック・社会的連帯の形成・代替的な政策提案），③知を共有し蓄積するための組織内部の仕組み，の3点からみようと試みていた[20]．

　また，「コミュニティとNPO」という枠組みで，サービス事業に一元化されない福祉NPOの可能性を論じようとする宮垣元の議論もある[21]．宮垣はNPOが地域の情報や関係をほりおこし，新しい活動や関係へとつないでいく「地域コミュニティ編集主体」の側面をもつことに注目するとともに，NPOの存在自体が，利用者と担い手が入れ替わるなど既存の組織と異なる相互扶助的側面を持つ点でコミュニティ的構造を有すると指摘している．

　このように今日，NPOのもつ新たな専門性の内実として，狭義のサービスの質の再構築ばかりでなく，コミュニティへの働きかけや共同の基盤の再構築の側面も注目されはじめている．通常NPOの仕事は広域的で地域と結びつき

にくいといわれるが，NPO の草の根での模索がサービスの質の向上とともに援助にかかわる関係性の転換にも結びつくことによって，あらためて NPO と「地域」との接点が浮上してきたといえるであろう．

こうした関係性の再構築を促す背景へとさらに歩をすすめて考えるとき，これらは個々人の暮らしの豊かさへの問い直しに深くかかわっているといえるのではないだろうか．こうした「自己」への観点も加えたうえで，本章では既存の制度・職種の外の世界にひろがる専門性への萌芽をよみとる視点として，①ケアに付随し深くかかわりあう関係性の問題，②共同の基盤としての地域づくりの問題，③個人の新たな豊かさへの認識と実践の問題，の3点をかかげ，福祉 NPO の個別ケースにおけるオルタナティブな専門性の模索のありようを描き出してみたい．

4 福祉 NPO にみるオルタナティブな専門性の模索

4-1 かかわりのなかで援助をくみかえ続ける――援助のありかたの模索から

まずとりあげたいのは，福祉専門職を経験した人たちが，既存の援助のありかたに問題意識を持ち，地域にでて市民性を基に実践を開拓し，新しい専門知を発信している例である．

(1) 市民性から生まれたファミリーサポート――「在宅支援グループ暖手」（埼玉県）

「暖手」は，家族の暮らしベースで「笑顔がでるにはどうすればいいのか？」を考え続けてきた．入れ歯とり，薬とり……，当事者や家族が求めているのは「ほんのちょっとしたことなのよね」．「暖手」はあくまでニーズを固定的にはとらえず，発見し続ける．一方で，家族にもヘルパー同士も対等にものを言いあいながら，ケアを組み立てる．「それが市民のメリットです」……こうした関係性のなかから，真のファミリーサポートが生まれつつあるように思える．

埼玉県川越市の「在宅支援グループ暖手」は，市内で社会福祉協議会の登録ヘルパーをしていた内藤芳子（以下敬称略）が当時の措置制度下のサービスの融通のなさに疑問を持ち，1996年に設立した団体（認証取得2002年）である．経済面も含めた生活丸ごとの支援という視点から，介護保険枠外サービスにこ

だわっている．また活動をすすめるなかで家族へのトータルなサポートにこだわるようになり，当初は介護家庭への家事援助が中心であったが，障害児のレスパイトケア（家族や養育者が休息や解放を得るための一時預りサービス），ベビーシッターなど母親の子育て不安などのメンタルな部分も含めて課題と認識し，それを支援する活動へとひろげている．その手法は，単にサービスを提供するだけにとどまらない．

たとえばあるヘルパーは，実は障害児を持つ母親でもある．自分が働いている間は，「暖手」が事務所の隣にもう一室を借りてひらいているレスパイトケアに子どもを預け，別のヘルパーが面倒をみている．ヘルパーのなかにはひきこもりだった青年もいる．まさに社会参加を支援するサービスとなっている．「暖手」においてヘルプに携わることは，家族成員それぞれがともに自立し地域のなかで役割を担っていくということでもある．それは「暖手」の深めてきたファミリーサポートの究極の姿なのかもしれない．

(2) 福祉施設づくりをこえて地域づくりへ──「宅老所えんどり」（岩手県）

岩手県紫波町の「宅老所えんどり」（活動開始1999年，法人格取得2002年）は，町内の特別養護老人ホームで長く生活指導員として勤務していた工藤典夫と施設の仲間たちが，町内で独立して宅老所を開所したものである．

食べる・入浴・排泄，これで1日がすぎる施設介護，そして本人の思いをぬきにして，ただガンバレと援助することの限界を，工藤は施設に勤めながら感じてきた．1人1人の顔を見て1時間も話せないのではないかと，業務におわれるばかりの職員自身の力量にも疑問を持った．また施設が地域の人の自由な動きや利用者自身の多様な要求に対する自由に乏しいと考え，年間1万6000人にもおよぶ地域の人々の施設へのボランティア参加を積極的にすすめてきた．その実績が現在，町行政・施設・民生委員・地域住民らとの強い連携体制による宅老所の運営を可能にしている．

彼らがいよいよ地域にでて宅老所をはじめるにあたっては，「for you から with you へ」いわば一緒に暮らす，という個別ケアの考え方が原点にあった．それは三好春樹らの生活リハビリテーションのネットワークに学んで育くんできたものであった．その人本人が何をしたいのか，それを何時間も一緒に過ご

し語らいながら引き出すところからはじめる．中途障害の利用者がようやく「実は釣りがしたいんだ……」と口をひらいたことから，素人のスタッフと2人で海釣りにでかけたこともあった．

そして「えんどり」のスタッフたちが宅老所に託す夢は，単にお年寄りや障害者がやりたいことを口にし実現するだけではなく，「赤ちゃんから学校の子ども，お年寄りまでふらりと立ち寄れる場所，そこにいけば何かやれるよ，という場を地域にとりもどしたい，地域のつながりをつくりなおしたい」という地域ビジョンにも発展している．冬は雪深く高齢者は少しでも遠距離になると外出が困難になるこの地域で，「えんどり」は町内自治会単位の10カ所に地域の多世代交流の拠点ともなる宅老所設置を計画しており，地域の応援や要請もうけながら，現在2カ所の宅老所がオープンし，3カ所目も準備段階に入っている．近辺では同居が6-7割を占め，2・3世代同居の家族・嫁介護も多いため，1日8時間という長時間介護を基礎においているともいう．

「施設」か「在宅」かに陥らない，地域や家族の特性に応じたサービスの創造と暮らしの環境づくりを，多くの人々と手をつなぎながらすすめているケースといえるだろう．

4-2 「地域の仕事」を発見・創造する——地域のありかたの模索から

第2にとりあげるのは，新しい地域像の模索ともいうような動きである．地域の諸活動に携わる人たちが，地域の新しい関係性を模索する延長上で，福祉運動と合流したものである．

(1) 働く場における「協同」の運動的展開
――「アクティビティクラブたすけあい」（東京都）

働く場における協同を追求してきた生協運動・ワーカーズ運動を母体に，支配-被支配に陥らない組織間の関係づくりや事業体化に陥らないための模索がおこなわれている．

都内で1992年に設立された「アクティビティクラブたすけあい」（ACT）は，「生活クラブ生協・東京」（1965-）を母体に設立されたNPOである．生協の枠を超え市民自治の視点で社会を変えるという志のもとに，当初から法人

格取得を議論してきており，結果的にボランティアも含めたゆるやかなかかわりかたの法人を目指し 2000 年に NPO 法人格を取得した．

　この団体の特徴は，各所に展開する「たすけあいワーカーズ」(都内 31 団体)へのサポート NPO という性格にある．ACT は共済事業にとりくみながら独自の財政基盤を確立したうえで，各たすけあいワーカーズとの関係において主従関係にならず各団体の自立的発展を促す体制づくりを行ってきた．各たすけあいワーカーズのワーカーたちはケアマネージャー資格 44 名，ヘルパー 1 級 18 名，同じく 2 級 860 名と専門職に近い水準に到達している．しかし「専門家に近づくと痛み・悩み・不安を共感するより分離するようになる」と認識し，「ケアする私はケアされる自分でもある」を明確に位置づけて生活している人の立場にたつケアを行うことを専門性と考え，その資質を培うための研修を各ワーカーズに対しておこなっている．

　ACT は，「利用者と提供者の立場で制度をかえるのが社会的使命」といい，独立採算の工夫もその自覚に支えられている．働く場における協同をいかに実現するかという問題意識を実現すべく，各種の提言や実践を展開してきたことが特徴といえるだろう．

(2)　**住民をオーナーにケアハウスと NPO をつくる**——「アップルサービス」(東京都)

　東京都町田市成瀬台地区では，一斉開発で入居した住民たちが，30 年間にわたって生活環境整備の住民運動をすすめてきた．数々の運動をすすめるなかで，同地域では「住み慣れたこのまちで，生き生きと一生をまっとうできるまちづくりを」と地域の高齢化への問題意識を共有し，学習を重ね，1993 年住民と自治会共同で異例の住民立の社会福祉法人を設立，1996 年に「ケアセンター成瀬」を発足させた．実質上のオーナーである「住民の会」には 1000 世帯が加入，委員が 90 名，ボランティアは 400 人にのぼる．

　住民らが力を結集してつくりあげたケアセンターも，公的介護保険導入の際には，経営への危機感が高まった．住民たちは自ら検討委員会を発足させてボランティアのありかたを検討し，ケアの質の維持と住民参加の促進とが両立する方向を模索した．そこで地域で介護保険部分を社会福祉法人が，保険外の有償サービス提供を NPO が，両者を任意団体としてボランティアが支える支援

の会（広報，研修，研究，行事など）を支えるという三者連携のもとでの役割分担が検討された．

　例えばケアセンターの食事は365日体制で「アップルサービス」に所属する住民たちが運営している．ヘルプサービスはお年よりからの電話一本で電球つけかえにとんでいく．援助する者はNPOスタッフもボランティアも「自分が老いたときにしてほしいサービスを」という思いに支えられており，活動は喜びであると語る．彼らはこうして福祉を媒介に，援助する者とされるものが区別なく支えあう場を，地域につくってきた．彼らの実践は，ふれあいのなかで支えられるあたりまえの生活こそが最高のケアでもあるという問題提起であるといえるだろう．

4-3　自分らしさを育みあう——相互自立のありかたの模索から

　最後に福祉運動とも地域づくり運動ともひとくくりにできないが，根底的な暮らしの豊かさへの問いへむかう，自分らしい暮らし方を相互に育みあう動きに焦点をあててみたい．

(1)　自分らしさを活かしあう基盤を育む——「ケア・ハンズ」（さいたま市）

　さいたま市で草の根在宅福祉サービスにとりくんで9年目になる「ケア・ハンズ」（法人格取得2000年）は，介護保険枠外サービスにこだわり，子育て支援や市委託の自立高齢者支援へと活動の幅をひろげながら，今に至っている．

　代表の中村清子らが発足にあたり高齢社会にむけての課題と同時に意識していたのは，主婦の自己実現だった．事務局開室は平日のみ16時までで，サービスを受ける側だけでなく主婦の活動形態にもみあった展開となっている．「『ロール（役割）はセルフ（自己）よりもつよし』この言葉を信じて，小さいからこそできるきめ細やかな活動をしてゆきたい」[22]，かつ「心豊かな毎日を」という思いの実現にとりくんできた．ヘルパーに対しては，掃除も料理も仕事としての自覚をもってしてもらわねばならないというのではなく，掃除の得意な人には掃除中心のケアを，とそれぞれの個性が活かされるコーディネートにとりくんだ．そのヘルパーが今度は利用者の老いていくことの辛さ・心細さやプライドなど様々な感情の機微を細やかなサポートでゆるやかに共有し，利用

者の信頼を得ている．サービスというより自分をも他者をも受け止め支えあう関係が，ここにはある．

しかしこうした相互自立にむかう関係性は，会としての考え方や基盤に支えられてのものであることに注目しておきたい．「ケア・ハンズ」には「草の根NPOとしてのマネジメントの成熟」ともいうべきものが，企業組織のマネジメントとは異なるレベルにおいて存在している．コーディネートのありようはその最たるものだが，それは会報にもうかがえる．創立以来毎月発刊し50号を迎えた『ケア・ハンズだより』には毎号代表の考え方が掲載され，50号記念座談会では「読み始めて1年ぐらいして会長の考えがわかるようになった」「自分が悩んでいるときに悩んでいるのは自分だけではないのだと励まされたことが多かった」[23]と，会報が会とヘルパー，ヘルパー同士を結びつける媒体であったことをうかがわせる発言が続いている．「ケア・ハンズ」においてヘルパーは，労働者というより，尊厳をもって自己実現への歩みをすすめるべき主体として，会によって育くまれているように思う．それによって1人1人が自分らしさを発見し，団体への愛着やケアへの内発的意欲を導き出されているようにみえる．自分らしく変わっていくヘルパーをかたわらに，利用者も自分らしさを取り戻す．それは狭義の福祉活動というより，支えあいながら暮らしをくみかえる協同の学習運動というにふさわしいものである[24]．

4-4　暮らしをめぐる新たなかかわりの基盤へ

近年広がりをみている，専門職制度と制度外の生活世界を結ぶNPOというあらたな組織を通して，われわれは，1人1人がいきいきと生かされる，暮らしをめぐるかかわりの現場を見ることができる．それは無秩序的に広がっているのではなく，関係性の再構築として，対人援助の仕事の再構築，暮らしの共同の基盤の再構築，生きることから学びあう個と個の関係の再構築，へとむかいつつあるといえるであろう．

先にも述べたように，これは対人援助職の専門性のありかた全体を論じうるものではない．とりわけ本章は，専門職の仕事が組織的にすすめられるようになってきたことによって生じてきたある種の課題に焦点をあて，その課題にとりくむNPOの仕事が，既存の専門職の仕事にどのような影響を与えつつある

かを見てきたにすぎない．

それでもこのように，多様にひろがる対人援助 NPO の試みひとつひとつに，co-presence の視点から注目していくと，対人援助の専門職の仕事を本格的にくみかえるための基本的な方向性はすでに明らかになりつつあると思う．それは，その仕事が援助者・要援護者双方の新たな豊かさの創造にどうつながっているのか，1人1人の豊かさへの模索を持続的に支えうる基盤となりえているのかという視点の重要性である．

(岡幸江)

1) 『社会学事典』(弘文堂, 1994年).
2) 厚生統計協会『国民の福祉の動向』(厚生統計協会, 2000年).
3) 一番ケ瀬康子『介護福祉学の探究』(有斐閣, 2003年, 142頁).
4) 一番ケ瀬康子・古林澪映湖編『社会福祉概論』(誠信書房, 2001年).
5) 本来ならば「人権平和」「男女共同参画」も含めてみたいところだが，この2分野は中心的な活動分野として選択した NPO が人権平和 1.2%，男女共同参画が 0.5% と少数であるため，「組織調査に関する報告」では分析対象からはずしている．
6) 「保健福祉」56.7%，「子ども育成」43.9%．「保健福祉」の総収入平均は2447万円 (12分野中1位)，「子ども育成」の総収入平均は1748万円となっている．スタッフについては両者異なる傾向をもっており，保健福祉が高い年代層に・子ども育成が若い年代層にかたよりをみせている (保健福祉のスタッフは平均15名, 40代が70%を占めている．一方子ども育成のスタッフは平均23名 (12分野中1位)，年代は30代が37.2% (12分野中1位) とかなり若い層による構成を示している).
7) 「保健福祉」では1位が「専門的技術・知識」(63.7%)，2位「社会的な使命感と情熱」(68.4%)，3位「組織運営マネジメントの能力」(61.1%) となっており，その他専門的技術・知識を求める団体には，社会教育・文化分野がある．また「子ども育成」NPO の1位は「社会的な使命感と情熱」(72.7%，全分野中1位) で以下「新しい事業活動を生み出す力」(60.6%)，「多様な人材をコーディネートする力」(58.8%) となっている．
8) 原田正文『子育て支援とNPO』(朱鷺書房, 2002年, 22-25頁).
9) ここで「介護系NPO」とは介護保険の発足にともない介護保険サービスおよび地域の高齢者の生活支援を中心に活動するNPOをさし，福祉NPOより狭義の概念とされる (田中尚輝・浅川澄一・安立清史『介護系NPOの最前線』ミネルヴァ書房, 2003年, 40頁).
10) 鷲田清一『「聴く」ことの力』(TBSブリタニカ, 1999年, 217頁).
11) 古川孝順ほか『援助するということ』(有斐閣, 2002年).
12) 村田久行『ケアの思想と対人援助——終末期医療と福祉の現場から』(川島書店,

1998 年，97–105 頁)．
13) 広井良典『ケア学』(医学書院，2000 年)．
14) 木下康仁『ケアと老いの祝福』(勁草書房，1997 年，56 頁)．
15) 木下康仁『老人ケアの社会学』(医学書院，1989 年，89 頁)．
16) 田中・浅川・安立，前掲，196 頁．
17) 藤井はこの「市民事業組織」を，行政セクターや市場セクターとの境界線のあいまいなサード・セクターと区別して用いており，社会的使命の存在，個人の自発的参加や連帯による形成，民主的運営，官僚機構に対する独自性，継続的な事業経営などをその構成要素とみている (藤井敦史「『市民事業組織』の社会的機能とその条件」角瀬保雄・川口清史編『非営利・協同組織の経営』ミネルヴァ書房，1999 年，178 頁)．
18) 藤井は，座談会「日本のボランタリー・エコノミーを考えるために」(北島健一・藤井敦史・中村陽一ほか，日本ボランティア学会『2002 年度学会誌』2003 年 6 月) において「信頼」というものの考え方が，国際協力などを行う NPO と寄付者の関係など寄付行為を介する市民との関係を重視する組織と，利用者の参加も含めたヒューマンサービスにおける関係が主となる組織とでは，異なって論じられているとも語る．藤井が論じる「市民的専門性」の問題は，とりわけ対人援助に関わる NPO からうきぼりになってくるものと考えるべきなのだろう．
19) 櫻井常矢「NPO におけるエンパワーメントと学び」(『日本社会教育学会紀要』No. 36，日本社会教育学会，2000 年 6 月)．櫻井はクライエントの参加に基づく社会的権利の保障，いわばエンパワーメントを基本的な視角におきながら，NPO を 4 つ (依存型／分離型／相互協働型／創造型) に類型化したうえで，とくに当事者＝提供者という co-producer としての関係を基になりたっている相互協働型の NPO がもたらす知に着目している．
20) 藤井，前掲，193–200 頁．
21) 宮垣元『ヒューマンサービスと信頼』(慶應義塾大学出版会，2003 年)．
22) 『ケア・ハンズだより』(第 1 号，1995 年 7 月)．
23) 『ケア・ハンズだより』(第 50 号，2003 年 11 月)．
24) なお，「ケア・ハンズ」における事務局・ヘルパー・利用者 (家族) の援助を通して相互に支えあい学びあう姿は，同団体が介護保険枠外にとりくむ草の根 NPO の社会的意味を問うて出版した『私たちにできること』(ケア・ハンズ発行，2004 年 3 月) にみることができる．同著で中村代表は，NPO の活動を社会参加と自己実現の場と語っている．なお筆者も同著の編集・執筆にかかわった．

2章　NPO で働く意味とスタッフの力量形成

1　働くことへの関心の増大と NPO

1-1　雇用不安のなかで

　若者の就職難，中高年のリストラ，事業所の倒産など，雇用への不安が深刻になっている．一方，大企業に働く 30 歳から 44 歳の男性の労働時間が近年長くなってきている．仕事の不足と過剰の間で，ワークシェアリングが日本でも本格的に検討される段階になってきた[1]．このようななかで，2002 年 3 月，政労使によるワークシェアリングに関する合意案がまとまり，2-3 年を目途とした「緊急対応型ワークシェアリング」と中長期的な課題としての「多様就業型ワークシェアリング」の実現がめざされることになった．

　一方，2000 年代に入って「パラサイト・シングル」という言葉が社会に大きなインパクトを与えた．この言葉を生み出した山田昌弘は，その原因を，若者の甘えや就労意欲の減退ということよりも，社会的な構造のなかに見出している．経済の停滞のなかで行われる雇用調整のしわ寄せが若者に集中する一方で，親世代によって築かれた高い生活水準を捨てられないために，パラサイト（寄生）しているというのである．そこでは，すでに職を得ている先行世代と若者の間でワークシェアできていないことが重要な問題として指摘されている[2]．また，玄田有史は山田の議論を引き継いで，所得格差と並行してすすんでいる仕事格差を問題にし，「自分で自分のボスになる」ことを推奨する．それは端的には起業することを意味するが，自分で自分のキャリアの戦略をもつことでもあると指摘している[3]．

また,「フリーター」という働き方・生き方も注目されている. 小杉礼子によれば, そのような現象は, 雇用のありかたが「長期雇用型」から「長期蓄積能力活用型」「高度専門知識活用型」「雇用柔軟型」という3つの型の組み合わせに変更されたために生じたものであり, そのような多様な就労形態には可能性もあるものの, 職業能力の形成において格差が生じていることが特に問題視されている. フリーターは労働条件の不安定さと引き換えに自由に働き, 自分の人生設計に合わせて必要なキャリアを積むことができると見られるむきもある. しかし現実は, 単純労働の繰り返しであり, 若い時に最も重要な職業能力形成の機会に恵まれないというのである[4].

働くということは, 単に所得を得るだけではなく, 人間的な能力を開花させる重要な契機である. 働くことを通して, 社会とかかわり, 自然を深く認識する. その機会を奪われれば, 人々は自立への気概と能力を失い, 個人と社会の双方にとって不幸な結果となる. 雇用の創出やワークシェアリングによってすべての人に働く機会を提供することは, 今日, 最も重要な社会的課題となっている.

1-2 新しい働き方の模索

失業や就職難のなかで, 働く機会を獲得することと並んで, どのような働き方をするかも人々の関心の対象になってきている. 豊かな社会のなかで, 自分の人生をどのようなものにするのか, そのために仕事をどう位置づけるのかという選択がなされるようになってきている. また,「持続可能な開発」という地球的な課題を考えれば, どのような産業をどう起こしていくべきかという課題にもゆきあたる.

多元的経済社会の必要を唱える内橋克人は,「競争セクター」が「企業益」と「社会益」の著しい離反をもたらしているなかで,「共同セクター」の重要性を指摘している.「人間を消費者, 生産者, 労働者に細分化せず, 何よりも『生きる』『働く』『暮らす』を統合した"人間まるごと"の思想」を追求するものとして「共同セクター」をとらえ, その機能を発揮しやすい分野として, 食糧の生産と流通, 再生可能なエネルギー, 社会的なケア, をあげている[5].

ところで, NPOは営利を追求しないかわりに, 人々の志や社会的使命を大

切にするとされている．したがってそこでの働き方は，競争原理の支配から脱して，共同原理にもとづくことが求められる．そして今日，そのような「新しい働き方」が，長年働いて退職した人や子育てを終えた女性，また，新しく社会に巣立つ若者の人生選択の1つになっている．

しかし現状では，NPOの労働条件は恵まれたものではなく，得られる所得も少ない．その意味では，NPOで働くことが，共同と自己実現を可能にする成熟した働き方なのか，それとも，社会的保障のない労働の拡大につながるのか．NPOを労働や雇用という観点で見たとき，このことは重要な論点になる．

このような状況のなかで，NPOの可能性を拓き，地域に連帯と共同を根づかせるために，人材を育てる実践が展開されている．そこには，市民活動として社会的使命を深めることを重視したとりくみもあれば，経営的な能力を高めることに主眼をおくとりくみもある．また，社会運動やアドボカシーを学ぶ機会もあれば，社会的排除の克服と地域開発などのプログラムも用意されている．新しい公共性を創造することと，組織を維持しそこで働く人の生活を成り立たせること．その統合をめざして，NPOの人材養成のとりくみが行われている[6]．

1-3　職業能力開発・キャリアガイダンスとNPO

これまで見てきたように，雇用形態の変化にともなって企業のなかに多様な働き方が生まれるとともに，多元的経済社会の一環としてNPOで働くことが注目されるようになってきた．このように働き方が大きく転換するなかにあって必要なことは，そのような職業能力の開発やキャリアガイダンスの機会をつくることである．

このようななかで，1999年に職業安定法が改正され，有料職業紹介への民間の参入が認められることになった．また，2003年にはNPO法が改正され，NPOの活動分野に「経済活動の活性化を図る活動」と「職業能力の開発又は雇用機会の拡充を支援する活動」が加えられた[7]．起業家支援，経営者OBによる経営相談，大学発ベンチャー育成，再就職のための職業訓練，人材データベースによる紹介事業，転職支援などが，NPOの活動分野として独立したのである[8]．

このような動きを先取りして，学生の企業等でのインターンシップをコーディネートするNPOが活動をはじめている．NPO法人「ETIC.」は，起業家精神をもった若手リーダーの養成をめざして1993年に設立され，1997年からアントレプレナー（起業家）・インターンシップ・プログラムを開始した．事前に何度も学生との面接を行い，3カ月から1年にわたるインターンシップ期間中にもサポートを続け，正社員と同等かそれ以上の業績をあげることをめざしている．興味深いのは，インターンシップの派遣先が，ベンチャー企業と大手企業の新規事業開発部署とNPOに限られていることである．「創業者や社長の目線」あるいは「事業を立ち上げる担当者の目線」で考え，当事者意識を形成することを大切にするために，そうしているのである[9]．「アントレプレナー・インターンシップ・プログラムは，初めから与えられた業務だけをこなすプログラムではありません．自己の業務を確実に遂行しながらも，共に事業を立ち上げる仲間として高い当事者意識・責任感をもって貢献することが求められます」という考えのもと，企画・商品開発，広報・プロモーション，営業・営業企画・セールスプロモーション，マーケティングリサーチ，コンサルティング，新規事業・スタートアップ，クリエーター，編集・メディア・映像，オフィスワーク・オペレーション，顧客サポート・サービス，プログラマー・SE（システム・エンジニア）などのインターンシップを展開している[10]．

また，NPO法人「ドット・ジェー・ピー」は，政治家の事務所に学生を派遣するインターンシップを行っている．1998年に学生が立ち上げ，市議会議員，都道府県議会議員，衆議院議員，参議院議員，知事，市長などの事務所に学生を送っている．その際，受け入れる事務所は特定政党に偏っているわけではない．また，ここに参加した学生のほとんどが民間企業に就職するというが，インターンシップが無駄だったというわけではない．政治家の有権者に対する感覚や，それぞれが得意分野で力を発揮して議員を支えている姿に触れることが，民間企業で働く際の力になるというのである[11]．

さらに今日，NPOの活動ではないが，「新卒紹介予定派遣」というインターンシップも登場している．派遣会社「アヴァンティスタッフ」の新卒紹介予定派遣システムは，①基礎研修，②OA研修，③カウンセリングを行い，④就業先での実務研修を経て，⑤契約社員または登録社員として就業先で勤務につく．

そしてそのような就業を3カ月から1年行った後に，⑥正社員または派遣スタッフのいずれかを選んで就業先に雇用されるというものである．このうち，⑤の期間は派遣元の「アヴァンティスタッフ」から給与が支払われ，⑥の時点で正社員になれば就業先から給与が支払われるようになる．このようなシステムを活用して，働く人も就業先も納得したうえで就職したいという意識が高まってきている[12]．

1-4 働くことの模索に必要な時間

このように，働き方への関心が増大するなかで，高い学歴をもって有名企業に勤めるというのではなく，自分の「やりたいこと」を仕事にする方策が，若者によって模索され，情報や経験の交流が行われるようになってきた．「新しい生き方・つながり発見マガジン」と銘打った雑誌『カンパネルラ』の編集に携わる若者を見つめてきた佐藤洋作は，「やりたい仕事探し」や「自分探し」について，次のように述べている[13]．

> 人は「世界」と出会うことで「自分」にも出会うことができるのです．「やりたい仕事」とは，「自分」と「世界」の関わり方であると言い換えてもいいですから，「やりたい仕事探し」とは「自分探し」のことでもあるのです．「自分探し」とは，これまでの自分と世界との関係や自分と他者との関係を問い直し，つくりかえ，新しい関係へと組み直しながら，新しい自分をつくり出していくことであるように，「やりたい仕事」探しもやはり自分と世界の関係を問い直し，つくり出し，自分が働くに値する仕事の世界に自分が出会っていくことなのです．

このように「やりたい仕事」とは，机上で考えて見つかるものではなく，現実の社会や労働の場に参加することによって見えてくるものである．佐藤によれば，そこでは自分と世界との関係を問い直し，つくりかえるという教育的な営みが必要であるにもかかわらず，日本では「学校から仕事へ」のつなぎの期間を支えるシステムが未整備であるとされている．

また，伊藤彰男は，大学で獲得すべき力とは，「言語能力」を基本として，

「探求力」「構想力」「判断力」「考察力」が織り込まれた能力が,「実践力」と相互に影響しあいながら形成されるものであると指摘している.そして,そのような能力が学問によって裏打ちされることを「専門性」と考え,そのことを大切にした採用や人事管理が必要であると主張している.ヨーロッパ諸国では総合的な青年施策が展開されているのに対して,日本では,学生が早期から採用試験や資格取得に追われ,社会や自然や人間にかかわる総合的な力を身につけられないまま就職していく.このような状況は,長期的に見た人材養成の面で問題があると指摘されている[14].

2 NPOで働く意味と人材の力量形成

2-1 事業性を追求するNPO

NPOで働く意味を探るために,「NPO科研費調査」[15]では,NPOを事業志向型と提案志向型に分けて,各団体がどちらに力を入れているかを質問した.その結果は,社会的なサービス事業を提供するという事業志向型が62.3%,政策提言・キャンペーンを行なうという提案志向型が7.4%,両方が同じくらい重要というものが17.7%であった.NPOの場合,提供するサービスそのものに提案性が含まれてはいるものの,事業志向の強さがうかがえる.活動分野別では,保健福祉(83.8%),子ども育成(69.4%),文化・スポーツ(64.1%)でサービス提供を中心にしている団体が多くなっている.

また,各団体の収入の柱を1つあげてもらうと,事業収入をあげる団体が42.0%,会費収入をあげる団体が25.7%,補助・助成をあげる団体が10.2%,寄付・その他をあげる団体が9.4%,委託金をあげる団体が6.8%であった.そのうち,事業収入を収入の柱にあげる団体は,予算規模の大きな団体(501万円以上)に多く,会費収入を収入の柱にあげる団体は,予算規模の小さな団体(1–50万円)に多かった.また,活動分野別に見ると,事業収入を収入の柱にあげている団体は,保健福祉(56.7%),子ども育成(43.9%)で多くなっている.

これまで,非営利活動で事業を行なっても賃金を得ることができるという理解は広がってきたが,一方で,無償のボランティア活動や社会運動のイメージ

も払拭されないできた．そのようななかで，NPO の事業性の追求はやや遅れた感があったが，この調査結果からわかるように，事業の位置づけが大きくなってきている．また，事業収入を中心として予算規模を拡大しなければ，そこで働く人は一定程度の収入を得ることができない．海外の NPO にみられるような，社会的な使命を事業化し，多くの雇用を創出しているという状況が日本にも広がる必要があるのではないだろうか．

2–2　NPO で働く人たち

「NPO 科研費調査」では，NPO で働くスタッフの状況を質問した．その結果は，1 つの NPO が擁するスタッフの数は，3-5 人が 27.7%，6-10 人が 23.5%，2 人以下が 17.0%，11-20 人が 15.7%，21 人以上が 12.3% であった．性別では，女性スタッフが多い団体が 46.5%，男性スタッフが多い団体が 31.4%，男女ほぼ同数の団体が 20.1% であり，女性が多い分野は，保健福祉（66.7%），子ども育成（56.5%），団体サポート（46.0%），男性が多い分野は，環境保全（60.5%），まちづくり（55.5%）であった．また，スタッフの平均年齢では，40 歳代が 63.2%，30 歳代が 16.5%，50 歳代が 12.8%，29 歳以下が 17.0%，60 歳以上が 0.4% であり，39 歳以下が比較的多い分野は，子ども育成（37.2%），40 歳代が多い分野は，まちづくり（70.6%），保健福祉（70.1%），50 歳以上が比較的多い分野は，環境保全（22.8%），社会教育（21.6%）であった．

また調査では，NPO のリーダーについても明らかにしている．年齢別では，50 歳代（33.0%），60 歳代（26.9%），40 歳代（20.4%），70 歳代（9.6%），30 歳代（7.9%），29 歳以下（2.3%）の順で多く，性別では，男性（66.8%）の方が女性（33.2%）より多かった．

リーダーの職業と団体活動の関係を問うと，他に職業があってボランティアとして活動に参加している人が 36.7%，現在無職（年金生活等）で NPO での活動を主たる社会参加の場としている人が 22.3%，NPO での活動が生計の一端を支える職業という人が 19.8%，NPO での職業的自立を期待している人が 9.7%，技術や資格取得の場として NPO を活用している人が 1.2%，転職して NPO に従事したが将来の仕事は別に探したいという人が 0.4%，その他が

9.9％であった．およそ60％のリーダーがボランティアとして無償でNPOにかかわっており，およそ30％のリーダーが職業を意識してNPOで活動していることがわかる．

2-3 スタッフの力量とその形成

「NPO科研費調査」では，NPOのスタッフの力量への期待と実態，その向上方策について尋ねた．そこではまず，NPOにとってスタッフの力量が重要であると認識されていることが明らかになった．スタッフの力量向上が「かなり重要」と答えているものが46.9％であり，「まあ重要」と答えたものを合わせると87.2％に達する．

スタッフに求められる力量として「かなり重要」との回答が多かったのは，社会的な使命感と情熱（67.6％），活動分野に関する専門的な技術・知識（60.1％），組織運営・マネジメント能力（59.4％）であり，社会の現状に対する批判的な視点（22.5％），他組織とのネットワークを広げる力（33.2％），社会に対して政策提言を打ち出す力（33.6％）はあまり多くはない．一方，実際にスタッフに「かなりある」と判断される力量としては，社会的な使命感と情熱（45.2％），活動分野に関する専門的な技術・知識（34.9％）が比較的高いものであり，あとの力量は20％か，それ以下という低い状況になっている（図2-1参照）．

このようにスタッフに求められる力量と実際にもっている力量を比べると，その差が大きなものは，組織運営・マネジメント能力（59.4％-14.3％），多彩な人材をコーディネートする力（49.9％-16.4％），新しい事業活動を生み出す力（53.9％-19.5％）であり，差が比較的小さなものは，社会の現状に対する批判的な視点（22.5％-16.9％），社会的な使命感と情熱（67.6％-45.2％）である（図2-1参照）．ここから，多くのNPOでは，スタッフは使命感や情熱に燃えているが，マネジメントやコーディネート，創造性においては期待を満たしていないという状況が見えてくる．

このようななかで，スタッフの力量向上のために，スタッフ同士の学習会の開催（57.3％），外部研修機関への派遣（49.8％），NPO関連の情報誌・文献の購入（41.5％）という方策がよくとられている．スタッフ同士の学習会では，

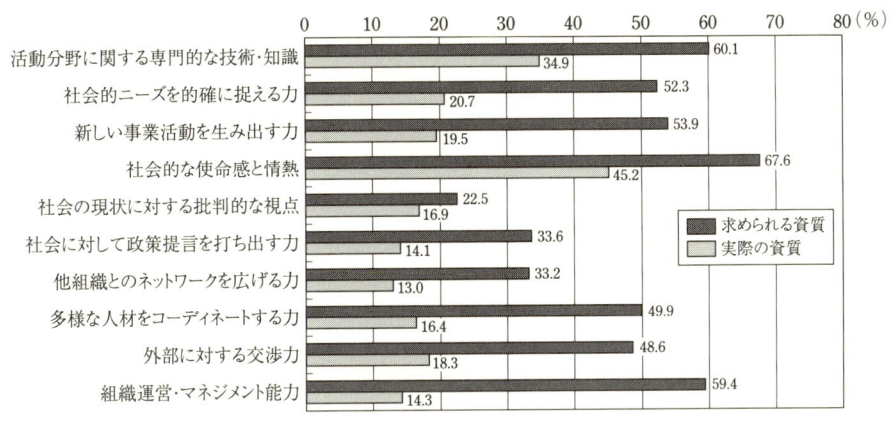

図2-1 スタッフの力量（かなり重要・かなりあると答えた者の割合）

項目	求められる資質	実際の資質
活動分野に関する専門的な技術・知識	60.1	34.9
社会的ニーズを的確に捉える力	52.3	20.7
新しい事業活動を生み出す力	53.9	19.5
社会的な使命感と情熱	67.6	45.2
社会の現状に対する批判的な視点	22.5	16.9
社会に対して政策提言を打ち出す力	33.6	14.1
他組織とのネットワークを広げる力	33.2	13.0
多様な人材をコーディネートする力	49.9	16.4
外部に対する交渉力	48.6	18.3
組織運営・マネジメント能力	59.4	14.3

団体の設立目的と実践とのすり合わせや，当面の課題をやりきる方法の検討，困難を乗り越えた体験の振り返りなどが行なわれていると思われる．その一方で，外部の研修機関にスタッフを派遣して，知識や技術の体系を学び，資格取得も含めた力量形成がはかられている．NPOスタッフに不足しているマネジメント能力やコーディネートする力，創造性を実践的に身につけるためには，スタッフ同士の学習会が有益であると思われる．それをどれくらいの深さで展開できるのかは，スタッフ間の人間関係に規定されるが，それを切り拓くリーダーの役割も大きい．

2-4 リーダーの自己形成

このようなリーダーが，どのように自己形成してきたかを見るために，NPOの活動目的がリーダーのどのような人生経験から大きな影響を受けているかを質問した．その結果は，仲間との共同活動から得た価値観（47.4%），多様な体験を積み重ねてきたこと（46.5%），職業生活で身につけた専門性（45.0%），社会改革との結びつきの自覚（44.0%）から影響を受けており，地域調査や研究活動への従事（19.5%），身近な人から受けた思想・人生的な影響（28.8%）はあまり反映されていない．仲間との活動や職場での経験がリーダーの自己形成の源になっていることが理解される．

また，NPO での活動のなかで影響を受けた人間的成長や学習の側面を尋ねると，共感しうる人々との出会いと協力 (62.2%)，活動に生きがいや楽しみを見出している (52.3%)，社会的な使命感や社会参加意欲が高まる (49.0%)，が高く，専門的な技術や資格を取得する (22.0%)，組織的なコーディネート能力を発揮する (24.4%)，情報収集・調査や情報発信の能力が高まる (24.5%)，が低くなっている．ここでも，個人の専門的な能力よりも，人間関係の深まりや社会的な意義など集団のなかで人間的成長がはかられていることがわかる．

3　NPO の経営への参加システムと力量形成

3–1　実践を尊重した経営と参加

前節で見たように，今日，NPO は事業性を積極的に追求するようになっている．そして，スタッフはそれを担う専門性や情熱をもっているが，マネジメントやコーディネート，ネットワークなど NPO の経営にかかわる力量が不足している．一方，NPO のリーダーは，人との出会いや共同のとりくみを通して自己形成してきている．このように特徴を押さえてみると，日本の NPO の今日的な状況は，使命を自覚して設立された段階から，事業体として本格的な経営の段階に入ろうとしているといえるのではないだろうか．

その意味では，多くの NPO は，田尾雅夫が指摘するように，「アソシエーションとビューロクラシーの相克」のなかで活動している．そこでは「権威の重視 vs パーソナルな敬意」「労働条件の整備 vs 際限のないコミットメント」「常勤スタッフ vs ボランティア」「標準化された形式準拠 vs ケースバイケースの対応重視」などの葛藤を抱えている．使命を大切にする NPO が事業体を追求する限りこの葛藤は常に存在するが，自立的な小集団活動，ルース・カップリング（組織の各部分が独自に活動できるように緩やかな結合関係にしておく），マトリックス組織（情報の流通回路を多重化し，必要に応じて必要な人に指示を仰ぐようにする）を導入することで，両者の結合がめざされる必要がある[16]．

このような現場を重視した関係形成や意思決定のありかたを，今井賢一と金

子郁容は「ネットワーク組織論」として，その中心に「場面情報の連結」を置いている[17]．

　大事なことは，このような次元の異なる場面情報が連結されるということなのである．工場の現場の場面情報が重役会の場面と結びつき，マーケティングの場面情報が研究開発の場面と連結され，応用研究の場面から基礎研究への結びつきが生まれる．場面情報は閉ざされていない．だから，そこから新しい関係が生まれ，意味が問い直され，自分と他人の境界が引き直され，目的がとらえ直される．場面情報とはそういう動的な相互作用を生み出してゆく契機となるのである．もちろん，現場をみさえすればよいというのではない．現場から意味ある情報を引き出すためには，なんらかの意味で自分の存在をかけてものを見なければならない．言われた通りの目で，既成の理論にこりかたまって現場をみれば，動いている情報はとらえられない．見る目が閉じているからである．

　使命を自覚し収入のことはあまり考えずにスタートしたNPOが，地域からの期待も高まり，安定的な運営を迫られたとき，経営の視点が求められる．また，活動に参加するスタッフの生活に責任をもつ必要からも経営的にしっかりする必要が生まれる．しかしそこで，管理的な経営を導入すればNPOとしての生き生きとした活動が失われる．そのような状況にあって，実践現場の生きた情報が経営に反映され，そのことがサービスの向上や経済的な効率性に結びつくことが必要である．そのような経営を追求することができれば，現場にいるメンバーが主体的に経営に参加する道筋が確保され，そのことによって，活動への意欲も高まるのである．

3-2 「集団的自己雇用」における民主的運営の課題
　このように実践現場で活動しながら経営にも参加していくスタイルは，ヨーロッパにおける社会的経済や日本の労働者協同組合での労働のありかたのなかで探求されてきている．内山哲朗によれば，これらの労働は，働く者が自らを雇用することと，それが集団を形成して行われるという意味で，「集団的自己

雇用」ということができるとされている．そして，そのような「集団的自己雇用」は，「たんに労働機会の創出にとどまるのではなく，労働＝仕事そのものをいかにして社会的に有用なものとするか（〈よい仕事〉原則）を事業体の生命線と位置づけつつ最重視している」と指摘されている．「〈よい仕事〉研究交流集会」の積み重ねのなかから，「よい仕事」の基準が，次のように整理されているというのである[18]．

① 提携先や利用者の信頼・協調関係を確立できるような仕事ぶりになっているかどうか，さらに新しい仕事を提携先・利用者が一緒に創り出そうという意欲をもってもらうほどに満足を与える仕事ぶりかどうか．
② 仕事のなかで，仲間同士の意欲を向上させられるような仕事になっているかどうか．
③ 技術水準を高め，工夫や改善提案ができるような仕事になっているかどうか．
④ 経営効率・作業効率を高めるような仕事になっているかどうか．
⑤ 労働条件の改善・労働環境の改善に結びつくような仕事になっているかどうか．
⑥ 仕事をめぐる教育・訓練・交流が活発になされているかどうか．
⑦ 同業の企業と比べて仕事の質と量がどのようなものであるかを客観的にとらえているかどうか．

また，「集団的自己雇用」では，資金を出し合い，それを「協同の資本」とし，一方で，事業に必要な労働を「協同の労働」として編成してきた．すなわち，「〈協同資本と協同労働〉の管理を〈協同による集団的な自律的管理〉として実質化しよう」とする営みを展開してきたのである[19]．

しかし，そこにはさまざまな課題がある．とりわけ，スタッフが労働者であり雇用者であるというなかで，スタッフの自主性の尊重と管理のバランスはデリケートな課題である．たとえば，利用者ではなくスタッフにイニシアティブがある場合，1つに，スタッフが利用者の参加を促し，要望を的確に受け止める対話的な関係が必要であり，2つに，スタッフは事業を継続させる責任を自

覚し，自治体との交渉や新しい利用者の拡大に努めることが求められる．そして3つに，利用者とスタッフの対話的な関係によって，スタッフが成長し，「専門性」を口実とした押しつけ的な運営に陥ることなく，共生的なサービスが提供されるようになることが必要であると指摘されている[20]．また，利用者とスタッフという関係だけでなく，より踏み込んで，理事，マネージャー，利用者，職員の関係に注目し，特にマネージャーの独断をコントロールする必要も指摘されている[21]．

　ここで重要なことは，自主性と管理のバランスにおいては，制度的側面だけでなく組織のもつ文化的側面を重視する必要があるということである．組織にかかわる人々の意識に内面化された規範にもとづいて，民主的管理が遂行される必要があるのである．特に，リーダーシップの重要な側面として，このような組織文化の創造を位置づけ，開放的で共生的な組織をつくることが求められる．非営利・協同組織の民主的管理のためには，①民主的管理に適合した組織文化の形成，②組織文化の形成を担うリーダーシップの開発，③リーダーシップ能力の学習過程となる参加的で開放的な意思決定・コミュニケーション過程の形成，④関係するすべての人に何らかのリーダーシップを保障しうるコーポレート・ガバナンスの制度的確立，という課題が重要である[22]．

4　NPOによる地域・自治体づくりと力量形成

4-1　持続可能な地域づくりとNPO

　NPOは社会的な使命を実現するために活動することから，行政が提供している公共性のある事業と重なることが多い．したがって，NPOが事業体として発展しようとする場合，行政との関連が重要になる．行政との交渉能力を高め，必要な条件を確保しながら事業受託できる能力がNPOのスタッフに求められているのではないだろうか．

　先に示したように，内橋克人は，共同セクターがその機能を発揮しやすい分野として，食糧の生産と流通，再生可能なエネルギー，社会的なケア，があると指摘している．また，宮本憲一は，ヨーロッパにおける都市政策の原理として，「サスティナブル・シティ・プロジェクト」が提起され，①自然資源の持

続可能な管理，②都市経済と社会システムの革新，③持続可能な交通政策，④空間計画，が課題となっていることを指摘している[23]．

このような持続可能な地域をつくるうえで，NPOの果たす役割は大きく，今日，その事業性をクローズアップした「コミュニティビジネス」という考え方が注目されている．高寄昇三によれば，コミュニティビジネスの強みは次のようにとらえられている[24]．

　　コミュニティビジネスの経営戦略のキーワードは，地域社会ニーズと地域経営資源の結合である．地域社会のニーズが行政・企業セクターから見捨てられたままの場合，コミュニティビジネスには個人がもつ地域社会への貢献意欲を引き出し，事業化を図っていく潜在的素質があり，それが事業体としての強みである．
　　コミュニティビジネスが市場ベースより安価にサービス提供ができるのは，コミュニティビジネスが地域社会の遊休資源を事業化へと結実させる，プロモーターとしての媒介機能を秘めているからである．このような地域遊休資源の活用こそが，コミュニティビジネスの経営戦略の秘訣である．

ここでの遊休資源とは，志がありながらも活動の場が見つからない住民や，社会的に意義のある寄付の対象を求めている資金，十分には活用されていない施設や空間などであり，それらを活用し社会的ニーズを満たしていくことに，コミュニティビジネスの特徴があるというのである．

このようなかたちで地域・自治体でコミュニティビジネスが盛んになると，自治体の業務の委託や職員の削減に結びつく可能性がある．従来の自治体のありかたをそのままにしてコミュニティビジネスを育てていくのか，それとも自治体労働者の削減と引き換えにコミュニティビジネスを育てていくのかは，今後，さまざまな試行錯誤のなかで慎重に検討されなければならない．その意味で，鳥取県庁がワークシェアリングのとりくみとして，2002年から3年間，職員の給与を4-7％引き下げ，これによって生まれた年間33億円の財源で，教職員や児童養護施設職員を増員し，雇用創出をした企業への助成を行ったことは注目される．NPOが自治体と交渉する力をつけ，何を自治体の業務とし，

何をNPOに任せるかを,近視眼的になることなく,広く長い視点で検討していくことが必要なのではないだろうか.

4-2 ソーシャルサービスの質の確保とNPO——ボローニャ市の例

このような地域・自治体に必要なサービス提供主体としてのNPOとそこでのスタッフの力量形成のありかたを,社会的経済の先進国であるイタリアを例として考えてみたい[25].

イタリアでは,ソーシャルサービスを提供する協同組合の多くが,社会的協同組合（cooperativa sociale）となっている.社会的協同組合は1960年代に,宗教的動機やヒューマニズムの精神にもとづく非営利組織として発足した.70年代には100に満たない団体しか存在しなかったが,80年代に入って数を増やし,1996年には3857団体が社会的協同組合として活動を行っている.

社会的協同組合が法制化されたのは1991年であり,法律第381号で規定された.それによれば,社会的協同組合は「人間的発達と市民の社会的統合のためにコミュニティの公益を促進するもの」であるとされている.また社会的協同組合には,「福祉および教育に関する事業を行う団体」と「社会的弱者に就労の場を提供するための団体」という2つのタイプがあることが規定されている.このように社会的協同組合が法制化されるのと同時に,法律第266号によって,非営利組織が地方自治体との間で,事業の委託契約など公的な関係を結べるようになり,税の減免も行われることになった.それにともなって,公的な関係を結ぶ団体には財政報告が義務づけられ,組織構造の強化につながった.

イタリア北部,エミリア・ロマーニャ州の州都,人口39万人のボローニャ市では,高齢者のためのソーシャルサービスとして,①ホームヘルパー派遣,②デイケアセンター,③ショートステイ,④配食サービス,⑤福祉用具貸出,⑥高齢者養護施設,⑦高齢者保護援護居住施設,⑧ケア付き高齢者住宅,⑨経済的支援,が行われている.

①-⑤の在宅生活支援サービスのうち,①-④は社会福祉行政の管轄下で主に社会的協同組合など非営利組織によって担われており,⑤は保健行政の管轄になっている.また,⑥-⑧の施設については,⑥は非営利組織が,⑦は行政が,⑧は民間企業が運営にあたることが多い.そして⑨については,行政によって

水光熱費の減免やタクシーチケットの配布などが行われている.

このように,直接的なサービスの提供の多くが行政以外の組織によって担われており,行政はサービス量の算出や利用料の減免の決定などを行っている.また,行政はサービス計画や施設の確保を行ったうえで,その委託先を決める権限を持っている.

委託にあたっては,それぞれの事業ごとに入札が行われ,最も優れた計画を提出した団体が委託先となる.大きな事業の場合には,海外の事業者にも門戸を開いて,入札が行われる.たとえば,ホームヘルパー派遣事業であれば,通常5-6団体が入札に参加している.計画の評価は,サービスの内容が60点,経済的効率性が40点の按分で行われる.安価なものであってもサービスの質が悪ければ受託することができず,逆に,サービスの質が優れていてもコストのかかりすぎるものも敬遠される.それぞれの事業には,あらかじめ定められた2-5年の委託期間があり,期間終了が迫ってくると改めて入札が行われる.また,契約期間中も,行政職員と住民からなる監査員によって,提出された計画がその通り実施されているか調査が行われる.

ソーシャルサービスの入札時の評価において,全体の60%がサービスの質に関するポイントになっており,経済的効率性を中心とした評価基準になっていないことは,社会的協同組合にとって重要なことである.社会的協同組合は,1992年に国が定めた労働協約を守らなければならないため,一般的には企業が提供するサービスよりも割高にならざるをえず,その分,サービスの質を重視せざるをえないからである.

一例として,高齢者施設ヴィルゴ・フィデリス(VIRGO FIDELIS)の運営を社会的協同組合カディアイ(CADIAI)(Cooperativa Assistenza Domiciliare Infermi Anziani Infanzia)が受託するにあたってのサービスの質に関するポイントを示すと次の通りである.

サービス内容に関する細かい説明がなされるほか,チューターシステムがあり,20日間の体験入所が行われる.そこで施設の様子をよくわかったうえで,正式の入所ということになるのである.また,保健・医療の観点からのカルテのほかに,理学療法の観点からのカルテ,精神状態や生活史を含めて生活全体を見るためのカルテが用意され,1人1人の高齢者を総合的に把握することに

力を注いでいる．このことをふまえて，症状別のケアプランを立てることはもとより，個人の好みにあわせたプランが用意されている．さらに，高齢者をたんにケアの対象とするのではなく，自ら生活を楽しめるような働きかけが行われている．特に，毎月の誕生パーティーには力を入れており，レクリエーション指導者の支援を受けながら，高齢者がそれぞれの表現の仕方でお祝いの気持ちが伝えられるように，時間をかけて準備が行われている．

このように，社会的協同組合にはサービスの質を強調した計画で行政から事業の受託をかち取ることが求められ，そのために，看護士等専門職の確保とマネージャーの力量の向上が重要な課題となっている．たとえば，CADIAI のスタッフで，高齢者施設 VIRGO FIDELIS の責任者は，1987 年に CADIAI に入り，障害者サービスの分野で働きながら研修に参加し，1994 年には障害者施設の責任者になり，1997 年には州が実施する高齢者施設運営の専門家養成コースを修めて，2000 年に VIRGO FIDELIS の責任者になったのである．このように実践現場にいながら必要な研修を受け，サービスの質の高さをもって自治体と交渉できる力量が形成されていることが重要ではないだろうか．

（辻 浩）

1) 橘木俊詔「働き方の多様性とセーフティネットはなぜ必要か」（橘木俊詔・橘木研究室編『安心して好きな仕事ができますか』東洋経済新報社，2003 年）．
2) 山田昌弘『パラサイト・シングルの時代』（ちくま新書，1999 年）．
3) 玄田有史『仕事のなかの曖昧な不安』（中央公論新社，2001 年）．
4) 小杉礼子『フリーターという生き方』（勁草書房，2003 年）．
5) 内橋克人「新しい多元的経済社会の中での仕事の創造」（河合隼雄・内橋克人編『現代日本文化論 4 仕事の創造』岩波書店，1997 年）．
6) 辻浩「NPO の人材養成と学習機会の創造」（佐藤一子編著『NPO と参画型社会の学び』エイデル研究所，2001 年）．
7) そのほかに，「情報化社会の発展を図る活動」「科学技術の振興を図る活動」「消費者の保護を図る活動」が追加され，合わせて 17 の活動分野になった．
8) 米田雅子『NPO 法人をつくろう』（第 3 版，東洋経済新報社，2003 年）．
9) 大久保幸夫編著『新卒無業――なぜ，彼らは就職しないのか』（東洋経済新報社，2002 年）．
10) 「ETIC.」ホームページ（http://www.etic.or.jp）より．
11) 大久保，前掲．
12) 『就職できる！ インターンシップ』（イカロス出版，2003 年）．

13) 佐藤洋作・カンパネルラ編集委員会編『高校生・大学生・フリーターのあなたへ もう一つの〈いろいろな〉働き方 若者たちの仕事探し・仕事起し』(ふきのとう書房, 2002 年).
14) 坂井希・伊藤彰男『就職難に気が重いあなたへ——時代と生き方を考える』(新日本出版社, 2003 年).
15) 「NPO 科研費調査報告書」.
16) 田尾雅夫「NPO の経営管理」(谷本寛治・田尾雅夫編著『NPO と事業』ミネルヴァ書房, 2002 年).
17) 今井賢一・金子郁容『ネットワーク組織論』(岩波書店, 1988 年).
18) 内山哲朗「集団的自己雇用と集団的生活自助——社会的経済の労働・生活論」(富沢賢治・中川雄一郎・柳沢敏勝編著『労働者協同組合の新地平——社会的経済の現代的再生』日本経済評論社, 1996 年).
19) 同前.
20) 藤田暁男「福祉の非営利組織における利用者とスタッフの組織問題」(川口清史・富沢賢治編『福祉社会と非営利・協同セクター』日本経済評論社, 1999 年).
21) 北島健一「協同組合民主主義と集団的アイデンティティ」(川口・富沢編, 前掲).
22) 塚本一郎「意思決定と民主的管理の構造」(角瀬保雄・川口清史編著『非営利・協同組織の経営』ミネルヴァ書房, 1999 年).
23) 宮本憲一『日本社会の可能性——維持可能な社会へ』(岩波書店, 2000 年).
24) 高寄昇三『コミュニティビジネスと自治体活性化』(学陽書房, 2002 年).
25) 2001 年 3 月に行った, ボローニャ市, 社会的協同組合 CADIAI, 高齢者施設 VIRGO FIDELIS の訪問調査. 辻浩「イタリアにおけるソーシャルサービスの質の確保と社会的協同組合——ボローニャ市における高齢者施設の管理運営を中心に」(日本社会事業大学『高齢者介護サービスの質の確保(苦情対応等を含む)国際比較研究』日本社会事業大学, 2001 年).

3章　NPO支援センターの教育機能とネットワーク

1　課題設定

1-1　中間支援システムに関する研究課題としての教育力

　「中間支援」や「インターミディアリー（Intermediary）」として，NPO活動の展開基盤をつくりあげる組織・施設が各地で動きを見せている．中間支援とは，地域における市民活動団体間，あるいは行政や企業など異なるセクターの間に立って，それらをネットワーク化したり，情報だけではなく資金や人材，知識・技術を流通させることを通して，「組織的あるいは経営的に十分な自立に至っていない市民活動を，事業体として活動を展開できるNPOにまで高めるのを手助けするしくみ」を指す[1]．本章では，こうした中間支援機能を果たす組織を「NPO支援センター」（以下，「センター」）と定義し，その教育力についての検討をおこなう．

　日本における中間支援の現段階を山田晴義が「過渡的・試験的」な状況と述べているように，行政，民間（市民）双方がそのありかたをめぐって模索している段階といってよいだろう．行政と市民との協働による中間支援システムの構築を進めてきた宮城県仙台市（「仙台市市民活動サポートセンター」）の状況や，市民サイドが行政に先行して力強い中間支援を自治体全域に展開しつつある北海道の事例（「（特活）北海道NPOセンター」），さらに行政，民間各々のNPO支援センターが自治体内に並存しあう静岡県の事例（「ふじのくにNPO活動センターパレット」「（特活）浜松NPOネットワークセンター N-Pocket」「（特活）静岡県ボランティア協会市民活動サポートセンター」）など，その様

相は実に多様である[2]．こうした中間支援をめぐる論点の1つは，自治体のNPO政策におけるその位置である．都道府県および市町村レベルでのNPO政策が各地で進展しつつあるが，その内容もまた決して一様ではない．例えば，行政とNPOとの関係として多くみられる行政事業のNPO委託などは，その政策的位置づけの多様さが顕著にみられる[3]．関連して，特に住民サービスを直接的に担う市町村自治体においては，行政事業の効率化などの点からNPOとの関係づくりの制度化が改めて求められている．NPOの社会的存在意義や組織理解の浸透には地域間でかなりの差異があることから，その育成・支援の対象として既存の地域団体を含めて捉えるかどうかなど，自治体固有の市民活動施策の展開（市民活動の定義・施策の優先順位等）が必要となっている現実がある．特に，行政と市民・NPOとの「協働」なのか，その前段階としての「育成」「支援」なのかといったNPO政策における対象の理念的位置づけは，当該自治体の中間支援施設の重点機能を何に求めるのかといったこととの関連で主要な論点となる[4]．

　もう1つの論点は，中間支援システムにおける資源配分の問題である．本章が取り上げるNPO支援センターは，その運営上「施設・財源」というハード面と実際のサービス提供を担う「人材・事業内容」という2つの機能を併せもつという点が，これまで取り上げてきた分野別NPOとの違いともいえる．北島健一は，従来の経済学研究がファイナンスとサービス供給との分離モデルによって，ポスト福祉国家段階におけるNPOの役割を経済的役割に限定的に捉えてきたとし，政府（行政）／NPOの関係創造から現れる社会的・政治的役割を明らかにする必要があると分離モデルの再考を求めている[5]．さらに初谷勇は，サラモン等による財源とサービス供給の担い手をめぐる諸類型から[6]，「供給を図るサービスの需給関係や性格に応じた，最も効率的・効果的なサービス供給にとって最適な関係類型を選択できるよう計画レベルでの検討が必要」であるとして，必ずしもパートナーシップ型が優位とはいえないことを述べている[7]．行政，NPO各々が直面する分野・領域に応じた適正な資源配分を考慮すべきという指摘である．

　さて，センターの機能について特にその教育力の視点から分析を試みる本章の課題においては，事業活動をめぐる人材（運営主体と利用者）の力量やその

相互的関係が大きく問われることをここで仮説的に提示したい．センターの教育力の分析においては，各セクター間の機能を生かした「柔軟な組み合わせ」（初谷）という財源とサービス供給との均衡理解に加え，むしろ提供されるサービス内容やマンパワー，そしてセンターを取り巻く地域社会との関係構造を意識した実態把握が求められていると考える．それぞれの地域社会がもつ NPO 理解の浸透度合いや住民の参加型力量の実情と段階に応じて，センターの設置・運営をめぐる協働関係が創造されるべきであるし，そこに現れるサービス供給主体の教育力（教育的配慮や技術等）はまた地域諸団体の組織構造や地域民主主義の再構築を進める社会的かつ政治的な力量形成に関係しているといえる．その点，人材養成や具体的な NPO の立ち上げを目的とするセンターの性格上，学習や研修といった教育機会を含む対人サービスのありかたは，その事業内容の面で最も中心的な課題となるはずである．中間支援に関するこれまでの研究では，行政，民間双方による中間支援システムの形成過程，並びに個々の中間支援組織の事業内容についての検討はあるものの，それらがもつ人材養成や組織・団体の支援・育成にかかわる教育や学習の機能を捉えた研究は見られない．センターがどのような教育機能を通して，地域社会における NPO 理解の普及や個人，団体の支援に向き合おうとしているのかを明らかにすることは，日本の中間支援の構造と機能の実態を総体として把握するうえで必要な視点であると考える．

1–2　NPO 支援センターの教育力と分析の視点

　本章は，NPO 支援センターの教育力を明らかにすることをねらいとしているが，ここでいう「教育力」とは何かということを整理しておきたい．その第 1 は，センターの組織運営および事業内容である．具体的には，①設置・運営主体，②支援事業としての貸館業務，情報提供・相談業務，教育事業，③センター内部スタッフの人材養成（選抜，養成，配分）などが挙げられる．同時に，こうしたセンターの教育力を把握するための分析の視点として，本章ではセンターの基本類型に基づく教育・学習機会の相違に着目する（図 3–1 参照）．日本の中間支援の現状は，先述したように行政，民間各々の立場から固有のアプローチが見られると同時に，特に行政側の意図的・政策的な試みとして，パー

```
            ┌─ 公設公営      ┌─ 既存 NPO 委託
            │                ├─ 新設 NPO 委託
            ├─ 公設民営 ─────┼─ 財団・社団委託
            │                ├─ 運営協議会方式
            └─ 民設民営      └─ 社会福祉協議会
```

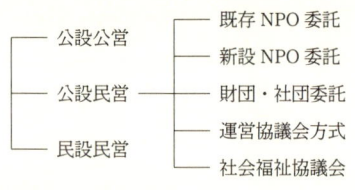

図 3-1　NPO 支援センターの基本類型

トナーシップ型の設置運営形態を選択する自治体が多くある．例えば，市民公募による NPO（特定非営利活動法人を含む）の立ち上げと，そこへの施設管理運営の委託という形（図 3-1：新設 NPO 委託）をとるなど，市民参加を組み込みつつ中間支援の制度化を図る例などが見られる．独自の政策形成の道筋を模索することを通して，NPO 政策そのものが自治体政策の中心課題に挙がっているところが少なくないのである．ここに現れる設置運営形態の相違に基づき，その事業内容や運営方法を詳細に把握することは，今後の中間支援のありかたをめぐって示唆を与えるものと考えている．そこで本章では，NPO 支援センターを「公設公営」「公設民営」「民設民営」の 3 つに類型化し，各々の教育力を把握する．特に，「公設民営」についてはさらに既存・新設 NPO 委託，財団・社団法人委託，運営協議会方式，社会福祉協議会による運営という 5 つに類型化している．

　教育力分析の第 2 の視点は，地域コミュニティとの関係における NPO 支援センターの存立構造への着目である．第 1 の視点として取り上げた「事業活動」に現れる教育力だけでなく，センターがいかなる支援・育成のプロセスを経て具体的な NPO 団体を立ち上げ，地域コミュニティとどのような関係性を育みながら展開しようとしているのか．その実態と課題について具体的なセンターの事例を通して把握を試みる．特に，地域経済の落ち込みや高齢化・過疎化をはじめとする現代的諸課題に直面する地方都市においては，地域社会の活性化を具体的に推し進める方途が何よりも求められている．NPO はその中にあって，これら地域課題の克服と向き合わない限り，NPO そのものへの地域的理解の広まりや社会的有用性の発揮は難しい．地域課題の共有と NPO 活動の地域的普及を進める場合には，とりわけ従来から地域社会を中心的に担ってきたコミュニティ組織との関係が問われてくる．NPO がもつ使命や実践性を

地域社会の共同性の中にどう組み込んでいくのかが争点であり，そこでセンターがどのような役割を果たし得るのかを教育機能やネットワークの視点から検証する必要がある．本章ではこれを，行政や学校，地域団体，大学，企業等，地域社会に存在する多様な主体とのネットワークやコラボレーションに関する調査結果を加味しつつ検証する．今後予想される市町村合併とそれによる地域社会（住民自治や地域民主主義）の変容など，いわゆる分権社会におけるコミュニティの姿を見据えた課題設定となる．

2　NPO支援センターの運営と事業

2-1　設置・運営状況

　ここでは，「NPO支援センター調査」に基づきセンターの設置運営状況についてみていく．まず設置主体については，「行政が条例に基づき設置」と「行政以外の組織が独自に設置」がほぼ半数ずつであるのに対し，それに運営主体を加えると「公設公営」8.0％，「公設民営」50.0％，「民設民営」42.0％となっており，より民間の関与の仕方が注目される．特に「公設民営」の運営主体についてみると，「自治体出資財団・社団法人」25.9％，「新設NPO」「既存NPO」委託が各々22.2％，「運営協議会方式」11.1％，「社会福祉協議会」14.8％となっており，分散傾向にはあるものの「自治体出資財団・社団法人」が最も多くなっている．関連して，その契約方法は「特命随意契約」57.7％が圧倒的に多く，「企画コンペ」7.7％が続き，入札方式は全くないという状況である．行政側と民間側の信頼関係の醸成や，NPO支援を担い得る民間団体の自治体内部における育成などが課題として挙げられるが，実際の受託内容については「施設管理・事業実施のすべて」としているセンターが半数にのぼっており，民間サイドの運営上の自立性が尊重されつつあることもうかがえる．

2-2　事業活動

　センターが想定している事業活動（教育事業を除く）の対象（複数回答）についてみると，「任意団体」「NPO法人」が68.0％で最も多く，「個人」56.0％，「行政」44.0％が続き，さらに「地域団体」についても34.0％のセ

ンターがその対象として捉えている.

　次に各々のセンターが，NPO を支援するうえで最も重視していることをみてみる.「NPO 相互の交流促進」が 32.0％ で最も多く,「NPO, 行政, 企業の交流促進」14.0％,「NPO への理解の普及」10.0％,「NPO 法人の設立支援」10.0％ が続いている. これについて基本類型別にみてみると,「公設公営」「公設民営」では「NPO 相互の交流促進」がそれぞれ 50.0％, 54.2％ と半数を占め，交流型の支援内容を志向していることがわかる. これに対して「民設民営」では，その志向が分散しているものの「NPO 法人の設立支援」25.0％,「NPO への理解の普及」20.0％ などの比率が高く，具体的な法人の立ち上げといった直接的な支援機能を求めているといえる.

　さらに，貸館サービスの内容についても聞いている（複数回答）.「印刷作業室」68.0％ が最も多く,「交流サロン」「会議室」の提供が各々66.0％,「レターケース」54.0％,「事務所スペース」36.0％ と続いている. 貸館サービスの面では，全般的に「公設」のセンターが大きな役割を果たしているが，最も利用者が多い（もしくは特徴的な）サービスは何であるかを聞いてみると基本類型別にその果たしている機能に違いが出てくる.「公設公営」では「印刷作業室」が 100.0％ となっており,「公設民営」では「交流サロン」36.0％,「会議室」「印刷作業室」が各々24.0％,「民設民営」では「事務所スペース」35.7％,「交流サロン」「印刷作業室」が各々14.3％ となっている.

　最後に，情報提供・相談業務についても聞いている（複数回答）. 相談業務は特に，直接的な対人サービスであることからそれぞれのセンターの人材や事業の重点性に左右されることが想定され，本調査においても注目した点である.「活動資金に関する情報提供」84.0％,「イベント・講座の情報提供」78.0％,「情報誌の定期発行」76.0％ の比率が高く，これらが共通して重要な業務となっている. 逆に「検索システム」38.0％,「専門スタッフを配置」44.0％ が低くなっているが，これを基本類型別にみるとさらに違いが出てくる（表3-1参照）.「民設民営」では,「データベース作成」33.3％,「検索システム」14.3％ の比率が低く，逆に「情報誌の発行」81.0％,「NPO 経営に関する情報提供」66.7％ が高くなる. これらの事業内容を「公設公営」と比較すると全く逆の傾向を示していることがわかる. それに対して,「公設民営」では，比較的幅

表 3-1 基本類型別にみる情報提供・相談業務　　(単位：%)

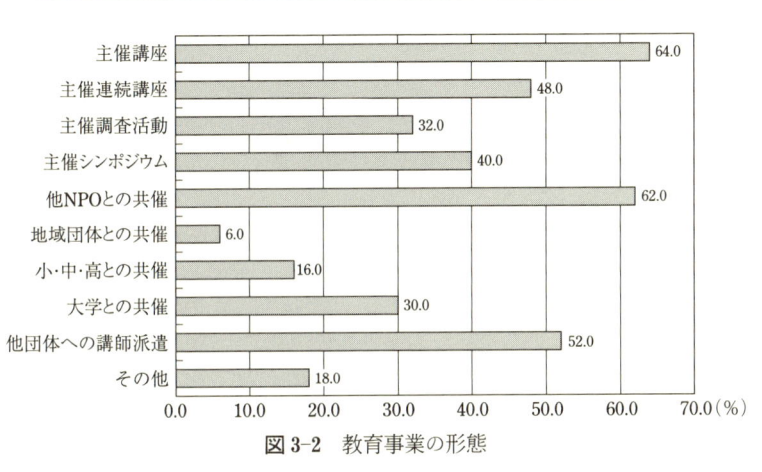

	データベース	イベント情報	検索システム	専門スタッフ	NPO経営	活動資金	情報誌発行
公設公営	75.0	75.0	75.0	0.0	0.0	100.0	75.0
公設民営	68.0	92.0	52.0	60.0	44.0	100.0	72.0
民設民営	33.3	61.9	14.3	33.3	66.7	61.9	81.0

項目	値(%)
主催講座	64.0
主催連続講座	48.0
主催調査活動	32.0
主催シンポジウム	40.0
他NPOとの共催	62.0
地域団体との共催	6.0
小・中・高との共催	16.0
大学との共催	30.0
他団体への講師派遣	52.0
その他	18.0

図 3-2　教育事業の形態

広い機能を果たしていることが理解できる．

2-3　教育事業

ここではNPO支援センターが行う教育事業について4つの観点から聞いている．第1は，教育事業の形態である（複数回答）．「主催事業での講座」64.0%，「他NPOとの共催事業」62.0%，「他団体への講師派遣」52.0%が多い事業形態となっている．逆に「地域団体との共催」「小・中・高校との共催事業」の比率が低くなっている（図3-2参照）．これを基本類型別にみた特徴について整理しておく．「公設公営」は，「主催連続講座」「NPO共催」「地域団体共催」が各々25.0%となっており，極めて限定的な事業形態に止まっている．「公設民営」については，「主催講座」64.0%，「NPO共催」56.0%，「講師派遣」40.0%等が多いが，実施率の低いものも含めすべての形態が事業として行われている．これに対して「民設民営」はほとんどの形態について50.0%を超えており，多様かつ積極的な実施状況がある．特に，「講師派遣」

表 3-2　基本類型別にみる NPO 関連講座内容　（単位：％）

	NPO 経営	行政との協働	人材養成	企業との協働	法人化への手続き	その他
公設公営	50.0	0.0	75.0	0.0	0.0	25.0
公設民営	28.0	40.0	48.0	16.0	44.0	32.0
民設民営	57.1	66.7	71.4	28.6	52.4	0.0

76.2％，「主催シンポ」61.9％，「大学との共催」52.4％などが特徴的である．ただし，「地域団体との共催」についてだけは，民間運営のセンターでは 4.0％前後の実施という低い値となっている．

　次に，NPO 支援に関連した講座の実施状況について見てみる（複数回答）．最も多いのは「NPO の人材養成」60.0％，さらに「NPO と行政との協働」48.0％，「NPO 法人化への手続き」44.0％，「NPO の経営」42.0％が続いている．ほぼ半数のセンターがこれらの講座を実施していることになるが，「NPO と企業との協働」については 20.0％と比較的低い値を示している．これを基本類型別に見ると，「公設公営」では「人材養成」75.0％，「NPO の経営」50.0％のみに実施内容が偏っている（表 3-2 参照）．他方，「公設民営」は，「人材養成」48.0％，「法人化への手続き」44.0％，「行政との協働」40.0％が多く，その他の講座についても実施している．さらに「民設民営」になると，「人材養成」71.4％，「行政との協働」66.7％など全般的に高い実施状況であり，ここでも「民設民営」が活発な事業展開をしていることがわかる．

　さらに，上記の NPO 講座以外の教育事業についても聞いている．特に「まちづくり」48.0％，「環境問題」34.0％などが多く実施されていることをはじめ，「高齢者・障害者福祉」「子育て」「国際交流」「情報処理」「男女共同参画」「文化芸術」「地域課題」などテーマ全般にわたって 2 割前後の実施状況が見られる．これについても，基本類型別に見てみると，「公設公営」が「高齢者・障害者福祉」25.0％，「まちづくり」25.0％と限定的な実施状況であるのに対して，民間運営のセンターではあらゆるテーマについて 3 割近くを実施している状況がある．特に「民設民営」については，ここでも全体的に積極的な講座の提供を行っていることがわかる．

　最後に，講座の受講料の徴収状況を聞いている．「有料が多い」39.0％，「無

料が多い」45.0％ となっており，基本類型別に見ると「有料が多い」が「民設民営」64.7％ に対して，「公設公営」「公設民営」は各々33.3％ という状況である．

2–4 スタッフの採用・研修

　ここでは，センターが雇用しているスタッフ（常勤・非常勤）の採用，ならびに研修等の状況についてみてみる．NPO支援センターの組織内部に向けた学習機会の検討ということになる．まず，スタッフの採用方法・基準についてだが，採用方法としては「必要時に公募」56.0％ が圧倒的に多く，「関係者の紹介」14.0％，「行政職員が就役」8.0％，「定期的に公募」6.0％ が続いている．採用の基準については，基準として重視するものを資格，人柄，熱意，性別，年齢という観点で聞いている．実際には，「人柄」「熱意」が各々38.0％ で，それ以外の項目の選択は全くなかった（「その他」20.0％）．

　次に，スタッフ数と職務分掌について見てみる．スタッフ数については，「4–6人」40.0％，「7–10人」30.0％ を合わせると全体の7割を占めており，NPO支援センタースタッフの標準的規模がこの層にあることがわかる．他方，「–3人」12.0％，「15–人」8.0％，「11–15人」6.0％ となっており，スタッフ数にはセンターによってかなりの幅も見受けられる．さらに，採用された職員の職務はどのように配分されているのだろうか．これについては「採用側で割り振る」56.0％ が圧倒的に多く，「本人の希望を重視」16.0％，「利用者の反応により再配置」は全く選択なしなど，採用側の意図が職務分掌に大きく反映されている実態がある．関連して，センターの経営者がスタッフにどのような資質を求めているのかを見てみると（3つ選択），「行政事務への専門知識・技術」48.0％，「仕事への使命感と情熱」39.0％ が多く，「企画力」29.0％，「コーディネート能力」17.0％，「NPO法制度への理解」15.0％ と続いている．これを，最も求められる資質について聞いてみると（1つ選択），様相は一変して，「仕事への使命感と情熱」56.0％ が圧倒的に多く，「NPO法制度への理解」10.0％，「企画力」「幅広い教養」が各々 6.0％ で続いている．「行政事務への専門知識・技術」にいたっては全く選択されていない．

　最後に，スタッフの研修状況を外部研修と内部研修の視点から見てみる．ま

表3-3 基本類型別にみる外部研修 (単位:%)

	行政主催研修	他NPO主催研修	大学の研修	民間企業研修	その他	研修なし
公設公営	33.3	33.3	0.0	0.0	33.3	33.3
公設民営	48.0	80.0	16.0	4.0	4.0	16.0
民設民営	30.0	90.0	20.0	5.0	5.0	10.0

ず,外部研修については,「外部研修を行っていない」としたのは14.0%であり,8割以上のセンターで実施していることがわかる.内容についてみると,「他NPO主催の研修」78.0%が最も多く,「行政主催の研修」38.0%が続いており,「大学での研修」16.0%,「企業での研修」4.0%は低い実施状況である.これを基本類型別に見てみる(表3-3参照).ここでもセンターの性格によって違いが見られるが,特に「他NPO主催の研修」は民間運営のセンターでの実施率が高いことが特徴として挙げられる.また,センター内部での研修については,全体の実施率が9割となっている.しかし内訳を見てみると,「職務改善目的のミーティング」58.0%,「自己啓発の奨励」54.0%,「スタッフ同士の学習会」40.0%など,フォーマルな研修プログラムが用意されているというわけではなく,事業活動を進めつつ行われる自発的で共同的な内容がほとんどであることがわかる.

　スタッフの採用・雇用状況については1つ確認が必要である.スタッフの雇用には,当然センターの財政事情が大きく反映されることになる.ただ,現在のNPOにおける雇用において確認しておくべきことは,失業対策としての緊急地域雇用創出特別交付金の存在である[8].近年のセンターを含むNPOでの雇用人材の確保は,この補助金を通じて行われている状況が多くみられる.しかし,6カ月という短期採用や事業費のうち8割を人件費に充てることなど,NPO側にとっては厳しい条件が同補助金にはある.と同時に,事業活動およびその職務内容については,採用側(NPO運営主体)の意図よりも委託契約という形を通して行政の意向が先行して強く現れることにも注意が必要である.こうした雇用のありかたが,センター自体の組織発展,あるいはセンターの教育力という形で現れる利用者の力量形成にどの程度影響してくるのかについてはさらなる検討が必要である.

ここまでの検討において，センターはその設置運営の形態によって特に事業内容の面でかなりの差異があることが明らかとなった．「公設」がもたらすハード面での充実や，その一方で民間運営によるセンターの事業目的や対人サービスのありかた，そして教育事業などに活力が見られることなどである．これらについては，4節において再度触れることにする．

3 地域コミュニティとNPO支援センター

3-1 NPOの組織構造と社会参加

本節では，地域コミュニティとの関係からみたセンターの存立構造に着目し，具体的事例を検討する．山崎丈夫は町内会・自治会等を中心として成り立つ地域コミュニティの再生をNPOやボランティア組織との協働に求めている[9]．山崎は，あくまでも地域コミュニティを議論の中心に据え，その再生と自治の創造を求めており，NPO側から地域社会へのかかわりとその意義を捉えようとする本章とはアプローチを異にする．しかし，NPOのようなミッション型組織と地域共同体（地縁型）との相互連関に地域自治を再構築する手がかりを見出そうとする点での課題意識を共有したい．では，センターは実際に地域コミュニティを含む他の組織とどのような関係にあるのだろうか（表3-4参照）．

まず「関係をもっていない」の項目を縦軸に見ると，「都道府県」「市町村」など行政との関係が強いことや，「他NPO団体」「社会福祉協議会」との関係が強いことがわかる．また，9割前後のセンターが「大学・短大・専門学校」「社会教育施設」「TV・ラジオ局」「青年会議所」と何らかの関係をもっている．これに対して，「小・中学校」「PTA」「町内会・自治会」「労働組合」など，地域社会において比較的重要かつ伝統的な組織との関係はかなり希薄であることが示されている．組織の存立構造そのものがNPOとは異なるこれらの地域団体は，「情報交換」を除いてセンターとの距離があるというのが実態のようである．加えて，それぞれの組織との関係の具体的な中身を見てみる．「都道府県」「市町村」など行政との関係では「事業委託」が顕著である．表は提示しないが，事業委託についての割合を「都道府県」との関係でセンターの類型別に見ると，「民設民営」70.0％，「公設民営」36.0％となっている．

表 3-4　他の諸組織・機関との関係　　　（単位：度数，％）

	関係なし	情報交換	共催事業	公式協議	事業委託	施設提供
都道府県（首長部局）	0 (0.0)	32 (64.0)	11 (22.0)	9 (18.0)	23 (46.0)	4 (8.0)
市町村（首長部局）	1 (2.0)	33 (66.0)	14 (28.0)	11 (22.0)	21 (42.0)	5 (10.0)
小・中学校	26 (52.0)	18 (36.0)	4 (8.0)	0 (0.0)	2 (4.0)	4 (8.0)
大学・短大・専門学校	11 (22.0)	26 (52.0)	10 (20.0)	1 (2.0)	3 (6.0)	4 (8.0)
社会教育施設	11 (22.0)	32 (64.0)	7 (14.0)	1 (2.0)	1 (2.0)	2 (4.0)
社会福祉協議会	5 (10.0)	31 (62.0)	18 (36.0)	9 (18.0)	1 (2.0)	3 (6.0)
PTA	39 (78.0)	8 (16.0)	0 (0.0)	0 (0.0)	0 (0.0)	3 (6.0)
町内会・自治会	29 (58.0)	14 (28.0)	1 (2.0)	1 (2.0)	0 (0.0)	6 (12.0)
NPO 団体	0 (0.0)	42 (84.0)	29 (58.0)	7 (14.0)	2 (4.0)	23 (46.0)
TV・ラジオ局・新聞社	10 (20.0)	38 (76.0)	1 (2.0)	1 (2.0)	0 (0.0)	2 (4.0)
民間企業	21 (42.0)	22 (44.0)	5 (10.0)	1 (2.0)	2 (4.0)	2 (4.0)
青年会議所	12 (24.0)	31 (62.0)	10 (20.0)	4 (8.0)	2 (4.0)	2 (4.0)
議会・議員	23 (46.0)	24 (48.0)	0 (0.0)	2 (4.0)	0 (0.0)	2 (4.0)
市町村の労働組合	39 (78.0)	6 (12.0)	0 (0.0)	1 (2.0)	1 (2.0)	2 (4.0)

「小・中学校」「大学」「社会教育施設」「民間企業」「青年会議所」等では，「情報交換」を通じた関係がほとんどである．最もコラボレーションの実態が顕著なのは，「社会福祉協議会」「他 NPO 団体」との関係においてである．「社会福祉協議会」では，「情報交換」62.0％ のほかに「共催事業」36.0％ を通じた関係があり，「他 NPO 団体」では「情報交換」84.0％，「共催事業」58.0％，「施設提供」46.0％ などの比率が高い．センターと地域社会に既存の団体との関係づくりは，まさにこれからのようである．

しかし NPO は，従来の営利企業や行政組織と異なるその組織構造の特質として，NPO 事業の提供者と必要者との相互協働（＝co-produce）を可能にすることが NPO に内在する教育機能という点において重要であると筆者は考えている[10]．各々の NPO は，固有の地域課題の克服を目的としつつも，社会参加の組織的基盤として媒介的な機能を果たすことが，市民の自治的な力量を育む学習組織として位置づけられる主要な要件であるという意味においてである．とりわけ NPO そのものへの地域理解が比較的弱い東北地方の農村地域では，事業活動への参加を通じて具体的な課題の克服を担う人材を育て，伝統的な地域社会と向き合いながらそれらを相互に結びつける丹念な取り組みが求められており，センターにはまさにその中核としての役割を担うことが期待される．
NPO がもつミッション性，実践性，専門性といった行動原理を，共同や連帯

というオルタナティブな価値を伴いつつ地域社会に網の目のように組み込んでいくことが NPO と地域コミュニティとの関係をめぐって求められているのではないだろうか．このようなプロセスを 1 つとして地域社会を再構築した先に，分権社会を担う地域コミュニティの姿を模索したい．こうした課題意識に即して，以下では「古川 NPO 支援センター」（宮城県古川市）の取り組みを見ていくことにする．

3–2 「古川 NPO 支援センター」の取り組み
(1) 「古川 NPO 支援センター」の沿革

宮城県北部の中核都市である古川市は，2000 年 6 月に公設民営型の「古川 NPO 支援センター」（以下「古川センター」）を設置している[11]．その運営には，市の公募によって組織化された古川 NPO 支援センター運営委員会があたっており，同センターは行政イニシアティブによる設立への流れを一応とっている．しかし実際は，行政による市民活動施策の動きの鈍さに警鐘を鳴らし，自宅を開放しての民間運営による支援センター（「ほほ笑み活動サポートセンター」）の設立や，2003 年春には行政公募によって組織化された運営委員会を独立した市民活動として新たに NPO 法人化（「(特活) パートナーシップ古川」）するなど，常に市民サイドからの根強い意識的な働きかけが同市の NPO 支援センターの制度化を後押ししていた経緯がある．事実，公設民営とはいうものの，施設については従来からあった公共施設を再利用しており，委託費についても年間 50 万円という光熱費分が充当されているのみである．具体的な事業や職員の雇用といった業務の内実は，すべて受託側（運営委員会とその後の「(特活) パートナーシップ古川」）の努力に委ねられたまま今日に至っている．民間＝市民側の動きが，当該センターの設立から存続にとっていかに大きなウェイトを占めているかが理解されよう．「古川センター」の設置，および現在までの沿革は表 3–5 のようである．

運営主体である「パートナーシップ古川」理事長の M 氏は，同市の中間支援システムの構築を市民の立場から一貫してリードしてきた人物である．もともと，この地域の PTA 活動や青少年健全育成事業などでボランティアの立場から活動していた M 氏は，地域の各団体間での連携が希薄であることや，そ

表 3-5 「古川 NPO 支援センター」の沿革

年 月	行政の動き	市民の動き
1999・2	行政によるまちづくり市民意識調査	
7		「ほほ笑み活動サポートセンター」設立
2000・2	古川市 市民活動支援スタッフ公募	
4	委託契約・運営規約等の協議	
5		運営委員会全体会議
6	「古川 NPO 支援センター」オープン	
2002・10	センター移転（古川駅前）	
2003・4		NPO 法人「パートナーシップ古川」設立

うした組織自体の硬直的な運営のありかたに疑問をもっていたという．それは，新たに地域団体に加わってくる父兄や若い世代の意見が，具体的な組織運営や活動に反映されない地域団体のありかたへの疑問でもあった．しかし M 氏は，こうした地域団体を批判的に捉え，その代替として新しい組織＝NPO／市民活動を立ち上げようと考えたのではない．むしろ既存の地域団体に直接向き合いつつ，それらを「支援」することで，自立的かつ民主的な活動を地域社会に浸透させたいという意図があったのである．こうした思いから M 氏は，自らが所属していた団体や地域の既存団体のなかにありながら，自立した市民活動とは何であるのかについてや，あるいはこの地域での中間支援の必要性などについて対話を重ねながら模索するのである．実際 M 氏のこうした動きは，従来の地域団体からの批判の矢面に彼を立たせることになるが，現事務局長の K 氏との出会いや市民活動施策を進める行政側の動きと相俟って少しずつ具体性を見せ始め，先述した 2000 年 6 月のセンター設立へと結びついたのである．

(2) 「古川 NPO 支援センター」の事業

「古川センター」では，その設立時から事業費や人件費等の活動財源の確保が大きな課題であった．しかし，同地域ではまったく新しい動きといえる NPO の活動を広め，地域理解を得るためには活動実績が何よりも大切と考え，地道な歩みを続けてきている．例えば，「デイ NPO サロン・ナイト NPO サロン」は同センター設立時からの事業を特徴づけるものである[12]．この事業は，個人，団体相互のつながりを作る交流の場で，活動分野・領域を超えた情報の

交換や，さらには社会参加のきっかけづくりとしても機能している．現に，このサロンでの交流から新たな活動団体が誕生し，また事業活動のアイデアや広がりが生まれるなど多くの実績があらわれている．サロン自体は小規模であっても，こうした丹念な支援事業の積み重ねがこの地域の市民活動の展開を支えてきたのである．そのほか，貸館業務や情報提供，相談業務などがあり，特に「古川センター」が 2002 年 10 月に古川駅前にある「ふるさとプラザ」（産業会館）4 階に移転してからは，施設規模の拡大などによって従来にも増して充実した支援事業が図られている．

　「古川センター」では，その事業活動を通じて何よりも具体的な市民活動（NPO 法人を含む）の立ち上げを最も意識している点に注目したい．子育て支援を目的とした「カンガルー友の会」，おもちゃ図書館の設立をめざす「古川おもちゃ図書館をつくる会」，在宅医療支援活動を進める「ひとあかりの会」，グリーンツーリズムを通じた地場産業である農業の活性化をめざす「古農」，不登校や高校中退者の学習支援を行う「（特活）ミヤギユースセンター」，脳卒中後の障害をもつ人々を支援する「人生活き生きする会」，そしてアニメーション映画づくりから地域の子どもやその家族を支援する「アニメ『ハードル』をつくる古川・大崎・みやぎの会」（以下「映画ハードルの会」）など，「古川センター」での交流や支援を契機に具体的な市民活動がスタートしている．「映画ハードルの会」は，「古川センター」を運営するM氏がイニシアティブをとる映画づくりの市民活動である．現在，その製作資金集めやPRイベントのため，地域の青少年を巻き込んだ多彩な取り組みが進められている．特に，PRイベントの企画・運営を行う子どもプロジェクトチーム「START」では，周辺の小中学生やフリーターなどが率先してこの活動に集い，青少年の「居場所」としての機能を果たしている．また映画上映の協力を求めて，周辺市町村の教育委員会はもとより企業，各種団体を巻き込み，そのネットワークは県域を越え，各地に広がろうとしている．それは「古川センター」として新たな事業展開を可能にするネットワークづくりにも結びついている．

　「古川センター」の運営団体「（特活）パートナーシップ古川」にとって，現在の懸案事項の 1 つは市町村合併後のセンターのありかたである．自治体の広域化によって，地域コミュニティはどのように変化し住民には何が求められる

のか．その際，NPO はどんな役割を果たし，また NPO 支援センターが分権時代の地域づくりに貢献できるとすればどのような道筋があるのかについてである．「パートナーシップ古川」では，地域団体や公民館職員などとのネットワークを結びつつ，広域圏での住民の参加による「おおさき地域創造研究会」を発足させ，合併後の地域自治に関する学習会を重ねるなど，互いの地域課題の共有を図ろうと自らが動き出している[13]．先の「映画ハードルの会」によって築かれようとしている広域圏での住民とのネットワークがここで活かされようとしている．

3-3 自治体の広域化における NPO 支援センターの位置と役割

「古川センター」では，地域社会における自らの位置と役割を常に模索し続けている．地域共同体が根強い地方都市では，中間支援施設の機能はもとよりセンターへの社会的認知そのものが未確立であり，センターの担い手と住民とがどのように向き合うのかは，その担い手がもつ活動理念や時々の地域課題に応じて極めて動態的な側面を有している．先に触れたように，現段階では自治体の広域化が進む波の中で地域コミュニティや地域自治のありかたが，運営主体（「パートナーシップ古川」）の中心課題として取りざたされている．それはNPO 支援のためのセンターというよりも，地域社会を支え育むセンターとしての機能を重視しているからにほかならない．地域の外にではなく，地域内部に潜在する人材の発掘から，その育成と交流，そして市民活動の設立にむけた支援と地域社会への活動の普及，さらには新たな地域課題における連携へと，個人，市民活動を相互に結ぶ活動の創造的展開を生みだしている．

今後の動きとしては，やはり市町村合併の動向が古川市の NPO 施策にも少なからず影響を与えることが予想される．同市では庁内職員による部局横断的な研究会を発足させ，『古川市市民活動促進研究会報告書』（2003 年 4 月）を作成している[14]．このなかでは，「目指すべき市民活動支援拠点施設の姿」として，古川市を含む大崎広域圏の中間支援施設（仮称：「大崎まちづくりセンター」の設立，県 NPO 拠点施設との連携や市内にある公民館やコミュニティセンターのサテライト化，さらには建設が予定されている社会教育等複合施設への「古川センター」の移転など，住民の学習活動の拠点である社会教育施

設の再編も絡ませながら，今後の自治体の広域化を意識した具体的な NPO 支援施策とセンターの将来像が描かれている．NPO 支援センターについては，単なる NPO の支援・促進ということから，合併後の地域自治や地域コミュニティへのかかわりかたを含みつつ，何のための NPO 支援センターなのかが改めて問われることが予想される．その意味でも，「パートナーシップ古川」が意識する合併後の NPO 支援センターの役割や，広域圏での住民と連携した地域自治への調査・研究の動きは注目されるものといえよう．

4　NPO 支援センターの教育機能とその課題

4-1　人材の供給拠点としての NPO 支援センター

本章では，NPO 支援センターの教育力について，運営状況・事業内容及び地域社会との関係という 2 つの側面からの把握を試みた．まず前者については，以下の 3 点を整理しておく．第 1 に，センターがその事業展開において重視していることとして，「公設公営」「公設民営」では，「データベース」「検索システム」「NPO 相互の交流」など活動基盤の整備に力点がおかれ，他方「民設民営」では直接的に NPO（法人）の設立を意識した活動を展開しているということである．第 2 は，この直接的な支援に関わる教育事業では，その形態および内容の面でも「民設民営」がより積極的な取り組みを進めていることが顕著に現れていた．第 3 にスタッフの研修についてだが，公設では行政との関係が深く，他方民設では他の NPO とのネットワークによって人材の養成を図っていることが浮き彫りにされた．特に民営の場合には，自らがまず市民活動組織として立ち上がり，次の段階として周辺の個人・団体への働きかけを行っている点で，センターの利用者が必要としている支援内容や直面する課題などを共有しやすいプロセスを踏んでいることが重要である．同時に，「古川センター」のように具体的な NPO の設立こそを自らの使命としている点で，事業活動の柔軟性や積極性において「公営」とは異なっていた．調査結果では，2000 年以降に設立された支援センターが 6 割に及んでおり，その設置・運営の形態や支援事業の中身については引き続きその展開が注目される．

　ここで改めて指摘しておきたいのは，センターのスタッフ等の組織内部に向

けた学習機会についてである．調査結果によると，スタッフの採用基準，スタッフに求める資質のいずれをみても，有資格等の社会的評価・能力等よりも「仕事への使命感と情熱」が最も重視されていた．またあわせていえることは，センタースタッフの人材養成においては自己啓発や職務上のミーティング等の具体的な事業活動を通した力量形成が中心的であり，フォーマルな形での教育・研修プログラムが未確立なことである．現場に直面しつつ「場数を踏んだもの」が，センタースタッフとしての立場や社会的信頼を獲得していくというのが現実のようである．こうした実態をふまえ，むしろセンターの人材養成機能のひとつとして筆者が着目するのは，センターの仕事を通して養成したスタッフを独立したNPOの担い手や地域の人材として輩出・供給する機能である．センターでの職務経験を積み，かつ地域のNPOがもつ切実な組織課題や可能性により身近な立場から理解を深めた人材を地域社会に供給することによって，NPOの新たな地域展開を創り出す道筋である．公設民営型センターの運営主体であり，先駆的なNPO支援の取り組みでも知られる「(特活)せんだい・みやぎNPOセンター」では自らの役割の1つとして「NPOを担う力強い人材を地域に供給する」ことを謳っている[15]．スタッフの採用，実践，供給というサイクルを確立することによって，センターは地域の多元的なリーダーやNPOの形成に貢献し得る．

4-2 人材養成における連携・協働

　NPO支援センターと地域社会との関係については，行政との連携・協働という観点から以下の2点を整理しておきたい．その第1は，センターの設置・運営をめぐる関係であり，施設整備など主にハード面を担う行政と，運営主体として地域社会との交流や支援など現場に直接関与するNPOとの協働関係に支えられる公設民営型センターが改めて論点となる．本章で取り上げた「古川センター」は，特に地域コミュニティとの関係において，地域の実情に応じた中間支援のありかたを意識的かつ巧みに追求していた．同センターでは，伝統的な地域社会と向き合い，NPO活動そのものや行政との協働といった新たな地域づくりの担い手や理念についての合意形成を図りながら，徐々に市民活動の動きを創り出そうとしている．地域住民との対話から人材の発見と支援，そ

して市民活動の立ち上げとそのネットワーク化といった一連のプロセスが，「古川センター」がもつ教育力として地域づくりのなかに胎動しつつある．センターがすすめる事業活動の目的や地域コミュニティとの関係づくりなど，運営主体の力量がその自治体や地域社会における NPO の多元化や活性化に結びつくものであることが理解される．他方で，こうした教育力の発揮には行政の関与の仕方が大きな意味をもっている．とりわけ，「公設民営」においては設置主体である行政側の意図と，運営主体がめざす中間支援の姿との葛藤が争点である．古川市にみた市町村合併後の NPO 支援センターの将来像と，運営主体が描く地域コミュニティ像，あるいはそのなかにある NPO 支援センターの位置と役割への展望とが重なり合うものなのかどうか．自治体 NPO 政策の形成過程そのものへの市民の関与のありかたが一層重要性をもつものと思われる．

第 2 は，行政，地域社会それぞれの相互的な人材養成に果たすセンターの拠点的機能である．そもそも「協働とは何か」といったことに対する市民理解をいかに広めるのかという課題の一方で，行政職員自体の NPO 理解や意識改革の浸透は，各自治体の行政課題となっている．特に公民館やコミュニティセンター等の地域配置の行政職員の場合，このことのもつ意味は大きい．地域リーダー，団体の豊富化と同時に地域課題の多様化といった動向をふまえると，協働を促進するコーディネーター的存在は大切な意味をもつからである．この点で例えば仙台市などでは，市内に 53 館ある市民センター職員の研修に NPO 支援センターがあたるなどの試みが一部はじまっており，市民ニーズや地域活動の促進に直接的に向き合うセンターのノウハウが活かされようとしている．公民館職員等の社会教育職員にも地域社会におけるその役割の新たな展開が求められているなか，こうしたコミュニティ関連労働に対する大学の教育機能を含んだ多様な主体の相互連携による研修プログラムの開発は今後の課題といえる．NPO や地域活動の支援をめぐる行政，民間双方の機能の違いをむしろ活用する中から生まれる人材養成機能と，そこへのセンターの関与をここにみてとれる．また，昨今進展している NPO へのインターンシップにおいても連携・協働が機能している．これには大学や行政からの派遣が多くみられるが，宮城県では高校生への NPO による出前講座や活動への参加事業が 2001 年度からスタートしている[16]．高校生への NPO 普及と同時に，非営利事業による

地域貢献への理解や職業教育の場としても期待される試みである．そして，講座実施主体であるセンターを中心としたNPO側と教育行政を含む行政側との連携が，こうした全県的な事業を可能にしてきた要因であることを見落とせない．

　最後に，センターをめぐる行政との協働関係の構築と継続にとって，市民・NPO側のとりくみに一層の先駆性が要求されることを指摘しておきたい．例えば，既述のようにNPOへの事業委託が各地で推進されているが，それ自体が行政主導であることや行政の下請け的傾向があることへの批判が数多く指摘されている．委託をめぐる協働のルールづくりなどのこうした課題への対応に加えて必要なことは，NPOの事業活動そのものが従来の行政事業への参入だけにとどまってはならないということである．NPO支援センターの事業についてもNPO支援や地域支援の具体策として，行政施策に先駆けた提案と実践プログラムをNPO側が積極的に提示していくことが行政との協働の前提として求められる．民間サイドでのNPO支援の動きは，財源，施設等の面において課題が多いが，先駆性や専門性という力強さを兼ね備えることをとおして，地域の人材養成をめぐる多様な形での連携・協働が模索され得るものと考える．

（櫻井常矢）

1)　山田晴義「NPOと地域における中間支援システム」（谷本寛治・田尾雅夫編著『NPOと事業』ミネルヴァ書房，2002年）参照．
2)　本書編者佐藤一子を中心とした研究会がまとめた「NPO科研費調査報告書」では，後者2つの自治体について事例編のなかで報告している．
3)　櫻井常矢「NPOの制度化と社会教育」（日本社会教育学会編『社会教育関連法制の現代的検討』東洋館出版社，2003年）では，首長部局におけるNPOへの事業委託の現状をもとに，今後予想される社会教育行政とNPOとの協働関係構築をめぐる課題について整理している．
4)　筆者が制度づくりに関わった塩竈市でもこうした点に議論の中心がおかれていた．「塩竈市市民活動促進指針――協働のまち塩竈を目指して」（塩竈市市民活動指針策定委員会（委員長・櫻井常矢）2003年）．
5)　北島健一「福祉国家と非営利組織」（宮本太郎編『福祉国家再編の政治』ミネルヴァ書房，2002年，247-275頁）参照．
6)　初谷は，サラモン等の研究を援用し財源とサービス供給の担い手から「政府支配モデル」「並行モデル」「協同モデル」「民間非営利セクター支配モデル」の4類型を導き，特に「協同モデル」ではプログラム管理や意思決定過程においてNPOが

裁量を有するものを「パートナーシップ型」と類型化している．詳細は，初谷勇『NPO政策の理論と展開』（大阪大学出版会，2001年，109頁）参照．
7) 初谷，前掲，114-121頁，参照．
8) 同交付金は，2001年度第1次補正予算3500億円を原資に都道府県が基金を造成し，本基金を活用したNPO委託事業を含む新規雇用創出事業を都道府県，市区町村が企画・実施するもの（2002-2004年度）．1999-2001年度実施に続く交付金制度．
9) 山崎丈夫『地域コミュニティ論』（自治体研究社，2003年）．
10) 筆者はNPOの事業活動を通じた参加の構造について，サービスの提供者と必要者という関係からNPOの類型化を試みている．櫻井常矢「NPOにおけるエンパワーメントと学び」（『日本社会教育学会紀要』No. 36，日本社会教育学会，2000年，57-66頁）参照．
11) 古川市は宮城県北部大崎地方（1市13町）の中心に位置する田園都市．2003年9月1日現在で人口7万3845人，世帯数2万4831，高齢化率17.8％．周辺1市6町との法定合併協議会を2003年7月に設置している．
12) 「古川NPO支援センター」の事業活動については，同センター発行の情報誌『Furukawaおーえんし隊News』(1-13号)，ならびに同センタースタッフへの聞き取り調査をもとにしている．
13) 「おおさき地域創造研究会」は，周辺1市6町で構成する大崎地方合併協議会に対して地域自治ならびにNPO（市民活動）の支援・促進に関する提言書を提出し，地元マスコミや政府・行政機関等からの大きな反響を呼んだ．提言書『新市の地域自治のあり方に関する提言――地域自治協議会（仮称）の設置とその方向性について』の詳細については，http://www.oosaki-gp.jp/ 等参照．
14) 古川市市民活動促進研究会『報告書 市民活動団体と行政との協働のあり方』（2003年4月）．
15) （特活）せんだい・みやぎNPOセンター事務局通信『みんみん』vol. 39，2004年3月，7頁参照．
16) 2001-2003年度の事業実績は，延べ数で「高校生のNPO活動への参加」27事業，「高校でのNPO出前講座の開催」48校となっている．

索引

あ行

アカウンタビリティ　62
アージリス，C.　8
新しい社会運動　3
新しい働き方　15-17, 129, 182
アドボカシー　10, 39, 55, 117-118, 183
生きる力　50
意識化　9, 38
一番ヶ瀬康子　162
居場所　48-49, 113
今井賢一　190
e－ラーニング　25
インシデンタルな学習　35, 130, 136
インターミディアリー　199
インターンシップ　15, 184, 217
ウェルトン，M.　87
内橋克人　15, 67, 182, 193
内山哲朗　191
NGO（非政府組織）　5, 7-8, 17, 50, 127-128, 131
NPO　7-8, 11
　　──支援センター　199-203, 211, 214-215, 217-218
　　──の教育力　5, 17, 22, 29-30, 62, 86, 109-110, 114, 122
　　──の財政力　15
　　──の事業性　187
　　──の人材養成　206
　　──の学び　22, 37
　　──法（特定非営利活動促進法）　3, 71
　　──法人　14, 79, 143, 145, 154, 203, 215
　　──立学校　14, 57
エンパワーメント　9-10, 35, 51
OECD　25, 127
オルタナティブ　2, 11, 48, 170-172, 211
　　──教育　56

か行

開発教育　64, 128, 131, 137
　　──協会　53, 128
　　──プログラム　128
外部委託　78
学社連携　52
学習権宣言　25, 42
学習権保障　80-81
学習支援　89, 94, 102, 104-105, 133
　　──NPO　100
学習する組織　2, 6-8, 10, 16-17
課題解決　36
学校
　　──運営協議会　57
　　──管理運営　46
　　──支援NPO　14
　　──支援（プログラム）　51, 113
　　──神話　47
　　──的知識　46
　　──の自律性　62
　　──ビオトープ　152
金子郁容　190
カルチャーセンター　92-93
環境教育　113, 155, 157
　　──推進法　143-144
環境保全・まちづくりNPO　145, 147, 149
官民パートナーシップ型行政（PPP）　72
起業　3, 15-16, 104, 184
キャリアガイダンス　183
キャリア開発　6
教育委員会　79, 82-83, 213
教育NPO　59, 63
教育改革国民会議　73
教育協同　111-112
教育自治　80, 83
教育の公共性　14, 57, 63, 109
共生セクター　67
共同学習　6, 23

協働学習　6
協同組合　3, 15
協働・参画型社会　1-2, 5, 7, 13, 17
共同的学習　50
グラウンドワーク　154-155
　　──・トラスト　154
グラムシ, A.　59
ケア　167-170
経験知　36
玄田有史　181
公益法人　3, 14-15
公共性　4, 13, 25, 30, 109, 193
　　──のジレンマ　4, 11-12
　　新しい──　59, 183
高校教育 NPO　54
公設民営　57, 82, 202-204, 206, 215-217
　　──（包括委託）型学校　56-57
構造改革特別区　56-57
公民館　76, 92, 98, 155, 214, 217
国際 NPO　86, 125-126, 135, 137, 140
国際成人教育会議　25
国際理解教育　53, 92-93, 125, 130-131, 134, 136-139
小杉礼子　182
子育て支援　60, 109, 111-113, 115, 164, 213
　　──型 NPO　111
子ども NPO　109-110, 114, 117-118, 122
コミュニティ
　　──サービス　29
　　──スクール　56
　　──センター　217
　　──の自立経営　76
　　──ビジネス　16, 90, 194

さ行

在宅生活支援サービス　195
サービス・ラーニング　28, 109
サラモン, L. M.　14, 122, 200
参加型学習　7, 12, 50, 140
参画型学習　23
参画型社会　32, 37
参画のはしご　144
支援者性　10

事業委託　218
自己決定学習　6
市場化　24
自助グループ　54-55
自然再生推進法　143
持続可能な開発　125, 140, 182
　　──のための教育の 10 年　137
実践知　36, 38, 58
実践の共同体　29, 32, 35, 40
指定管理者　14, 79
シティズンシップ（市民性）教育　28, 30, 50, 53, 82
児童虐待　113
市民委託　81
市民
　　──教育事業　45, 60
　　──自身の手による学校づくり　56
　　──大学　92
　　──的公共性　4, 39, 67, 72, 112, 122, 157-158
　　──的専門性　60, 64, 120, 170-171
社会教育　23, 29, 69-70, 81, 89, 92, 94, 98-99, 105
　　──NPO　95-96, 100, 104-105
　　──関係団体　11-12, 24, 89, 94, 96, 105, 110, 158
　　──関係の NPO　96, 104
　　──行政　22, 24, 69-72, 96, 102
　　──施設　69-70, 76, 214
　　──実践　33, 69
　　──法　73
社会的協同組合　195-197
社会的経済　2, 15, 191, 195
社会的正義　33
社会的排除　2, 33, 183
社会的有用労働　15
社会福祉協議会　172, 203, 209
社会福祉士及び介護福祉士法　162
JANIC（国際協力 NGO センター）　127
集団的自己雇用　191-192
循環型地球環境保全機構　152-153
生涯学習　17, 30, 75, 81
　　──社会　11-13, 17-18, 22, 28, 31

――政策　23-25, 27-28, 70
――センター　90, 98
省察　39-40
職業安定法　183
職業訓練　15, 113
職業能力開発　183
　生涯――　27
ショーン，D.　40
人権教育　140
新藤宗幸　79
神野直彦　15-16, 68
生活モデル　168
世界貿易機構（WTO）　25-26
世田谷ボランティア協会　82
セン，A.　31, 33
センゲ，P.　8
全国LD親の会　55
専門職　161-163, 177
総合規制改革会議　56
総合的な学習　53, 93, 113
ソーシャル・キャピタル　1, 4, 16, 69, 71-72, 81-82, 116, 119, 121-122
ソーシャルサービス　195

た行

体験学習　91
対人援助　167-170, 177
　――関連NPO　161
　――職　167-168, 170, 177
代替的教育機能　48
代替的教育力　63
対話型学習　87
多元的経済社会　15, 67, 182-183
田中尚輝　170
多文化教育　139
地域運営学校　57
地域の教育力　83
地域プラットフォーム　105
知識社会　2, 16, 26, 36, 67-68
チャータースクール　56, 64, 109
中央教育審議会　73
　――生涯学習分科会　1, 12
中間支援　199, 201-202, 211, 214

中間集団　3
中間団体　29, 61, 209
町内会　69
定住促進センター　132
東京シューレ　48
当事者　55
　――主権　11
　――性　10
特別支援教育　55
ドラッカー，P. F.　14

な行

日本NPO学会　14
日本グラウンドワーク協会　154
日本語教育　133
日本語教室　132-133
ニュー・パブリック・マネジメント（NPM）　1, 58, 61-62, 65, 73, 78, 112
能動的市民　28
ノンフォーマルエデュケーション　6, 12-13, 22

は行

パースペクティブの変容　38
パットナム，R. D.　1, 4
ハート，R.　144
パートナーシップ　14, 98, 105, 122, 143, 154, 157, 200-201, 211
ハーバーマス，J.　59
ハミルトン，E.　101
場面情報の連結　191
反省的実践家　40
PFI　79
ひきこもり　113
非行克服支援センター　55
「非行」と向き合う親たちの会　55
開かれた学校　52-54
　――づくり全国交流集会　64
ファシリテーター　50
ファミリーサポートセンター　112
フォーマルエデュケーション　22
福祉NPO　162, 171-172
藤井敦史　170

不登校・登校拒否　48, 56
フリースクール　48, 56
フリーター　16, 182
フレイレ，P.　9
文化協同　113, 115
文化権　113
ヘイズ，E.　38
平和の世紀　125
ペストフ，V. A.　95
ベック，U.　27, 39
ベラー，R. N.　4
冒険遊び場　82
奉仕活動・体験活動　73
保健福祉 NPO　164-165
ボランタリズム　60-61
ボランタリーセクター　68
ボランティア　133, 135, 188, 209
　――活動　29, 73, 186
　――団体　11, 133
　――の養成　103
　――派遣　55

ま行

マーシック，V. J.　7
まちづくり・環境学習　86
松下圭一　79
マトリックス組織　190
学びの共同体　35-36, 41
マルチジョブホルダー　14

満たされざる労働　15
ミッション　5, 8-9, 13, 71, 118, 209
宮原誠一　23
宮本憲一　193
民間活用型公共サービス　75
民間教育産業　59
民間教育事業者　12
問題解決能力　10, 36, 109, 170
　――型学習　50

や行

山田昌弘　181
ユネスコ（UNESCO）　25, 30, 42, 125, 138
〈よい仕事〉研究交流集会　192

ら行

リスク社会　27, 29
リーダーシップ　193
臨時教育審議会　24
ルース・カップリング　190
レビン，H.　139
労働者協同組合　191

わ行

ワークシェアリング　181-182, 194
ワークショップ　50
ワークフェア　15
鷲田清一　167
ワトキンス，K. E.　7

執筆者一覧 (執筆順)

佐藤　一子（さとう　かつこ）　編者．東京大学大学院教育学研究科教授．

高橋　満（たかはし　みつる）　東北大学大学院教育学研究科教授．『社会教育の現代的実践』（創風社，2003），『ドイツ福祉国家の変容と成人継続教育』（創風社，2004）．

平塚　眞樹（ひらつか　まき）　法政大学社会学部教授．「『市民による教育事業』と教育の公共性」（『社会志林』49巻4号，2003），「学校改革を支援する自治体教育行財政改革」（『日本教育行政学会年報』29号，2003）．

石井山　竜平（いしいやま　りゅうへい）　東北大学大学院教育学研究科助教授．「教育委員会制度と社会教育法制」（日本社会教育学会編『社会教育関連法制の現代的検討』東洋館出版社，2003），「社会教育改革と国家」（篠原清昭編著『ポストモダンの教育改革と国家』教育開発研究所，2003）．

田中　雅文（たなか　まさふみ）　日本女子大学人間社会学部教授．『社会を創る市民大学』（編著，玉川大学出版部，2000），『現代生涯学習の展開』（学文社，2003）．

吉田　里江（よしだ　りえ）　特定非営利活動法人世界の子どもネット代表理事．「NGOと『子どもの参画』」（子どもの参画情報センター編『子ども・若者の参画』萌文社，2002），「アメリカにおける青少年のボランティア活動の新しい方向」（『ボランティア白書2003』JYVA，2003）．

成　玖美（そん　くみ）　名古屋市立大学大学院人間文化研究科助教授．「地域多文化教育の展開」（佐藤一子編『生涯学習がつくる公共空間』柏書房，2003），「外国人の人権と文化的アイデンティティ」（日本社会教育学会編『講座現代社会教育の理論II　現代的人権と社会教育の価値』東洋館出版社，2004）．

朝岡　幸彦（あさおか　ゆきひこ）　東京農工大学大学院共生科学技術研究院助教授．『新しい環境教育の実践』（編著，高文堂，2005），『市民立学校を創る教育ガバナンス』（共編著，大月書店，2005）．

岡　幸江（おか　さちえ）　埼玉大学教育学部助教授．「地域ケアシステム構築における援助関係と自立」（『教育科学』第48巻2号，埼玉大学教育学紀要，1999），「暮らしの思想としてのNPO」（佐藤一子編著『NPOと参画型社会の学び』エイデル研究所，2001）．

辻　浩（つじ　ゆたか）　日本社会事業大学社会福祉学部教授．『住民参加型福祉と生涯学習』（ミネルヴァ書房，2003），「現代的人権と社会教育労働の展望」（日本社会教育学会編『講座現代社会教育の理論II　現代的人権と社会教育の価値』東洋館出版社，2004）．

櫻井　常矢（さくらい　つねや）　高崎経済大学地域政策学部助教授．「NPOにおけるエンパワーメントと学び」（『日本社会教育学会紀要』no.36，2000），「NPOの制度化と社会教育」（日本社会教育学会編『社会教育関連法制の現代的検討』東洋館出版社，2003）．

編者略歴

1944年　東京に生まれる．
1974年　東京大学大学院教育学研究科博士課程修了．
　　　　埼玉大学講師，助教授，教授を経て
現　在　東京大学大学院教育学研究科教授．
専　攻　社会教育学・生涯学習論・イタリア成人教育論．

主要著書

『イタリア文化運動通信』(合同出版，1984年)
『文化協同の時代』(青木書店，1989年)
『文化協同のネットワーク』(編著，青木書店，1992年)
『生涯学習と社会参加』(東京大学出版会，1998年)
『NPOと参画型社会の学び』(編著，エイデル研究所，2001年)
『世界の社会教育施設と公民館』(共編著，エイデル研究所，2001年)
『子どもが育つ地域社会』(東京大学出版会，2002年)
『生涯学習がつくる公共空間』(編著，柏書房，2003年)

NPOの教育力　生涯学習と市民的公共性

2004年6月15日　初　版
2006年5月17日　2　刷

［検印廃止］

編　者　佐藤一子（さとうかつこ）

発行所　財団法人　東京大学出版会

代表者　岡本和夫

113-8654　東京都文京区本郷7-3-1
電話 03-3811-8814・FAX 03-3812-6958
振替 00160-6-59964

印刷所　株式会社理想社
製本所　有限会社永澤製本所

©2004 Katsuko Sato, et al.
ISBN 4-13-051309-5　Printed in Japan

Ⓡ〈日本複写権センター委託出版物〉
本書の全部または一部を無断で複写複製(コピー)することは，著作権法上での例外を除き，禁じられています．本書からの複写を希望される場合は，日本複写権センター(03-3401-2382)にご連絡ください．

佐藤一子	生涯学習と社会参加	四六・2500円
佐藤一子	子どもが育つ地域社会	四六・2500円
保坂　亨	学校を欠席する子どもたち	四六・2800円
矢野眞和	教育社会の設計	四六・2000円
天野郁夫	日本の教育システム	A5・4800円
ウィッティー著 堀尾・久冨監訳	教育改革の社会学	A5・4000円
ミットラー著 山口薫訳	インクルージョン教育への道	A5・3600円

ここに表示された価格はすべて本体価格です．御購入の際には消費税が加算されますので御了承下さい．